谨以本书纪念刘湛恩烈士

西南大学教育学部
现代教育文库

刘湛恩年谱

谢长法 著

人民出版社

图书在版编目（CIP）数据

刘湛恩年谱 / 谢长法著. —北京：人民出版社，2018

ISBN 978-7-01-020187-0

Ⅰ. ①刘… Ⅱ. ①谢… Ⅲ. ①刘湛恩（1895—1938）—年谱

Ⅳ. ①K825.46

中国版本图书馆CIP数据核字(2018)第285171号

刘湛恩年谱
LIUZHANEN NIANPU

著　　者：谢长法
责任编辑：翟金明　韩　悦
出版发行：人 民 出 版 社
地　　址：北京市东城区隆福寺街99号
邮政编码：100706
印　　刷：廊坊市海涛印刷有限公司
版　　次：2020年5月　第1版
印　　次：2020年5月　河北第1次印刷
开　　本：710毫米×1000毫米　1/16
印　　张：21.75
字　　数：285千字
书　　号：ISBN 978-7-01-020187-0
定　　价：88.00元
销售中心：(010) 65250042 65289539

目　录

前　言

　　刘湛恩（1896—1938），湖北阳新县人，中国近代著名的爱国教育家和社会活动家。

　　1919 年和 1922 年，刘湛恩先后于美国芝加哥大学和哥伦比亚大学获硕士和博士学位。自 1922 年 9 月回国后，刘湛恩曾任国立东南大学教授，中华基督教青年会全国协会智育部总干事、中华职业教育社评议员及该社上海职业指导所所长等职，对职教社工作多有提议建言，并发起、领导、开展职业指导运动，嘉惠无数失学、失业青年。其后，又组织中华基督教青年会全国协会开展体育、公民教育和职业指导等活动。1928 年 2 月，刘湛恩成为沪江大学首任华人校长，一直到去世。针对沪江大学的实际，他提出"学术化、人格化、职业化、平民化"的办学方针，极力推进学校改革，削弱宗教课程，广招有真才实学的中国学者到校任教，创设城中区商学院，倡导学用并重，推行勤工俭学。不仅如此，在担任沪江大学校长期间，刘湛恩还积极从事社会政治活动。特别是在"九一八"事变后，他积极投身国民外交活动，并发起成立废止内战大同盟会，疾呼要求停止内战，领导上海各大学教授联合会，积极进行抗日宣传活动；同时继续推进国难职业教育，强调加强精神训练。1937 年 11 月，日本侵占上海后，刘湛恩在十分艰难的环境下，仍然坚持抗日救亡工作，因坚持揭露日军侵华暴行，并坚决拒绝出任日伪"教育部长"，1938 年 4 月 7 日，惨遭杀害。1985 年 4 月 3 日，中华人民共和国民政部追认刘湛恩为"革命烈士"。

斯人已逝，精神永存！今天，《刘湛恩年谱》的出版，也是对这位被遗忘的中国近代著名教育家和社会活动家的最好纪念！

凡 例

一、本年谱纪时采用公历。纪年后注明干支，1912 年以前注明清朝年号，1912 年后注明中华民国年号。

二、本年谱依年、月、日次序编排。若无日可考，则仅标明月份；无月可考，则仅标明年份。

三、本年谱所用多一手资料，所搜材料力求详尽，使用力求准确。为免过赘，除引文和重要材料外，均不再注明出处。

四、刘湛恩留下的文字，特别是文章，有一定数量，2011 年，由上海交通大学出版社出版的《刘湛恩文集》已有一定收录，鉴于此，本年谱对"文集"中已经收入的文章，尽可能不收全文内容；而对于"文集"没有收录且重要者，则斟酌收入。

五、本年谱附谱后部分，简述刘湛恩逝后学界及社会对之纪念、颂扬之事。

1896 年（光绪二十二年　丙申）　　出生

十一月初八（12 月 12 日），在湖北阳新县白沙镇刘福七房村的一户农家出生。

1902 年（光绪二十八年　壬寅）　　六岁

父亲去世。因母亲罗芬清虔诚地信奉基督教，刘湛恩自幼即具有真挚的宗教信仰。

1905 年（光绪三十一年　乙巳）　　九岁

入汉口浸会小学读书。

1906 年（光绪三十二年　丙午）　　十岁

沪江大学创建。

1908 年（光绪三十四年　戊申）　　十二岁

进入九江同文学院学习。

1911 年（宣统三年　辛亥）　　十五岁

美国人魏馥兰（Francis John White，1870—1959）始任沪江大学校长。

1912 年（民国元年，壬子）十六岁

1 月 1 日，中华民国成立。

1916 年（民国五年　丙辰）　二十岁

以第一名成绩毕业于江西九江同文学院，被保送至东吴大学医预科学习。

1917 年（民国六年　丁巳）　二十一岁

3 月，《青年》和《进步》合并为《青年进步》出版，作为中华基督教青年会全国协会的机关刊物。该刊计历时 15 年，至 1932 年 2 月，共出版 150 册。

5 月 23 日，在《兴华》第 14 年第 20 册上发表《苦口婆心之梅云英女士》一文。

8 月 17 日，中华博物研究会举行博物展览会，刘湛恩为会员。

12 月 31 日，下午二时，寰球中国学生会举行第四次演说竞争会甄别会，刘湛恩作为东吴大学代表入围。

1918 年（民国七年　戊午）　二十二岁

1 月 1 日，下午二时，寰球中国学生会在江苏省教育会举行第四次演说竞争会甄别会，刘湛恩作为东吴大学代表参加。

1 月 2 日，寰球中国学生会在江苏省教育会举行第四次演说竞争会，与赛者有复旦大学何葆仁、东吴大学刘湛恩、沪江大学郑方珩、城

东女学闵湘琴、圣玛利亚书院俞庆棠、南京高师相菊潭、圣约翰大学沈惟楚和周寿年、南京中学黄中履、金陵大学许哲、之江大学曹永培、东吴第二中学沈伯勋、江苏省立第二师范学校陈熊，共13人。刘湛恩演说的题目是：《革心救国》。黄炎培任竞争会主席，在会上，他报告了竞争会的宗旨，宣布了演说竞争规则。最后，黄炎培向优胜者颁发了奖品。

本年，从东吴大学毕业，并获理学士学位；之后，赴美留学。

1919 年（民国八年　己未）　二十三岁

在芝加哥大学获教育硕士学位。

1921 年（民国十年　辛酉）　二十五岁

9月初，刘湛恩和饶毓泰、冯友兰，朱君毅、何思源、段锡朋、周炳琳、欧元怀、查良钊、杨荫榆、侯德榜、庄泽宣、袁同礼、康白情、汪敬熙、杨振声、蒋廷黻等联合自美国致信，对维持北京国立高等专门学校提出具体建议。

1922 年（民国十一年　壬戌）　二十六岁

2月，在美国总统威尔逊于华盛顿对公众发表的一次讲演会上，当场质问、批评美国的所谓公正立场。

春，任国民政府特派赴美教育考察团秘书。

夏，和朱君毅等于美国哥伦比亚大学师范学院教育科毕业，获得哲学博士学位，博士论文题目是《非语言智力测验在中国的应用》。

按：是年，刘湛恩的博士论文由哥伦比亚大学出版社出版。

6 月 13 日，上午十二时，乘船由纽约赴欧，考察各国教育情形。

按：刘湛恩此次回国，取道欧洲，原计划六人同行，另外五人是：梅贻琦、沈隽淇、朱君毅、林志煌、胡贻毂，后来，在自纽约至伦敦途中，林斯模亦加入同行。

6 月 20 日，至伦敦。

6 月 28 日，至巴黎。

7 月 3 日，至布鲁塞尔。

7 月 4 日，至海牙。

7 月 6 日，至科隆。

7 月 8 日，至柏林。

7 月 15，至日内瓦。

7 月 17 日，至米兰。

7 月 18 日，至威尼斯。

7 月 19 日，至佛罗伦萨。

7 月 20 日，至罗马。

7 月 27 日，至马赛。

8 月 9 日，至苏伊士。

8 月 26 日，至新加坡。

9 月 1 日，上午，到达香港。

9 月 5 日，上午，和梅贻琦、朱君毅、沈隽淇等由法国乘"箱根丸"至上海。

9 月 8 日，下午四时半，与王立明在上海老北门浸会堂举行婚礼。

9 月上旬，就任中华基督教青年会全国协会智育部干事。

9 月 24 日，上午，上海小学教育研究会开秋季始业后第一次普通研究会，会议议决提请刘湛恩本期到会演讲。

10 月 9 日，下午四时，应江苏省立第二师范学校教育研究会之邀，在该校演讲《智力测量》，"学生听者非常踊跃"①。

10月12日，在江苏省立第二师范学校演讲《欧美小学教育之新趋势》。

10月14日，下午四时，试验教育协进会在上海闸北尚公学校开第一次讲演大会，刘湛恩和朱经农任讲员，本市编辑界、报界众多人士听讲。刘湛恩讲题为《不用语言的智力测验法》。

10月20日，晚，身为中华基督教青年会全国协会智育部部长的刘湛恩离开上海，经南京赴湖南，沿江考察教育。

10月26日，上海民立中学校组织演讲会，邀请刘湛恩到校演讲。

10月28日，下午四时，上海女子参政会举行职员会，敦请刘湛恩、江亢虎、柏文蔚等为本会顾问，以助会务之进行。

11月25日，中华妇女节制协会举行游艺会，刘湛恩出席并任主席。

1923年（民国十二年　癸亥）　二十七岁

1月，刘湛恩和董承光、朱树翘、饶伯师、郝艾迪任中华基督教青年会全国协会智育部委员。

3月23日，下午，宁波各公团为撤销"二十一条"及收回旅大问题，在上海市商会开会，商议办法，公决本月25日上午八时在小教场开国民大会并游行，决定公请刘湛恩、王思成、毛安卿、刘王立明为开国民大会时演讲员。

3月25日，上午，宁波各公团于小教场开国民大会，刘湛恩与会并演说。

5月21日，下午，上海小学教育研究会算术测验委员会在上海尚

---

① 《刘湛恩演讲〈智力测量〉》，《民国日报》1922年10月10日，第11版。

文门劝学所举行常会，刘湛恩和王砥平等共 20 余人与会，二人对测验方法指点颇多。

5 月 25 至 26 日，和余日章、邝富灼、朱树翘、吴敬人、刘明慧、董承光、徐柏堂、周瑞章等计 12 人，参加上海青年会在上海博物院路中华基督教青年会全国协会举行的华中区教育会议。

5 月 26 日，全国职业学校联合会第二届年会议决就"职业学校应注重职业训练、以期适应职业界需要案"组织委员会，由刘湛恩、朱经农、沈恩孚、王舜成、黄伯樵、赵师复、杨卫玉为委员。

6 月 2 日，复旦大学在上海大东旅社召开校董会议，余日章代表刘湛恩与会。与会的校董还有：陆达权、于右任、郭仲良、劳敬修、简照南、唐绍仪等。校长李登辉也参加了会议。会议通过议案多件。

6 月 5 日，致函胡适，希望胡适近日赴杭州时，能到杭州青年会作讲演。函曰：

> 适之先生大鉴：
>
> 迳启者，杭州青年会智育部，现为协谋刷新中国教育起见，曾联合当地人士，组织教育研究社，以讨论教育上重要问题，并不时邀请名人讲演以宣传最近教育趋势，介绍最新教学方法。现闻先生文旆抵沪，并将顺道赴杭，该会同仁渴慕已久，特肃函嘱弟转达座右。敬请先生于赴杭之时至该会作大演讲一次，务希惠允，以慰该地人士之颙望，是所至祷。附奉杭州青年会董君一函。乞誊（察）阅是荷。此上。即颂
>
> 旅绥
>
> 弟刘湛恩谨上
> 十二.六.五①

---

① 耿云志编：《胡适遗稿及秘藏书信40》，黄山书社 1994 年版。

6月8日，上午九时半，中华基督教青年会全国协会第九次全国大会筹备委员会执行部第一次会议在该会图书室举行，刘湛恩、张廷荣、胡志法、马文绰、胡咏骐、顾子仁、胡贻毂等出席。会议选举了大会执行部职员，刘湛恩当选为主任干事；公决开会日期为10月16日至21日。下午，刘湛恩和李登辉、胡志法、鲍哲庆、马文绰、郝伯阳、胡咏骐、顾子仁、胡贻毂等继续出席会议，会议经郑重讨论，决定以"人格救国"为总题；公决大会议案为九股，其中刘湛恩为智育事业案书记（股长为刘伯明，股员有：陈鹤琴、李登辉、郝艾迪、吴维德、董承光）。

6月，在《青年进步》第64册上发表《无文字智力测验的用法》一文。

6月，在《教育汇刊》第5集上发表《无文字的智慧测验》一文。

7月初，中华职业教育社在职业指导部的基础上设立职业指导委员会，由刘湛恩任主任，职教社办事员邹韬奋为副主任，并负执行之责；朱经农、廖世承、杨卫玉、黄伯樵、陆规亮为委员；另外，聘请对职业指导有研究者庄泽宣、顾树森、王志莘等人为通讯委员，以收集思广益之效。

7月6日至8日，中华基督教青年会全国协会为训练干事起见，继续在庐山牯岭之莲谷开办"夏令学校"，聘请刘湛恩、余日章、李耀邦、郝艾迪、何德骏、傅若愚等为教员。

按：中华基督教青年会全国协会每年夏季在赣西庐山牯岭之莲谷开办干事夏令学校一所，招收各地市会干事到校肄业，以资训练深造，试办以来，成绩卓著。本次干事夏令学校筹备较往年尤为周全，开设科目有社会学、实用心理学、职业指导法、急救术等。

7月7日，刘湛恩与刘伯明讨论青年会学校之标准，及此后青年会应办何种新学校与新事业。

8月20日，上午九时，中华教育改进社第二届年会在清华学校大礼堂开幕，刘湛恩和熊希龄、陶行知、曹云祥、黄炎培等 700 余人出席。

8 月 21 日，下午，中华教育改进社第二届年会举行分组会议，刘湛恩和殷芝龄、陆士寅、黄炎培、陆规亮、庄泽宣、马鹤天等 14 人出席职业教育组会议，并任主席，讨论有关议案。

8 月 22 日，下午，刘湛恩和殷芝龄、陆士寅、黄炎培、陆规亮、庄泽宣、马鹤天等出席中华教育改进社第二届年会职业教育组会议。

按：在 8 月 20 日至 22 日，刘湛恩还出席了中华教育改进社第二届年会心理教育测验组的三次会议，并任会议临时主席。

8 月 22 日，中华职业教育社职业指导委员会因委员赴北京参加中华教育改进社第二届年会者甚多，乃在清华学校开第二次会议，刘湛恩和朱经农、庄泽宣、杨卫玉、陆规亮等与会，刘湛恩并任主席。会议讨论了职业指导进行方法："调查职业及社会状况，注意供求相应（与江苏教实联合会合办）"；"测验个人之职业性能（与中华教育改进社心理测验组合办）"；"宣传：用出版演讲及其他方法"；介绍：计分三项，即为人谋校、为人谋事、为事谋人。①

8 月 23 日，下午，刘湛恩和殷芝龄、陆士寅、黄炎培、陆规亮、庄泽宣、马鹤天等出席中华教育改进社第二届年会职业教育组会议。

按：在 8 月 21 日至 23 日召开的中华教育改进社第二届年会职业教育组会议上，刘湛恩先后提出《提倡职业指导案》《请国外专家指导职业教育案》，建议中华教育改进社与中华职业教育社合作，加入职业指导委员会，共同推行职业指导。

8 月 24 日，上海青年会暑期学校开同乐会，刘湛恩出席并演说《服务为今日处世之要素》。

按：上海青年会暑期学校所开同乐会计五天，每逢星期五晚间八时

---

① 《社务丛录：职业指导委员会之进行》，《教育与职业》第 48 期，1923 年 9 月 30 日。

举行，日期分别是 7 月 27 日、8 月 3 日、8 月 10 日、8 月 17 日、8 月
24 日。

9 月 3 日，下午，杭州平民教育运动会开第三次大会，会议决定本
月 5 日至 7 日每晚七时半至九时半，召集各校教员，开教授教材研究
会，请刘湛恩演讲，并商榷教材之选择及教授之方针与方法。

9 月 17 日，下午一时，中华职业教育社职业指导委员会于上海青
年会开第三次会议，黄炎培和刘湛恩、陆规亮、廖世承（邹韬奋代）、
朱经农、邹韬奋、杨卫玉等与会，会议通过了修正的学校状况调查表，
并决定先选定相应学校，开展职业指导运动，并择定一所学校，在若干
时间内，逐日于课余请专家演讲关于择业的重要问题，以唤起学生对于
职业的兴趣，同时举行填注职业性能表格及个人谈话等，其详细办法，
公推刘湛恩起草。

10 月初，身为中华基督教青年会全国协会智育部学校科主任的刘
湛恩发起全国青年会学校作文竞进会。

按：《全国青年会学校作文竞进会简章》（部分）：

（1）凡青年会日夜校学生皆可加入；（2）文题为"人格救国"；
（3）投稿不拘英文中文，但须在一千字以上；文体不拘文言白话，均
表欢迎；（4）所投之稿，如为中文，须用正楷誊清，并加新式标点，
如为英文，须打字机誊清；（五）卷末须填明姓名、住址、校名、级
次，并由校长签字或盖章；（六）投寄之稿，概不发还；（七）投稿截
止日期，民国十三年一月十五号；（八）文卷收齐后，由委员许定甲
乙，取前三名……（十）文卷请寄交上海博物院路二十号青年会全国
协会学校科主任干事刘湛恩博士。①

10 月 2 日，江苏省教育会为筹备第六次演说竞进会，特致函全省
各中等以上学校，并颁布"细则"，由刘湛恩、黄炎培、张叔良任甲组

---

① 《青年协会创办学生作文竞进会》，《申报》1923 年 10 月 5 日，第 15 版。

决赛及乙组预赛评判。

按：江苏省教育会第六次演说竞进会定于 11 月 24、25 两日举行。

10 月 17 日，上午，中华基督教青年会全国协会第九次全国大会在岭南大学怀士堂开幕，会议选举刘湛恩和鲍哲庆、郝伯阳、沈嗣庄、胡咏骐、尚仲衣、李耀邦、梁小初等为总务委员。

按：会议于 10 月 21 日闭幕。

11 月 9 日，下午五时，江苏省教育会开干事员常会，会议议决多项议案，其中包括：刘湛恩通告不日因事离沪，不能担任演说竞进会评判，请另推他人。

11 月中旬，为磋商中华基督教青年会全国协会第九次全国大会议案之施行，中华基督教青年会全国协会派定刘湛恩赴各地与各青年会进行磋商，行程如下：11 月 19 日，烟台；26 日，哈尔滨；30 日，吉林。12 月 5 日，奉天；9 日，安东；13 日，天津；16 日，济南。

本年，由上海、南京、杭州、宁波、苏州五地青年会智育部合组而成的华东青年会教育会成立，由刘湛恩任主任干事。该会以研究青年会学校教育事业、促进统一标准、并交换各会经验为宗旨。

1924 年（民国十三年　甲子）　二十八岁

1 月 7 日，晚七时半，应上海青年会之请，演讲《青年与新年》，听者甚众。

1 月 19 日，晚，上海青年会夜校举行毕业及休假礼，刘湛恩出席演说，并颁发文凭及奖项。朱树翘校长报告了学校扩充计划，强调以应商界之需要为前提。

1 月 23 日，下午，江苏省教育会、中华职业教育社、寰球中国学生会、江苏义务教育期成会、中华基督教青年会全国协会、中华基督教女青年会全国协会、上海县教育会、上海县教育局、宝山县教育局、宝山县教育会、上海青年会、上海女青年会、上海基督教普益社、上海基督教协进会等十四个团体，为提倡上海平民教育起见，于江苏省教育会，欢迎热心赴各地演讲、提倡平民教育回到上海的朱其慧，刘湛恩和黄炎培、袁希涛、沈恩孚、晏阳初、傅若愚、郝伯阳、周淑安、马一良、陆伯祥、朱少屏、殷芝龄、阮介蕃、赵正平、章伯寅、庄俞、朱经农、顾旭侯等百余人与会，由袁希涛任主席并致开会词。之后，朱其慧、刘湛恩、晏阳初相继讲演。刘湛恩在讲演中说："鄙人对于平民教育，有数种感想，目下社会人民，每将平民教育与义务教育混为一谈，此实人误，仔细研究，实截然两途。义务教育发达，平民教育亦不可废；苟义务教育不发达，则平民教育尤为急需。盖平民教育为最初基础，基础巩固，则义务教育、高等教育，亦得良好之结果也。鄙人意见，吾人提倡平民教育，应注意：（1）有合作的精神，（2）具服务的精神，且辅以新的职业教育，使人读书而能生活。又施行平民教育，可铸造完全国民，改良社会。"①

2月23日，晚六时，中华职业教育社职业指导委员会召开第三次常会，刘湛恩、邹韬奋、黄炎培、杨卫玉、陆规亮、黄伯樵、朱经农、廖世承（杨卫玉代）等与会，由刘湛恩任主席。会议讨论通过了由刘湛恩起草的《择业自审表》，并决定由职业指导委员会负责，以上海、南京、济南等为主要地点，开展"一星期职业指导运动"，举行职业指导的学校定为上海澄衷中学、南京江苏省立一中、济南正谊中学、武昌中华大学附中等。

按："一星期职业指导运动"时间：上海，4月7日至12日；南京，4月14日至19日；济南，4月21日至30日；武昌，6月2日至7日。

2月，编成《职业指导实施法》，由青年协会书局出版，以指导

---

① 《十四团体欢迎熊秉三夫人纪》，《申报》1924年1月24日，第13版。

"一星期职业指导运动"的开展。

3月1日，下午四时，福州青年会举行会议，讨论促进福州平民教育办法，刘湛恩应邀出席。

3月31日，在《教育与人生》第24期上发表《一星期职业指导运动》（附《择业自审表》）一文。文中，刘湛恩提出"提倡'一星期职业指导运动'，其用意在使青年学子注意职业指导，明瞭职业指导，庶几职业指导事业从此可以逐渐进行，而奏宏效"；并介绍了职业指导的含义及办法。①

按1：《教育与人生》第24期为"职业指导号"。本期除刊有刘湛恩的《一星期职业指导运动》一文外，还刊登了邹韬奋的《职业指导的内容与功用》《实行职业指导运动宜注意的几个要点》《中国职业指导的现况》，以及朱经农的《职业指导与初中课程》、廖世承的《应用职业指导调查表所得来的几个意见》、庄泽宣的《职业指导与留学问题》、杨卫玉的《职业陶冶与小学课程》等文。

按2：《择业自审表》是一种专门为职业指导的实施编制的表格，其目的"是要补助十五岁以上的学生分析自身的特性、兴趣、志愿与环境，藉以选择终身的职业"。该表由刘湛恩起草，职业指导委员会审定。该表1923年首先在牯岭青年会夏令学校中试验，颇见成效。其内容包括："个人的历史""个人的环境与志愿""个人的特性""个人的兴趣"和"职业调查"，计五大部分62个问题，十分详尽。在刘湛恩看来，"择业是一生大事"，万不可草率从事，"要改良社会，应当使人人都有相当的职业，而且选择职业应当用科学的方法"，而这就不仅要研究自己的个性与特长，而且应调查社会上哪一种职业与自己的个性与特长最相近，在这个基础上，用科学试验的态度去择定自己最喜欢做、最适合自己的职业，所以，"择业应根据本人的特性、兴趣、志愿、环境

———————
① 刘湛恩：《一星期职业指导运动》，《教育与人生》第24期，1924年3月31日。

与社会的需要"，"对于所择的职业若要成功，必须有充分的预备与相当的学识"。《择业自审表》的制订及其内容，反映了刘湛恩对职业指导的非凡之见。因为《择业自审表》编写的用意，正"是要帮助中学和大学生，明白他们天然的兴趣和特殊的擅长，藉以抉择他们终身的职业"。①

3 月，前往福州、香港、广州等处，讲演职业指导，听讲学生共有一万余人，教职员达一千余人，受实际指导学生共达 200 余人。

3 月，所编《择业自审表》由中华职业教育社上海职业指导所印行。

4 月 7 日，上海澄衷中学和上海青年会中学开始实行职业指导运动，刘湛恩、黄炎培、邹韬奋、陆规亮等职教社职业指导委员会委员参与指导。在上海澄衷中学，刘湛恩演讲"如何选择职业"，黄炎培演讲"择业原理"。在演讲中，刘湛恩提出"欲改良社会，使百业日臻发达，则选择适当职业与人才，实刻不容缓"；而择业的最要条件为：个性之发展、社会需要、择业之态度和充分的预备。②

按：刘湛恩：《择业的方法》（按：在澄衷中学演讲词。）

任之先生把职业原理，已经讲明白了，现在我讲的是选择职业的方法。——我们中国人普通的择业方法，有四种。

（一）由父兄定的　父兄做什么，他们也做什么，所以这般人没有择业。诚如所谓"商人之子习于商，工人之子习于工"的话了。

（二）由朋友定的　就是朋友做甚么的多，他也做甚么。这的确是古话说的"近朱者赤，近墨者黑"的了。

（三）境遇定的　就是我们的环境怎样，他们也怎样。

（四）由没有定的　王阳明说得好，"无舵之舟，无羁之马"，这般没有定职业的人，就是这样的。

---

① 《职业指导表格》，《教育与职业》第 50 期，1923 年 11 月 30 日。
② 刘湛恩：《择业之方法》，《澄衷》第 6 期，1924 年 6 月。

上面四种择业方法，属于第一种的占百分之七十以上。他们的结果，就是所谓择业难了。而且我国弄到这个地步，也因为我国的人民没有一定的职业。我们要改良社会，应当使人人都有相当的职业，而且选择职业应当用科学的方法。用科学的方法去择业，有三种原素。——（1）客观的，（2）试验的，（3）正当的。

用上面三个原素，我们可以研究出我们的择业方法，是否合于科学的方法。此外关于择业还有四点。

第一，研究吾人的个性和特长　大家都承认，世界没有二样相同的东西，而且更没有二个相同的人。因为各人有各人的特长和个性，所以吾们择业第一当研究吾们特长和个性是什么？

第二，调查社会的需要　我们的求职业，要求和我们的个性和特长相近，所以我们应当调查那一种职业和我们相近的。

第三，决志　决志当用科学的方法去试验，而择你最欢喜的，最好莫如反问你自己：我若拥了一千万的财产，我去干些什么？那时你所顶欢喜干的，就是你现在应择定的职业。

第四，充分的预备　没有充分的预备，必没有良好的结果。社会上普通的人很多，可是真正有专门学识的很少很少，所以我们择业，不得不有充分的预备。

总括说来，我们选择职业，应当研究我们的个性和特长，调查社会的需要，用科学试验的态度去决定志向，再要有充分的预备。然后勇往直前的做去。最后我可以说，要解决我们中国的根本方法，就是你我大家都有相当的职业。①

4月8日，下午一时，上海青年会日校请刘湛恩和黄炎培演讲职业指导，由校长朱树翘任主席。刘湛恩讲《择业的方法》。

4月8日，本日为中华职业教育社在上海实施职业指导运动的第二

① 刘湛恩：《择业的方法》，见邹恩润编纂：《职业指导实验（第二辑）》，上海商务印书馆1925年版。

日，下午四时，上海青年会中学特在上海青年会开职业指导研究会，刘湛恩、邹韬奋及该校校长朱树翘等 30 余人与会。刘湛恩讲演《职业指导原理》，详述《择业自审表》的内容及用意；邹韬奋讲演了《指导员与学生作个人谈话时所宜注意之种种要点》。

4 月 9 日，本日为澄衷中学和上海青年会中学实行职业指导运动之第三日，晚七时，澄衷中学校长曹慕管在上海青年会食堂，邀请中华职业教育社黄炎培、刘湛恩、邹韬奋等开研究会，该校有关领导和职业指导员多人与会。在会上，刘湛恩报告了 4 月 8 日在上海青年会中学研究会中所得的结果，大家就与会者提出的相关问题进行了讨论。

4 月 12 日，晨，因印度诗人泰戈尔定本日抵沪，上海文学研究会、中华教育改进社、江苏省教育会、中华职业教育社等团体预备欢迎，具体事宜委托世界教育会亚洲部办理，并组织委员会，由郭秉文、殷芝龄和刘湛恩为委员。

4 月 12 日，上午九时半，泰戈尔乘"热田"号抵达上海虹口汇山码头，刘湛恩和徐志摩、张君劢、郑振铎、殷芝龄、潘公弼、钮立卿等到埠迎接。

4 月 14 日，下午四时，上海文学研究会、讲学社、商务印书馆等在一品香开欢迎泰戈尔来华大会筹备会，刘湛恩代表中华基督教青年会全国协会与会，与会者还有郑振铎、严沈际、徐调孚（文学研究会），叶元龙、蒋德培（大同大学），蔡正华（圣约翰大学），康萧汀（中国公学），殷芝龄（江苏省教育会），乐嗣炳、杭石君、王芳镇（实验剧社），俞寄凡、汪亚尘（上海美术学校），朱经农、郁秉权（商务印书馆），萧元恩（上海青年会），邓演存（广肇公学），汪慎夫（上海商科大学），戴昌凤（中华书局），胡铁严（国立自治学院）等。会上，刘湛恩提议，由于欢迎大会的筹备头绪纷繁，应由到会团体推出代表分担有关事务。

4 月 14 日，《申报》刊登"太戈尔欢迎会筹备处启事"：

　　谨启者：欢迎印度诗哲太戈尔先生事，已公决如下：（一）委员会地点，在博物院路二十号青年协会，一切事物，均请于上午九时至十二时，下午二时至五时，与刘湛恩君接洽。（二）欢迎会地点，在宝山路商务印书报新俱乐部大会场，讲演时间为十八号（星期五）下午三时半。（三）加入欢迎的团体，请各派代表一人，届时到会场担任招待事务，并每团体须预先将分担会场费用六元，交与刘湛恩君。（四）十八晚七时，假北京路长康里功德林素菜馆公宴太戈尔先生，各团体及个人欲加入公宴者，请于十六日（星期三）以前函知刘湛恩君，俾得预定座位，届时并随带餐费一元五角（以一百人为限，过此因座位关系，恐不能容纳。）（六）除登报启事外，恕不另函通知。①

　　4月15日，下午五时，欢迎泰戈尔大会筹备委员会在上海四川路上海青年会开第二次筹备会议，朱经农、郑振铎、殷芝龄、俞寄凡、乐嗣炳、汪慎夫等与会，傅若愚代表刘湛恩与会，由殷芝龄任主席。会议讨论了"会场布置""开会秩序""大会主席"等事宜。

　　4月17日，据《申报》：因原推定欢迎泰戈尔大会主席郭秉文或袁希涛均因在南京不能至上海，改请张君劢担任，并推定由刘湛恩和泰戈尔演说，徐志摩翻译。

　　4月18日，下午三时半，上海文学研究会、江苏省教育会、讲学社、南方大学、大同大学、中华学艺社、中华基督教青年会全国协会、商务印书馆、中华书局、圣约翰大学、中国公学、浦东中学、《时报》《新闻报》《时事新报》《申报》等代表，以及印度和西方人士共1200余人，在上海宝山路商务印书馆图书馆会议室，为泰戈尔举行盛大欢迎仪式，刘湛恩、沈恩孚、江亢虎、聂云台、胡敦复、王云五、叶元龙、李耀邦、殷芝龄、张元济、郑振铎等与会。刘湛恩致答谢词，他说："'与君一席话，胜读十年书'。吾人在此期间，得与大诗人太戈尔相

———————

① 《各团体欢迎太戈尔筹备会纪》，《申报》1924年4月15日，第14版。

晤，此诗殊足以咏之。太氏自称以纯粹的诗人，抒其所感于吾人之前，吾人聆其言论，知氏发为悯世之言，启人深省，……今代表吾各团体，谨谢太戈尔先生之教言。"①

4月中旬，山东正谊中学举行职业指导，刘湛恩应邀前往演讲。

4月21日，据《申报》：圣约翰大学定于5月16日举行大学部辩论决赛，题为"中国政府未签订王正廷、加拉罕所订条约为外交上之失策"，校长卜舫济已请定由黄炎培、朱经农、刘湛恩三人担任评判员。

4月21日，上海、宝山两县自本日起，举行平民教育大运动，每晚七时请名人讲演平民教育问题。计划请刘湛恩于4月24日在浦东第二高小讲演（后因故未讲演）。

4月26日，下午五时，职业女子联修会于上海中西女塾开第一次演讲会，各妇女团体及各女校代表百余人参加，刘湛恩讲演《女子职业指导问题》。在演讲中，刘湛恩说，美国波士顿城，于十五年前，已创设职业指导会，今青年会亦注意此事，调查所得，知男子职业，共有三百余种，惟女子方面，尚需请贵会调查；吾人对于选择职业，当自审个性，然后，择职业中之与个性相近者实地试验，决定其志趣，尤须拟定计划，充分预备，以从事改进职业，并须具有坚忍、耐劳及专心致志之精神，方能达到成功目的。

4月26日，晚七时，上宝平民教育促进会请刘湛恩在上海四川路上海青年会演讲，郁瘦梅、马崇淦等400余人与会，由总干事傅若愚任主席。刘湛恩在演讲中说，吾中国不识字民众如哑盲之人，在在皆是，不亦可怜；闻有不识字人，而以图画通讯，每致误会，此皆由教育不普及所致；欲教育普及，并非易事，今幸有平民教育以认识千字为入手，此为佳良之方法。

4月27日，中华基督教青年会全国协会将筹备举行公民教育运动，

---

① 《太戈尔欢迎会记》，《申报》1924年4月19日，第13版。

《申报》特发表刘湛恩《致教育团体函》和《致各地教会函》。

按1：《致教育团体函》：

敬启者：溯自共和肇造，十有三年，民主国家，以民为主，然而我国教育，未能普及，舍知识阶级外，国人之未明公民责任公民权利者，不知凡几，此所以国事倥扰，迄无宁岁，是固未尝举民主之实，而民国之基，犹未十分巩固也。敝会有鉴于此，爰发起公民教育运动，于五月四日起，至五月十日至，由全国各青年会同时举行，所希唤起国人之公民观念，致力于修养公民人格，且更注意于广义的建设的爱国心。兹奉上公民教育之宣言书、全国征文简章计划书各一份，敬祈教正。如荷赞同，尚恳合作提倡，并请于征文一事，代为宣布，庶敝会区区微意，不限于青年会所在地范围之内，而得普及各方，幸何如之，专此。祗送公安。

中华基督教青年会全国协会智育部刘湛恩启。①

按2：《致各地教会函》：

牧长先生道鉴、敬启者：民国纪元，十三载于兹，虽废弃君主，而专制之毒，未尝稍去，标民主之名，曾未举民主之实，此所以国事倥扰，迄无宁岁也。敝会有鉴于此，因发起公民教育，思激起国民之公民观念，进而研究公民必需之知识，实行公民应尽之责任，或者救国之道，系于此乎。现拟于五月四日起至十日至，为公民教育星期，各地青年会，咸于此星期中，举行公民教育运动，提倡建设的、广义的爱国心。且使人注意五月九日之国耻纪念，但不为消极之怀恨，而为积极之奋发有为，以救国为己任。素仰贵牧长道高望重，爱国情殷，于公民教育一事，当荷赞同，用乞于此星期中，布告贵堂会友，为国祈祷，并于五月四日，作公民礼拜。是日讲题，请用"何为基督化的公民"，使来

① 《青年会公民教育运动之筹备：致教育团体函》，《申报》1924年4月27日，第14版。

听者深晓公民之权利与义务，而励进其公民之人格，庶人人尽公民之实，而副民主之名，幸甚幸甚。专此，祗颂道祺。

中华基督教青年会全国协会智育部刘湛恩启。①

5月1日，中华职业教育社在该社事务所召开办事部会议，就即将于5月25日至29日于武昌召开的该社第三届西部职业教育出品展览会暨中华职业学校联合会第三届年会，以及该社第七届年会筹备事宜进行商议，决定了分组会议的主任，其中，职业指导与陶冶组主任分别为刘湛恩和邹韬奋。

5月4日，晚八时，刘湛恩在上海青年会讲演《五四纪念与公民教育》。

按：中华基督教青年会全国协会发起举办公民教育运动，各地青年会均定于五月四日至十日先举行宣传讲演一周。

5月10日，晚七时，应寰球中国学生会之邀，刘湛恩在该会演讲《公民的责任》，数百人听讲，由朱少屏任主席。演讲中，刘湛恩说，青年"即将来的主人翁"，要救中国，就要靠青年学生；而中国人，少有公民常识，所以要救中国，必须个个有公民的观念，知道公民的责任。②

5月16日，圣约翰大学举行大学部国语辩论决赛，辩题为"中国政府未签订王正廷、加拉罕所订条约为外交上之失策"，由孟宪承任主席，黄炎培、朱经农、刘湛恩任评判员。

5月19日，杭州青年会举办职业指导研究社，请刘湛恩讲《职业指导原理》。

---

① 《青年会公民教育运动之筹备：致各地教会函》，《申报》1924年4月27日，第14版。
② 刘湛恩：《公民之责任》，《寰球中国学生会周刊》第146期，1924年5月17日。

5月20日，应杭州青年会职业指导研究社之邀，讲演《职业指导实施法》。

5月21日，上午，应杭州青年会职业指导研究社之邀，讲演《职业指导疑难问题》。

5月21日，下午五时，出席在上海西藏路一品香举行的殷芝龄和王兢华婚礼，并和周增奎、邝广林担任招待员。婚礼由袁希涛证婚。

5月26日，在《教育与人生》第32期上发表《公民测验表》和《公民教育运动报告》两文。

按：本期为"公民教育号"。

6月9日，下午四时，刘湛恩和殷芝龄、郁瘦梅等人参加上宝平民教育促进会于上海博物院路中华基督教青年会全国协会藏书楼举行的干事指导研究会，在会上，提议各平民学校的毕业生，应以何标准考察之。

6月17日，据《申报》：全国教育展览会之组织分配就绪，计分三十组，刘湛恩为青年会教育组筹备委员。

按：7月4日至8日，全国教育展览会将在宁波举行。

6月23日，下午四时半，刘湛恩和殷芝龄、乐嗣炳等参加上宝平民教育促进会于中华基督教青年会全国协会举行的干事指导研究会，在会上，报告了试验平教学生的成绩。

6月26日，下午三时，由宁波青年会和宁波教育会联合组织的平民教育促进会所设的31所男女平民学校，举行本届第一次联合毕业典礼，共有750余人毕业，刘湛恩与会并发表演说。典礼毕，又召开执行委员会，由刘湛恩任主席，讨论下届平民学校继续办法及应否添设高级平民学校等问题。

7月4日，出席中华教育改进社第三届年会心理教学组第一次会议，并任临时主席。

7月5日，下午，出席中华教育改进社第三届年会职业教育组第二次会议，并宣读论文《职业指导之研究》。

7月5日，在《申报》上发表《怎样做公民》：

从前人读书，是要进学、中举、做官。现在提倡平民教育的人叫人读书，是要人能看报、写信、记账。这不是目的不同么？所以从前读书，是讲究虚名；现在读书，是叫人做一个良好的公民。谁是公民？就普通而论，凡是中国人，都是中国的公民。只是有了公民的名，却没有公民的实在，还不是真正的公民。真正的好公民，是肯为地方和国家出力的人。

现在我们中国，是民主国，就是百姓们人人是主人翁。百姓们对于国家，有共同治理的权，有共同治理的责任，所以也称为共和政体。从前的专制政体，国是皇帝一个人的，治理的权和责任也是皇帝一个人的，现在既没有皇帝，主权就归了百姓了。有许多无知识的人，往往说总要有一个真命天子出世才好，这是不对的。那一个叫做真命天子呢？我们百姓个个都是真命天子！因为我们都是中国的主人，自然都是真命天子了。我们不要把主人的地位忘了，也不要把公民的责任忘了。不尽公民的责任，只戴了个公民的虚名，这不能算是公民。真正的公民，就是能为地方和国家出力的人，或是地方上办有益的事，或者为国家增进幸福。这些事都应该当作自己的责任，不然，怎样配做主人翁呢！譬如一家人家，父子兄弟，都是这一家的主人，但是不能出力、赚钱、支持生活，请问对得起自己的一家么？国是无数小家合成的，你既是一家的家主，在国里就是主人的一份（分）子，你应有为国家谋幸福的责任！

怎样才算是一个好公民？必得要有知识，有人格！第一要知道这国家是我的，全国的人民虽有四万万，我不过四万万中的一个，但是我必须尽我的责任，不可放弃。不要因为还有三万九千九百九十九万九千九百九十九人把自己看轻，以为光我一个人放弃，无足轻重。要知道人人都是像你的这样意思，那就四万万人都放弃责任，国家的事情就糟了。反过来说，人人尽力责任，国家自然一天一天的兴旺起来了。

公民有好许多义务，就是纳税、当兵、受教育、选举等等。这些事情，是最重要的，应当努力去做，不可退避。譬如投票选举这件事，似乎单我一个人不投票，也没有甚么妨碍，可是你也不投票，他也不投票，就有坏人利用你们的好机会，在选举上舞弊了。揣着选举出来的牌子，当你们的代表，做种种坏事情，我们百姓，甘受其苦。如果我们个个凭着良心来选举，选好人来做我们的代表，替国家谋幸福，这不是关系很大一件事么？

单有公民知识不中用，还得要有公民的人格。什么叫做人格？就是做人的格式，就是好品行。如勤恳、克己、公正、尽责、和善、忠诚、健康……等等。不能尽说。

总之做人必要的好品行，都该有的。譬如那些坏人，处处作弊，这就是因为他们没有养成忠诚公正等品行，所以这样。

中国的国事，现在糟得利害，危险得利害，然而我们都是主人翁，都有救国的责任。不要看轻我自己一个人，倘能个个尽力，救国就容易得很。努力吧！努力修养公民的知识，和公民的人格！①

7月6日，下午二时，中华职业教育社、江苏教育实业联合会欢迎中华教育改进社赴该社第三届年会会员，刘湛恩、熊希龄、朱其慧、陈时、黄炎培、邹秉文、杨卫玉、张轶欧及江苏教育厅厅长蒋维乔等70余人与会。刘湛恩在会上发表演说。

按：江苏教育实业联合会系由中华职业教育社和江苏省教育会合组。

7月12日，中华基督教青年会全国协会本年度干事暑期学校在庐山莲谷开学，由刘湛恩任校长，赵紫宸、宋愚溪、梁小初等为教职员，刘廷芳、陆志韦等为演讲员。

按：本年度的干事暑期学校时间共六周，至8月20日结束。

---

① 刘湛恩：《怎样做公民》，《申报》1924年7月5日，第21版。

9 月 15 日，在《新教育》第 9 卷第 1、2 期合刊上发表《职业指导的具体计划》一文。

按：1925 年 1 月 20 日和 6 月 1 日，该文又分别在《教育杂志》第 17 卷第 1 号和《河南教育公报》第 4 年第 3 期上刊出。

9 月 24 日，晨，由于因美国"退还"庚款问题来华的美国教育家孟禄本日晚将启程赴菲律宾，身为中华基督教青年会全国协会干事的刘湛恩专访孟禄。

9 月 29 日，中午，中华职业教育社职业指导委员会在上海青年会召开会议，刘湛恩和黄炎培、朱经农、邹韬奋、杨卫玉、黄伯樵等与会，由刘湛恩任主席。会议报告事件如下：（1）本年 4 月间在各处提倡职业指导办法及统计，编成《职业指导实验》第二辑，付商务印书馆刊印，十月内可出版；（2）调查江苏学校状况结果，编印《投考须知》一书，备教育指导及职业指导之参考；（3）本届江苏省教育会年会时，由本会委员廖世承、杨卫玉提议提倡本省各初级中学实施职业指导，议决委由本会讨论组织各校研究会；（4）拟根据欧美各家著述，编译《职业心理学》，供研究职业指导参考，现已编三分之一，本年内可脱稿付印；（5）本学期就中华职业学校试办择业预备科，议决事件如下：择业预备科办法和课程内容，组织研究会办法，此后进行程序。

9 月，中华职业教育社在中华职业学校创办择业预备科，因事属初创，在举行办法方面屡征各专家意见；同时，决定课程由刘湛恩和朱经农、邹韬奋等审慎酌定后，再经该社职业指导委员会各委员详加讨论。

11 月 7 日，下午四时，中华国民拒毒会在上海市总商会召开第十次董事、干事联席会议，刘湛恩和沈栽庭、翁国勋、张惠文、钟可讬、黄嘉惠等 10 余人出席，公推罗运炎任主席。在会上，刘湛恩报告了赴芜湖、安庆、九江、武昌、汉口、开封、郑州等地宣传拒毒运动和各地响应的情形。

11 月 11 日，刘湛恩和罗运炎、钟可讬、黄嘉惠等联合发出通函，紧急召集中华国民拒毒会第十一次董事、干事联席常会。函云：

　　径启者：同人等蒙前次董干事会委派为计划举行上海拒毒大会委员，当于昨日开会讨论，适会中接得日内瓦施肇基代表快函，及北京徐谦会长电，报告一切，均与本会前途进行有莫大关系，同人等认为有召集紧急会议之必要，爰拟将本星期之第十一次董干联席常会，提早于礼拜三即十一月十二日下午三时，在圆明园路二十三号三楼本会办事处举行，事机紧急，届时万望拨冗惠临，指示一切。是为至祷。①

　　11 月 20 日，在浦东中学演讲《择业方法》。

　　12 月 7 日，下午，出席在上海青年会举行的上海拒毒会第二次大会。

　　本年，长子刘光昇出生。

1925 年（民国十四年　乙丑）　二十九岁

　　1 月 11 日，晚六时，东吴大学同学会在一品香酒楼欢迎新校长葛赛思及夫人，并选举下届职员，刘湛恩和高阳等 60 余人出席。会上，刘湛恩被选为编辑部干事。

　　1 月，由邹韬奋编纂的《职业指导实验》（第二辑）由上海商务印书馆出版，该书为"职业教育丛刊"的第四种，在其中的"演讲"编，收有刘湛恩上年 4 月 7 日于"一星期指职业导运动"期间在澄衷中学所作《择业的方法》的演讲。另外，书中并附有刘湛恩所编的《择业自审表》。

　　2 月 5 日，中午，中华职业教育社职业指导委员会在上海青年会召开会议，刘湛恩和杨卫玉、潘文安（代表黄伯樵）、朱经农、黄炎培、邹韬奋与会。会议报告了办理择业预备科情形和最近将要出版的庄泽宣

---

① 《拒毒会今日开紧急会议》，《申报》1924 年 11 月 12 日，第 15 版。

编纂的《职业指导实验（第一辑）、邹韬奋编纂的《职业指导实验》（第二辑）和潘吟阁编的《各业概况》等书。会议议决：本年内择定长江一带及津浦线路一带的重要地点，扩充职业指导的实施，由刘湛恩、朱经农、邹韬奋、杨卫玉、庄泽宣、廖世承等分途进行，其确定时期及详细办法，由职教社办事员会拟定后，交职业指导委员会于 3 月 19 日再开会议决。

2 月 17 日，大夏大学新学期开始上课，刘湛恩和郭沫若、马宗霍、陈长桐、夏元瑮等被聘为教授。

2 月 19 日，中午，中华职业教育社职业指导委员会在上海青年会开会，商定推广职业指导计划，刘湛恩、潘文安、邹韬奋、杨卫玉、朱经农、黄炎培等与会，会议议定：（1）审定调查职业指导效果表，以备付印后分致业已实施职业指导各校调查；（2）公推刘湛恩和朱经农、杨卫玉、邹韬奋于 3 月上旬赴奉天、再由京汉路赴汉口、九江、安庆、芜湖、南京等处，协助各校实施。（3）公推刘湛恩于四月间赴济南、天津、北京、保定、太原、开封、徐州等处，协助各校实施。（4）各委员赴各处提倡职业指导，同时调查各该处之教育情形、工商业概况及学生出路等，作有系统的报告，作为规划改进之参考。另外，会议还详细讨论了职业指导实施的难点。

2 月 23 日，下午四时，东南大学兼上海商科大学校长郭秉文出洋考察教育，自上海出发，刘湛恩和王正廷、沈恩孚、黄炎培、余日章、程其保、朱成章、赵晋卿、俞新吾、邹秉文及学生代表数十人到码头送行。

2 月 26 日，据《申报》：大夏大学教育科为应社会需求，于本学年添设职业指导课程，聘请刘湛恩教授。

2 月 27 日，下午四时，太平洋国民会议筹备委员会执行委员在上海总商会开会，刘湛恩、黄炎培、余日章、赵晋卿、许建屏、刘王立明以及方椒伯的代表徐可陞共 7 人与会。会议就关税税则、移民问题、私运违禁品、治外法权、教育方针、人权平等、劳工问题、宗教问题等议题，组织专门委员会，从事研究，以便拟成议案，交国民代表赴会时提议。会议并议决选择中国特产物品及关于教育等各项影片，交代表随带赴会，以资宣传。

2 月 27 日，为参加将于本年 7 月 1 日至 15 日在檀香山举行的太平洋国民会议，中国教育界拟制订我国教育方针一种，特推举刘湛恩、朱经农、晏阳初、张伯苓、范源濂、黄炎培、陶行知、朱其慧担任起草，期于 4 月底将英文译本脱稿。鉴于中华教育改进社为中国研究教育的重要机关，故请该社总干事陶行知主稿，先拟成中文，共同讨论，然后译成英文。

3 月 1 日，为中华基督教青年会全国协会提倡公民教育运动事，身为该会智育干事的刘湛恩特发"通函"，认为"国事之俶扰，国势之阽危，揆厥原因，莫非树民主之名而未常举民主之实"，加之民众缺乏公民智识，故征求各界条举公民必要品格若干条，以求得有定评，为提倡时之准绳。①

3 月 5 日，下午四时，太平洋国民会议中国筹备会开筹备委员会第三次会议，刘湛恩、许建屏、殷芝龄、朱经农、徐可陞（代表方椒伯）、冯少山、汪忠刚（代表孙景西）、俞庆棠、刘王立明、朱成章等 10 余人与会，由许建屏任主席。会上，刘湛恩报告说：太平洋国民会议之性质，系属国民外交，所讨论之问题，均与沿太平洋各国国民自身有重大关系，中国为沿太平洋之一国，自有筹备出席之必要。

3 月 6 日，下午五时，江苏省教育会召开干事员常会，11 人出席，由袁希涛任主席。会议议决事件包括：刘湛恩函请举示公民必要品格，议交公民教育委员会。

3 月 16 日，下午四时半，上宝平民教育促进会在中华基督教青年

---

① 《青年协会提倡公民教育之进行》，《申报》1925 年 3 月 1 日，第 11 版。

会全国协会召开干事会，刘湛恩和郁瘦梅、邹蕉甫、胡叔异、许竞公等与会。会上，首先由刘湛恩演说《平民教育发达状况及其关系之重要》，认为"我国教育前途，颇多悲观，惟平民教育，调查各地，尚称发达。现在出版之千字课本，美国将译成外国文，以备教授美国平民，此为我国教育界最有特彩之事。"①

3月18日，晚八时，上海青年会请太平洋国民会议中国筹备委员刘湛恩在该会演讲《太平洋国民会议与中国之前途》。

3月20日，华东青年会教育会议在上海博物院路中华基督教青年会全国协会召开，刘湛恩、朱树翘等与会。会议主要讨论了公民教育、职业指导、平民教育、青年学校注册等事宜。

3月23日，为提倡公民教育，刘湛恩特致函各省教育会、教育厅、总商会。函曰：

敬启者，敝会鉴于公民教育之不发达，实伤民治之精神，而为民国进行之大梗，用特提倡公民教育，以唤醒社会人士之公民观念。去年试行而后，颇受各界之赞许，本年更以檀香山将于七月一日至十五日有太平洋国民会议之召集，拟即赓续进行，并特提公民与国际问题，以为太平洋国民会议出席代表之预备。兹招集上年各处实行公民教育运动之报告，择其精要汇为一编，以供各地青年会参考采择之需，附呈一册，尚乞教正。倘荷提倡，则登高一呼，响应自来，曷胜企幸之至。专此。祗颂大安。

中华基督教青年会全国协会智育部干事　刘湛恩启②

3月23日，为《怎样做一个中华民国的良好公民》作"序"，其中道："自从民国成立以来，连年战乱，简直没有安静过。政治纷如乱丝，也从没有上过轨道。虽然挂了民国的招牌，可是离民主的境界还很远。推原祸始，说军阀、政客……等等的不好，都对；不过归根到底，却要

———————

① 《上宝平教会干事会纪》，《申报》1925年3月17日，第11版。
② 《公民教育运动之积极》，《申报》1925年3月24日，第11版。

自己怨自己，仍旧是国民的不好。国民不行使主人翁的职权，担负主人翁的责任，太阿倒持，就无怪军阀、政客……等种种的作祟了。所以说，救国之道，无过于提倡公民教育；求公民教育之普及，这才是正本清源之计。"①

按：1925 年初，为"征求知识界对于怎样做一个中华民国良好公民的意见"，同时"也希望因此唤起各界注意公民教育的重要"，中华基督教青年会全国协会发起题为"怎样做一个中华民国的良好公民"的征文比赛，《怎样做一个中华民国的良好公民》即是这次征文比赛分别由施云英、王德润和孙光斗撰写的三篇获奖论文的汇编。该书为"公民教育丛刊"第二种，1925 年 4 月由青年协会书局书报部出版。

3 月 29 日至 4 月 5 日，中华基督教青年会全国协会与中华基督教女青年会全国协会联合举行大规模的职业指导运动，特名此一周为"立业星期"，刊行《立业星期》小册一种，分寄各校，以供筹备。在此一星期内，以演讲、讨论、谈话种种方法，研究择业问题，讲题大致为："施与爱"（说明人生的目的），"知己"（说明审察本身的特质），"职业神圣"（阐发职业之精神与价值），"中国的需要"（说明现代对于少年贡献之亟切，至讨论对话，则藉以决定本身职业之方针）。身为中华基督教青年会全国协会智育部干事的刘湛恩分赴各地，调查实施情形，指导办法。

3 月 31 日，下午四时，太平洋国民会议中国筹备会在上海总商会召开执行委员会会议，刘湛恩、赵晋卿、许建屏、欧阳心农、俞庆棠等出席，由赵晋卿任主席。会上，刘湛恩报告了檀香山方面的各种报告，及关于教育、移民、经济、宗教之种种问题。

3 月，所编辑的《公民教育运动计划》作为"公民教育丛刊"第一种，由青年协会书报部出版，其中对本年青年协会所要开展的公民教

---

① 刘湛恩编辑：《怎样做一个中华民国的良好国民》，青年协会书局 1925 年版。

育运动的具体计划进行了说明，提出"本年提倡的公民教育，尤其注重公民与国际问题"，其宗旨为："提倡广义的、建设的、纯正的爱国心"；"振醒公民服务的责任，训练公民高尚的人格"；"促进社会公共的福利，并唤起团体间互动的觉悟"；"宣传民治的精神，和立国之道"；"讨论今日国中重要问题，如裁兵、禁烟、国民会议等"；"研究国际关系的要领，以谋世界友谊的进步"。①

3月，为谢乃壬（扶雅）编拟的《国际问题讨论大纲》一书作序：

年来国中唱"国家主义"者，甚嚣尘上。处列强环伺中之我国，犹不恃此以努力自拔，夫岂人情？第我国今日所遭种种困难纠葛问题，几无一不牵连鞶缠于国际问题之中，设于国际问题不有相当之解决，则国家问题，直无从着手处理，此青年会近年提倡公民教育所以尤注重国际方面之智识也。顾欲揭出国际问题，以供热心国是者之探讨，坊间尚无适当之课本。吾友谢君扶雅担任编此一书，以为公民教育中组织研究社讨论班宣讲团之用，书成，披读一过，适如我心之所欲，谢君诚有心人也。书之起草，始于客腊，历时数月而成，于以见谢君之苦思孤诣，其嘉惠于公民教育前途者大矣。用弁数言，以当介绍。

中华民国十四年三月　刘湛恩②

按：《国际问题讨论大纲》为"公民教育丛刊"第三种，1925年3月由青年协会书局出版。

4月1日，致函陈启天：

启天先生左右：昨上一书，谅达文览。顷诵第二十五号《醒狮》所载，执事与古楳君讨论"公民教育与青年会"一节，谓公民教育主旨应为养成中国公民，适符私见，不胜欣慰。惟此项讨论中有数点不能不声明更正，以免社会误解：

---

① 刘湛恩：《公民教育运动计划》，青年协会书报部1925年版。
② 刘湛恩：《序》，见谢乃壬编拟：《国际问题讨论大纲》，青年协会书局1925年版。

（一）青年会决非外人机关。我国青年会系完全由中国人组织而成，其管理权操诸董事部之手，董事部纯粹为中国人，由中国人推选之。董事部规划预算、筹募经费、聘委干事、决定工作方针及计划（目下虽有多处青年会聘任外国干事但完全受董事部任用管理调配）。又青年（会）之宗旨在以德体智群四育牖导青年及童子，助成其完美人格。故青年会乃系一种社会教育性质之公共机关。青年会名目，虽由欧美而来，但各国各会均独立自治。中国之青年会为中国人所公有，为中国人所公立，而为中国人所管治，正如"学校"名称虽亦自欧美传来，但我国人自设之学校，不得谓为外国机关，或准外国机关也。

（二）青年会并非包办公民教育。青年会既以养成我国青年完美人格为宗旨，其工作范围颇广。近年，鉴于国运之蜩螗，国民责任心之薄弱，故不揣棉薄，提倡公民教育。特在五九、五四两纪念期内举行公民教育运动，讲演关于国家及世界大势问题，以鼓励一般人民之公民观念，而刺激其对于祖国应尽之责任与建设的爱国心。运动以后，设立研究班或讨论团研究关于目前时局切要问题以得解决之途。此事自去年全国各会举办以来，深得当地教育界及政商界之赞助合作，颇举相当之成绩。正宜益自奋勉与社会各教育团体协力继续进行。如有私人或团体热忱此举出而担任者，方欢迎之不暇，方合作之恐后，"包办"两字实不敢承。证之往年青年会发起平民教育经鼓吹倡导试验实行，约两年之久。至社会各界领袖觉悟此事之急要，而协力组成平民教育促进会，青年会不特力赞其成，且特假重要人材以为该会办理会务焉。青年会提倡某种事业乃纯粹出于自觉与服务之精神，从未曾有垄断包办之事实。

（三）青年会并非利用公民教育以传播宗教。自去年起青年会所办之公民教育，从未曾藉以宣传宗教。盖此运动之主旨，正如执事所云乃养成中国良好公民。古君所谓借此为传播宗教之利器不知究何所指？关于此事之计划办法及成绩，均有印刷品具在，尽可覆按。弟个人虽系基督徒，青年会公民教育亦系弟负责促进者，虽甚陋学无似，然此纯出乎本人良心之主张，为国势为民情，固毫无假借其名而作传播基督教之利器也。

以上三点，尚祈代为披露，以昭事实。会且行役北方，月后返沪，再当领教。匆匆布达，顺颂

撰祺

弟刘湛恩敬上。四月一日①

4月7日，致函胡适：

适之先生台鉴：

敬启者，本年七月一日至十五日，檀香山将有太平洋国民会议之召集，以纯粹之国民外交，研究种种国际（间）症结，而商榷其解决之方法。虽无立法威权，顾其重要，殊不在华府会议之下。沪上同人亦既组织筹备委员会进行一切筹备手续。然兹事体大，非周咨各界声望崇孚之士，采撷公意而奉为标准不可。湛恩适以公务之便，日内启程北上，沿途勾留，约本月下旬可抵京津。届时拟即走访台端，面请教益，还希俯洽为幸。抑又有请者，国体更易十有四年，悬民主之名，而揆其实际，民殊未握主权，窃谓扰攘之根本原因即在于此。欲拯斯弊，必也提倡公民教育。敝会有鉴于此，因引为己任，积极进行。但责重事繁，而能力绵薄，深恐弗免陨越。并拟请示周行，籍匡不逮。想先生当代泰斗，南针之锡，在所不吝也。专此布陈，诸维澄詧。祇问

道祺。

刘湛恩敬启

十四年四月七日②

4月7日，作为太平洋国民会议中国筹备会干事的刘湛恩，因太平

---

① 《醒狮》第29号，1925年4月25日。

② 耿云志编：《胡适遗稿及秘藏书信40》，黄山书社1994年版，第122-124页。

洋国民会议中国筹备会自筹备以来，各方响应者不多，拟赴直隶、河南、山东、山西等地，从事提倡，并实地视察、指示中华基督教青年会全国协会与中华基督教女青年会全国协会联合举行的大规模的职业指导运动（"立业星期"），乘便为中华职业教育社职业指导委员会就青岛、济南、天津、北京、保定、太原等处提倡职业指导。

4月16日，据《申报》：

中华职业教育社职业指导委员会主任刘湛恩因事北上，该社特指定直、鲁、晋、豫各重要都会内中等以上学校数处，介绍刘博士去商办职业指导事宜，天津南开大学校长张伯苓君首先表示欢迎，太原之山西省立国民师范学校亦允俟刘博士到时，举行大规模之职业指导运动。①

4月18日，下午二时半，上海学生会联合会召开执行委员会会议，会议决定在复旦大学举行"五四"纪念，届时聘请刘湛恩、杨杏佛、曾琦、邵元冲、汪精卫、何香凝、沈恩孚、袁希涛、余日章、邹鲁、恽代英、叶楚伧到会讲演。

5月6日，应太原进山学校之邀，在该校演讲《青年与择业》。演讲中，刘湛恩提出，职业的意义，一方面在发展个性，一方面在"效力社会"，所以，择业时必须既要"看自己的个性"，还要"根据社会的需要"。②

按：7月5日，该演讲内容在《学生杂志》第12卷第7号上刊出，并附《择业自审表》。

5月8日，下午四时半，圣约翰大学和金陵大学英语辩论会在圣约翰大学礼堂举行，题目为"西方工业主义，在中国是否适宜传布"，刘湛恩和邝富灼任评判员。

5月23日，刘湛恩和陶行知、孟宪承、欧元怀、俞庆棠、鲁继曾、朱经农等太平洋国民会议中国筹备会教育股委员于中华基督教青年会全

① 《中华职教社职业指导之进行》，《申报》1925年4月16日，第11版。
② 刘湛恩：《青年与择业》，《学生杂志》第12卷第7期，1925年7月5日。

国协会举行会议，刘湛恩并任主席。会议拟定：太平洋各国学校所用教材有国际关系者，应依据事实，以尊重民族自决，增进国际亲善为标准；太平洋各国国民，遇本国在教育上有侵略他国主权之设施时，应设法阻止，并拒绝参加；太平洋各国应交换教授、出版物、互派留学生，以沟通各国文化；等等。

6月4日，上海中华基督徒联合会在中华基督教青年会全国协会召集执行部会议，刘湛恩、余日章等出席。会议报告了最近教育界活动情况，同人对圣约翰大学被迫解散深表惋惜。

6月5日，下午四时半，上海中华基督徒联合会开执行委员会会议，会上，刘湛恩报告了上海教职员会议情形。

6月6日，晨，华东教会大学联合会顾问部举行会议，刘湛恩及上海学生联合会有关代表出席。

6月8日，美国大学俱乐部在上海联华总会开执行委员会月会，会上，刘湛恩对"五卅"事件作了解释。

6月15日，下午二时，圣约翰大学暨附属中学离校学生善后委员会筹备建设新校舍临时筹备委员会在江苏省教育会开第二次会议，张寿镛、王省三、赵晋卿、许建屏、朱经农、殷芝龄、何葆仁、余日章（刘湛恩代）等出席。会议对筹款募捐事宜作了规划安排。

6月16日，圣约翰大学暨附属中学离校学生善后委员会派张祖培、陈训恕、费毓洪、李恩廉等与许建屏、刘湛恩一起赴闸北张学良行署，向张学良陈述脱离圣约翰大学的经过和筹设新大学的情况。①

6月22日，下午二时，圣约翰大学暨附属中学离校学生善后委员会筹备建设新校舍临时筹备委员会在江苏省教育会开第三次会议，许秋帆、朱经农、潘序伦、刘湛恩、赵晋卿、王省三、陆士寅、张祖培等出席，由王省三任临时主席。会议就"校长问题""校舍问题""学生人

---

① 俞信芳：《张寿镛先生传》，北京图书馆出版社2003年版，第170页。

数问题""经济问题"和"校名问题"进行了讨论，其中决定：举定刘湛恩、朱经农、陆士寅、俞庆棠、殷芝龄、潘序伦等为校务委员；校舍租借，由朱经农、王省三、刘湛恩与各方接洽；校名，由张寿镛、许体钢、朱经农、刘湛恩等表决，新校名命名曰：光华。

7月6日，下午二时，圣约翰大学暨附属中学离校学生善后委员会所组织的筹备大学委员会召开第五次筹备会议，刘湛恩、张寿镛、王省三、朱经农、陆士寅、朱士嘉、殷芝龄、杨才清、苏公隽等与会。由张寿镛任主席。会上，朱经农报告已经聘任的教授有：刘湛恩、郭任远、唐钺、程瀛章、段育华、何奎元、潘序伦、唐庆浩、俞庆棠、陆士寅、徐乃礼、潘器栋等。另，会议经讨论议决：校舍设备，举定刘湛恩、杨才清负责进行；筹备期内，应需各费，已拟有预算，通过经费为一千八百元；详细章程，业经起草完毕，付陆士寅、朱士嘉、殷芝龄审查。

7月8日，下午三时，江苏省教育会道尔顿制讨论会筹备委员会继续开会，赵霭吴、章伯寅、殷芝龄、胡叔异、杨聘渔、王启润、朱经农等与会。会议决定7月11日上午九时请美国女教育家、道尔顿制创始人柏克赫斯特在江苏省教育会演讲，由刘湛恩任主席。

7月8日，五卅工人教育联合会临时执行委员会在上海青年会召开职员常会，刘湛恩和范更新、张文雅、程婉珍、傅若愚等出席。会议议决：组织演讲团，请刘湛恩撰稿；函请租界区教育会陈才棠到会协助会务；拟定宣言稿，请傅若愚酌改。

7月9日，下午四时，光华大学第六次筹备会议在上海北京路事务所召开，刘湛恩和张寿镛、赵晋卿、朱经农、陆士寅等出席，会议议决了各项重要问题及详细章程，决定经审查、修改后付油印。

7月11日，因柏克赫斯特改定于7月13日到上海，江苏省教育会致函刘湛恩，请其主持7月14日在江苏省教育会举行的柏克赫斯特演讲会。

7月14日，刘湛恩复函江苏省教育会，同意担任柏克赫斯特演讲会主席。

按：刘湛恩：《复江苏省教育会允任主席函》：

径复者：接展台函，嘱明后两天柏克赫斯特女士讲演会担任主席，殊不克当，惟既承台命，未便固辞，准当按时到会。专复。顺颂公祺。[①]

7月15日，上午九时，应邀来华的柏克赫斯特在江苏省教育会作第一次公开讲演，约五百人听讲，刘湛恩、陶行知、章伯寅等出席，由刘湛恩任主席，高仁山翻译，胡叔异、赵霭吴记录。刘湛恩首先致"欢迎词"：

望眼欲穿之柏克赫司特女士，至今日始得一聆其高论，吾人之愉快，未可言喻。吾人欢迎柏女士，有几大原因：第一，柏女士能在小学及乡村教育有几十年的研究，这种好学不倦、不惮劳苦的精神，吾人不得不欢迎；第二，吾人欢迎柏女士乃欢迎柏女士创造道制之科学精神及创造能力。所以今日之欢迎，第一要得到柏女士之研究的精神，得了此种精神，再行研究，或可自行创造一种中国式的道尔顿制，此则今日出席演讲者之重任也。[②]

7月15日，正午，中华教育改进社、江苏省教育会、上海交涉使公署、上海教育局、上海教育会、中华职业教育社、寰球中国学生会、南方大学、华东基督教育会、光华大学、上海图书馆协会、第二师范学校、世界书局、通运公司等十四个团体在上海市北京路功德林公宴柏克赫斯特一行，刘湛恩、陶行知、黄炎培、沈恩孚、杨卫玉、高仁山、朱经农、殷芝龄、章伯寅、胡叔异、朱少屏、贾丰臻、刘海粟、杨聘渔等出席。陶行知致欢迎辞。

---

① 《柏克赫司特女士昨日到沪：刘湛恩允任主席之复函》，《申报》1925年7月15日，第9版。

② 《昨日欢迎柏克赫司特女士之盛况：上午之演讲大会》，《申报》1925年7月16日，第9版。

7月15日，下午二时，出席道尔顿制讨论会。

8月22日，上午九时，江苏职业学校联合会在中华职业学校职工教育馆举行年会，刘湛恩和陆规亮、邹韬奋作为中华职业教育社代表与会，参加会议的还有：陆殿扬、潘文安、沈恩孚、杨卫玉、魏师达、曹伯权等。

8月25日，刘湛恩和章太炎、袁希涛、王云五等发布通告，发起成立国民大学。通告云：

近年以来，道德堕落，主持教育者，未能保持人格，影响于青年甚巨，同人等欲力挽此颓风，特发起国民大学，以养成健全人格增进学术地位为宗旨，兹已于八月二十二日正式成立，设事务所于四川路中国青年会。特此通告。发起人：章炳麟、袁希涛、张嘉森、方积蕃、王云五、朱经农、陆士寅、刘湛恩、陈霆锐、郝伯阳、胡朴安、李石岑、殷芝龄、陈德恒、何炳松、陈定谟、梅思平、萧恩承、戈公振、杜定友、林东海、戴麟书、朱如堂、刘南陔、陆鼎揆、潘公展、郑世察、王耀三、陈冀祖、赵兰坪。①

9月3日，上午十时半，江苏省教育会举行公民教育委员会第二次会议，刘湛恩、沈恩孚、章伯寅等五人与会，刘湛恩并任主席。会议首先由沈恩孚发表对于公民教育之旨趣暨进行之意见，接着，由刘湛恩报告发起公民教育运动之缘由及最近计划、进行状况，并提议本年度公民教育计划。

9月上旬，刘湛恩和沈恩孚、朱经农、傅若愚、胡叔异、凌其瑞等被上宝平民教育促进会所设的平民学校教员讲习会聘为讲员。

按：上宝平民教育促进会平民学校教员讲习会以养成平民学校教师人才、推广平民教育为宗旨；所设讲题有：平民教育原理、平民教育实施法、平民教育心理、平民教育教学法、平民学校测验法、平民教育史

---

① 《南大风潮续闻：国民大学之组织》，《申报》1925年8月25日，第9版。

及平民教育实际问题之讨论。

9月11日，下午五时，江苏省教育会开干事员常会，与会者11人，由袁希涛任主席，会议议决了刘湛恩的来函："请将公民教育委员会议决案分寄全国各教育会"，议决分寄各省区教育会。①

9月12日，下午二时，江苏省教育会举行公民教育研究会，刘湛恩、沈恩孚、章伯寅、张君劢、杨卫玉、潘文安、马群超、王景石等与会。会上，刘湛恩发表意见曰：公民教育运动，概可分为家庭、学校、社会三种，但此三者，必须有联络之方法，方可见效。譬如组织教员家长会，使家庭与学校联络；学校教师，与乡民时时发生关系，使学校与社会联络。如此着手进行，其结果必臻美满。此外，刘湛恩还认为，公民教育的实施，须在无形之间做工夫，绝对反对只唱高调不求实际。

9月12日，晚七时，光华大学代理校长张寿镛于大东酒楼宴请全体发起人、教职员及学生代表，刘湛恩、王省三、赵晋卿、朱经农、陆士寅、何仲英、张祖培、黄瑞生、胡经甫、杨才清等与会。

9月19日，下午四时半，上宝平民教育促进会平民学校教员演讲会继续举行，由刘湛恩演讲《平民心理》。

9月19日，江苏省教育会举行推行国语运动大会，在上海西藏路宁波同乡会开会，刘湛恩和杨卫玉、顾旭侯、余家菊等参加，并作演说。

9月25日，下午二时，上海总商会开关税委员会会议，刘湛恩、王晓籁、闻兰亭、陈良玉、劳敬修、赵晋卿等十余人与会。会议研究了有关上海机器面粉公司分会、上海铁业公司等问题。

9月26日，中午，应开洛公司无线电话播送台之邀，在该电台演讲播送《公民教育》。

9月28日，下午四时，光华大学中学部在本校举行爱国募金演讲

---

① 《省教育会干事员常会记》，《申报》1925年9月13日，第9版。

会，刘湛恩及该校中学部全体教职员、学生共七百余人出席。演讲会上，刘湛恩作了《爱国运动》的演说，号召爱国应抱有建设、积极、乐观、负责、团结、实行、持久、始终如一、大公无私、知行合一等精神，以应付中国之时势。

9月30日，中午十二时，由于中华职业教育社拟于10月11日在南京江苏教育实业联合会与江苏省教育会联合延请江苏省各初级中学代表开会，商定采行职业指导办法，故该社于本日在上海青年会开会，先事讨论有关事宜，并预定南京会议的有关事项，刘湛恩和黄炎培、王志莘、邹韬奋、杨卫玉、朱经农、潘文安、赵师复等与会。会议详细讨论了职业指导的方法，以供南京会议研究，并推定刘湛恩为南京会议主席。

9月，所编辑的《国庆节与公民教育运动》一书由青年协会书报部出版发行。

按：《国庆节与公民教育运动》为"公民教育丛刊"的第四种，内容包括"绪论""筹备""国庆节之程序"和"常年事业"四部分，并首列"公民教育运动宗旨""我对于爱国运动的信条"，书末附有有关公民教育运动的"宣言及计划"和"爱国歌"。

9月，为孙祖基编辑的《不平等条约讨论大纲》作序：

比岁以来，民众觉悟之进步，一跃万丈，知不平等条约影响国家甚巨，遂竭力提倡废除，意至善也。但多数国民，徒自人云亦云，莫知意义，徒手奋呼，毫无步骤，于事实无所补益。青年会为服务社会机关，故于公民教育运动中，特加此项问题，俾热心同胞，得以研究讨论，明瞭真相。因请无锡孙君祖基编纂讨论大纲，考据精详，文字明畅，想国人必以先睹为快也。用弁数言，以当介绍。

中华民国十四年九月　刘湛恩①

按:《不平等条约讨论大纲》为"公民教育丛刊"的第五种,1925年10月由青年协会书局出版。

9月,为黄秩庸编辑的《领事裁判权讨论大纲》作序:

近来以来,国民对于国家主权,异常注意;对于领事裁判权,乃有废除之运动,爱国热忱,至美至善。惟各国关于此项问题,□先得调查中国司法入手。我国国民,目下徒自呼号运动,而对于此种底蕴,率未深加研究,殊非彻底办法。青年会应时势之需求,曾于两年前发起公民教育运动,组织研究团,今届又加入此项问题,特请黄君秩庸编辑讨论大纲,以备应用,盖为深合乎目今需要之作,此书一出,吾知其必将不胫而走也。

中华民国十四年九月　刘湛恩②

按:《领事裁判权讨论大纲》为"公民教育丛刊"的第七种,1925年10月由青年协会书局出版。

10月1日,下午二时,江苏省教育会公民教育委员会开第三次委员会议,刘湛恩、沈恩孚、杨卫玉等五人出席,由刘湛恩任主席。会议议决:国庆日公民教育运动,应根据本会所定计划,制成表式,通函各县教育局及教育会;通过《调查本省及各中等学校各小学校实施公民教育现状案》等。

10月10日,苏州各界在公共体育场举行国庆典礼,三千余人与会,刘湛恩出席并演说。

10月11日,晨,刘湛恩和朱经农等赴南京参加于江苏教育实业联

① 刘湛恩:《序》,见孙祖基编辑:《不平等条约讨论大纲》,青年协会书局1925年版。

② 刘湛恩:《序》,见黄秩庸编辑:《领事裁判权讨论大纲》,青年协会书局1925年版。

合会召开的初中职业指导研究会。

10月11日，下午三时，中华职业教育社与江苏省教育会于南京贡院江苏教育实业联合会召集江苏省各初级中学代表开职业指导研究会，刘湛恩和黄炎培、杨卫玉、邹韬奋、潘文安、潘吟阁、周开森等与会，由刘湛恩任主席。会上，刘湛恩报告了开会宗旨。

10月13日，江苏省教育会分函刘湛恩、朱经农、殷芝龄、王志莘、赵师复，请他们预备招待将来华的美国大学生。函云：

敝会接中华教育改进社来函以接驻美施植之公使，函告美国海上大学学生随同该校校长教员考察世界教育，总共约有五百余人，于本年十二月一日来华，由大沽起陆，转赴北京、上海、广州等处，上海方面，筹备欢迎、导引、参观事宜，请由敝会担任等情，敝会自当设法招待。兹经本月九日干事员会，公推先生及某某等四君筹备招待方法，务请惠允。本月十六日星期五下午四时，在敝会开会集商办法，特先函达，届期敬乞拨冗莅会，无任感幸。①

按：10月16日，下午四时，江苏省教育会开会讨论招待美国海上大学生办法，王志莘、殷芝龄、赵师复等与会，会议议决：请省教育会函请上海各大学各教育机关各学术团体，推派代表，讨论招待办法；定10月24日下午四时在江苏省教育会开第一次会议。

10月22日，江苏省教育会致函刘湛恩、朱经农、殷芝龄、王志莘、赵师复：

敬启者：本月二十四日星期六下午四时，敝会邀集本邑各学校及各教育学术团体代表，讨论招待海上大学考察团事宜，务请拨冗莅会为幸。专颂台安。②

10月，所编辑的《公民研究团办法》由全国青年协会书局出版发行。该书为"公民教育丛刊"的第八种，内容包括"绪论""公民研究

---

① 《省教育会预备招待美国大学生》，《申报》1925年10月14日，第7版。
② 《教育会明日讨论招待美国大学生》，《申报》）1925年10月23日，第7版。

团之筹备""公民研究团之组织及程序""公民研究团讨论问题""公民研究团训练设计"和"公民研究团领袖须知",并附载有"公民研究团简章之模范""公民研究社简章之模范""会议须知"和"公民研究参考书"。刘湛恩在为该书作的"序"中写道:"近年以来,国内各青年会一致提倡公民教育运动,并组织研究团,所以以训练公民的品格,促进社会之福利为职志也。惟事属创举,参考资料,时虞缺乏,用特搜集各处已著成效之办法及章程,并参以己意,辑成是册,藉供研究团各领袖之采用。惟此篇因各处待用甚急,成于仓猝之间,舛谬之处,在所难免,尚希海内同志,有以教正,则幸甚矣。"①

10 月,所撰《公民宣讲队办法》由全国青年协会书局出版发行。该书是刘湛恩就如何具体有效地组织开展公民教育宣讲而拟定的具体办法,分"公民宣讲队缘起""公民宣讲队的组织""公民宣讲队的进行手续""公民宣讲队的日程"和"公民宣讲的继续事业",计五个部分,其中在"公民宣讲队的组织"中,规定"公民教育的目的,在于养成个人的人格,使对于家庭、社会、国家及世界都有忠勇服务的能力,和人群互助的精神。至于公民宣讲队,就是实施公民教育的一种工具"。公民宣讲队的宗旨是:"提倡广义的、建设的、纯正的爱国心";"振醒公民服务的责任,训练公民高尚的人格";"促进社会公共的福利,引起团体间相互的觉悟";"宣传公民常识,兴立国之道";"研究国内外重要的时事问题,以谋国家进步,世界和平"。公民宣讲队的种类,以时间长短论,有"逐日宣讲""星期宣讲"和"寒假暑假宣讲"。以地点论,可分"固定地点宣讲""游行宣讲"和"巡游宣讲"。以程序论,有"普通宣讲队员,专司持旗帜及分传单";"幻灯宣讲队员,专司演放幻灯及宣讲";"电影宣讲队员,专司演放电影及宣讲";"音乐宣讲队员,专司开留声机或弹丝弦,兼及宣讲";"化装宣讲队员,专司演

---

① 刘湛恩:《公民研究团办法》,全国青年协会书局 1925 年版。

短剧，以激发人民的道德，而引起爱群爱国家的观念"；"游艺会，兼以上所述各种，并加添其他游艺以助兴"。①

10 月，在《中华基督教教育季刊》第 1 卷第 3 期上发表《五卅惨案与教会学校》一文。

按：《中华基督教教育季刊》由中华基督教教育会副总干事程湘帆主编，孟宪承、朱经农、刘湛恩、赵紫宸、韦卓民等为编辑部成员。

11 月 1 日，下午，太平洋国民会议委员在上海银行公会召集沪上商学等界领袖讨论关税会议问题，刘湛恩、黄炎培、余日章、沈恩孚、赵晋卿、吴蕴斋、冯少山、陈其瑗、罗隆基等 20 余人出席，由余日章任主席。会议议决：由列席诸君联名，通电主张关税自主；组织关税自主促成会，并推选余日章、黄炎培、冯少山、沈恩孚、刘王立明、王云五等 7 人为执行委员，由余日章为主任。

按：《通电》：

北京关税会议主席并转各代表公鉴：同人对于关税会议，一致主张以收回自主为唯一之目的，绝对反对增加二五或一二五等协定办法，各友邦果诚意对我，应首先赞成收回之提议，吾国国民必心志勿忘，同人更敢以坚决之态度，正告我关税会议各代表曰，万一不能达自主之目的，毋宁停止会议，而别筹对付方法，吾全国国民誓为后盾。谨此宣言。虞和德、余日章、黄炎培、刘湛恩、王丰镐、马伯援、沈恩孚、罗运炎、方积蕃、李登辉、冯少山、赵锡恩、霍守华、王云五、郝伯阳、陈立廷、过养默、朱经农、刘王立明、徐可陞、罗隆基。②

11 月 12 日，晚七时，身为上海关税促进会代表的刘湛恩在汕头应广东省立岭东商业学校之邀，演讲《关税自主》。

11 月，为所编辑的《公民与民治》一书作序：

民国建设以来，已十有四年矣，而大多数公民对于民主政体中所最

---

① 刘湛恩：《公民宣讲队办法》，全国青年协会书局 1925 年版。
② 《本埠新闻：太平洋国民会议委员会记》，《申报》1925 年 11 月 3 日，第 9－10 版。

重要之问题，如法治、民意、选举等等均茫然不知，此实为吾新共和国不进步之大原因。广州青年会钟礼士君有感于此，曾编著《公民与人格》（Citizenship and Character）一书，在该处公民研究团试用两次，读者三千余人，成绩颇佳。兹特根据该书，以作是篇，体裁略变，重在讨论，藉使读是书者，得有所发表意见，互相研究，藉增兴趣。惟编者因宣传公民教育，适有闽粤之行，故此篇仓卒付印，舛谬之处，在所难免，海内同志倘能进而教之，不胜大愿。

中华民国十四年十一月　刘湛恩①

1926 年（民国十五年　丙寅）　三十岁

1 月 13 日，下午三时，刘湛恩和顾子仁、余日章、海慕华、沈体兰、刘咸有、胡贻毅、陈立廷等共三十人于上海梵王渡圣约翰大学代理校长伊理家中，出席中华基督教青年会全国协会第二次全国学生部干事会议。

按：会议至 1 月 20 日结束。

1 月 14 日，刘湛恩和李石岑、朱经农、何炳松等宣布大夏大学办学宗旨：

大学为研究学术、培养德性机关，非政党活动之地，同人等以为在大学中，无论师生，对于各种主义，尽可自由研究，唯不应藉作宣传及活动之地盘。同人等掌教大夏大学，对于本校读书运动，众志成城之宗旨，始终不渝，如有妨害本校名誉，扰乱本校秩序者，即视为非吾人之同志，不与合作。谨此宣言。（大学教授）李石岑、朱经农、何炳松、艾伟、唐庆增、林天兰、兰春池……王毓祥、欧元怀、张介石、俞庆

---

① 刘湛恩编辑：《公民与自治》，青年协会书局 1926 年版。

棠、程湘帆、刘湛恩……。①

1月21日，下午四时，江苏省教育会公民教育委员会举行临时会议，刘湛恩、沈恩孚、潘文安、章伯寅、赵霭吴、李颂唐、谢守恒、胡叔异、俞庆棠、杨卫玉等计11人出席，刘湛恩并任主席。会议议决了公民教育信条：发展自动精神，养成互助习惯，尽力公共事业，注意公共卫生，维护公共经济，遵守公共秩序，履行国民义务，培养国际同情；确定本年公民教育运动日期为：5月3日至9日。

1月23日，针对中华基督教青年会全国协会所发起的乡村公民教育运动，刘湛恩通函各市会一致筹备乡村公民教育，函云：

据各处报告，如上海、北京、郑州、厦门、宁波等处，业已组织进行，现附上《公民宣讲队办法》《公民教育唱本》《公益讲话》三种，如能实行，则于结束后，须报告协会。②

2月22日，晨，刘湛恩和秦翰才、王志莘、潘文安、邹韬奋、廖世承、沈肃文由上海乘快车赴苏州参加中华职业教育社第一次专家会议（苏州会议），11时40分到苏州。

2月22日，晚，刘湛恩和秦翰才、王志莘、潘文安、邹韬奋、廖世承、沈肃文等中华职业教育社莅苏人员，在城中饭店晚膳；夜，和沈肃文、邹韬奋、王志莘、潘文安、秦翰才、章伯寅宿惠中旅馆。

2月23日，上午，中华职业教育社继续在苏州开会（专家会议第二次会议），刘湛恩和廖世承、黄竹铭、秦翰才、邹韬奋、王志莘、杨卫玉、沈肃文、章伯寅、潘文安等与会，由杨卫玉任主席。会议主题有四：如何实现大职业教育主义，如何规定本社此后三年间之工作，如何筹集本社经费，如何增加本社组织力量。在会上，刘湛恩讲《本社三年内应办四事》：一为研究事业，包括调查、分析、研究等；二为平民职业教育，包括城市和农村等；三为职业指导；四为试验事业，应以中华

① 《大夏大学教授宣布办学宗旨》，《申报》1926年1月14日，第10版。
② 《青年协会筹备乡村公民教育》，《申报》1926年1月24日，第7版。

职业学校为试验之用。

2 月 24 日，下午，中华职业教育社继续在苏州开会（专家会议第四次会议），晚，召开专家会议第五次会议，均由刘湛恩任主席。会议继续讨论职教社此后三年间之工作：职业分析——调查各种职业内容，加以分析研究；继续指导——调查就事学生状况，予以相当之指导；供求状况之调查——注意社会之需要与人才之供应；全国职业之调查——除一般调查外，更调查自本社成立后各地职业教育进行状况，尽一年内结束，以资比较；办理试验学校——除以工商教育之试验责之中华职业学校，女子职业教育之试验责之南京女子职业传习所外，再从事农村教育之试验，并注意改良旧职业，介绍新职业。

2 月 25 日，上午，中华职业教育社继续在苏州召开会议（专家会议第六次会议），讨论如何增加职教社的组织力量，刘湛恩出席，廖世承任会议主席。

2 月，所编辑的《怎样做一个中华民国的良好公民》由全国青年会全国协会再版刊行。

2 月，所编辑的《公民与自治》一书由青年协会书局出版发行。

按：该书为"公民教育丛刊"的第 11 种，共计六课："民主政体的沿革""法律统治""民意万能""选举""保护与纳税"和"公民的责任"，并附有"公民测验表"。

3 月 4 日，下午四时，江苏省教育会附设公民教育委员会开第八次常会，刘湛恩、谢守恒、沈恩孚、胡叔异、潘文安、赵霭吴、章伯寅、杨卫玉、杨聘渔等共 10 人出席，由刘湛恩任主席。会议修正通过了"公民信条"。另通过了该会的在上半年本省实施公民教育计划办法，包括：定于 4 月 10 日至 12 日举行公民教育讲习会，组织讲习会筹备会，推定刘湛恩、沈恩孚、章伯寅、杨聘渔、张君劢负责筹备；5 月 3 日至 9 日举行公民教育大运动，组织筹备会，推定章伯寅、胡叔异、刘湛恩、杨聘渔、赵霭吴、谢守恒、潘文安负责筹备等。

3月9日，中午，江苏省教育会、中华职业教育社、寰球中国学生会、南洋大学暨哥伦比亚大学同学公宴孟禄，刘湛恩和黄炎培、袁希涛、顾维钧、朱少屏、赵师复、潘文安、王云五、朱经农、江恒源、沈恩孚、王志莘、贾丰臻、章伯寅、杨卫玉等参加，由袁希涛任主席。会上，孟禄发表了演说。下午二时，宴毕。三时，孟禄偕夫人由新关码头搭大英轮船公司的开希米船赴南洋考察海峡殖民地及印度教育，由刘湛恩恭送。临别前，孟禄特作临别赠言，希望中国提倡公民教育，并请刘湛恩专致中国教育家，其曰：

鄙人此次来华蒙贵国教育界招待殷挚，至深感谢。历观贵国既往之教育成绩，逐有进步，弥深钦佩，惟希望努力前进，此后应加意领导救国事业，学校应为社会之中心，益当积极提倡大规模之公民教育运动，使举国之人皆有公民常识，悉能担负公民责任，而贵国人民，十分之八居乡，率多缺乏职业训练，尤宜提倡乡村教育与职业教育，则贵国前途，不难日臻强盛也。请以鄙意为贵国教育界言之，幸甚。①

3月9日，鉴于各地基督教青年会学校拟提倡"立业星期"，推行职业指导，为有效对之加以指导，《申报》特刊登中华基督教青年会全国协会智育部干事刘湛恩致各地城市基督教青年会的信函：

敬启者：时事维艰，人浮于事，青年学子，每无职业之可棲，即有之亦乏择业之能力，至有用非所学，学非所用之慨，贻误青年，实非浅鲜。我青年会所办学校，有鉴于此，积极提倡职业指导，俾一般青年知所趋向，不致盲从，历经举行立业星期，成绩昭著。兹复接各处市会提议，拟藉本年植树节期，自三月二十九日至四月三日，举行全国青年会学校立业星期，法良意美，至足钦佩。台端对于职业指导事业，素具热心，此次提议各节，谅蒙赞许，至时间问题，据各处主张，以植树节为期，然亦须斟酌各地情形，或迟或早，均所不拘。兹送上《职业指导实

---

① 《教育界昨午公宴孟禄博士纪》，《申报》1926年3月10日，第7版。

施法》一册，以作参考。此外有《择业指导图表》及《择业自审表》，均由协会书局出版，需用时，径往订购可也。①

3月10日，江苏省教育会公民教育委员会分函公民教育讲习会讲师刘湛恩、袁希涛、黄炎培、沈恩孚、张君劢、胡宣明、朱经农、金井阳、贾丰臻、杨卫玉、潘文安等云：

敬启者：鄙会附设公民教育委员会，议决于四月十日至十二日，举行公民教育讲习会，推请先生为讲师，业经函达；兹定本月十一日下午五时，开讲演预备会，敬乞拨冗惠临为幸。专此，并颂台安。②

3月11日，下午四时，江苏省教育会公民教育委员会开公民教育大运动筹备会，刘湛恩、章伯寅、杨聘渔、胡叔异、潘文安、赵霭吴、谢守恒共7人出席，由刘湛恩任主席。会议议决：定于5月3日至9日为公民教育运动周，并规定了每日的讲题；在公民教育运动周内，各校所采教材，须以公民教育为中心，由各校自行酌量编订。

3月22日，身为公民教育运动会总干事的刘湛恩分函各城市青年会：

敬启者：国事蜩螗，大战不已，热心志士，靡不痛心，金云挽救时局，非造就良好公民，使人人能尽国民天职，不足以振发起衰，其关系国家前途，自深且重，是以积极提倡。历次举行以来，各市会成绩均佳，颇得社会之欢迎，足见毅力进行，至堪钦佩。兹据多处同志来函，提议于本年五月三日至九日，继续举行全国第三届公民教育运动，利用五四五九二纪念，提倡公教，想必蒙先生之赞许，尊处如可同时举行，乞以卓见赐教，有须鄙人效劳之处，并请示知，无不尽力。③

3月23日，午时，中华职业教育社职业指导委员会在上海青年会开会，刘湛恩和黄炎培、邹韬奋、朱经农、潘文安、陆规亮、王志莘、

① 《全国青年会学校将举行职业指导》，《申报》1926年3月9日，第7版。
② 《公教委员会今日开讲演预备会》，《申报》1926年3月11日，第7版。
③ 《公民教育运动之积极进行》，《申报》1926年3月23日，第10版。

杨卫玉、朱懋澄等与会。会议先由邹韬奋和刘湛恩分别报告了中国职业指导事业的现状及将来希望，接着，讨论了江苏中等学校职业指导研究会事宜和中华职业教育社第九届年会关于职业指导的事宜；公推杨卫玉起草《小学职业指导办法大纲》，邹韬奋起草《中学职业指导办法大纲》，潘文安起草《职业学校职业指导办法大纲》，刘湛恩起草《大学职业指导办法大纲》；定于 5 月杭州年会时举行职业指导运动；公推俞子夷、陆殿扬等加入为委员。

3 月，和陈伯华、孙祖基共同编辑的《和平运动讨论大纲》由青年协会书报部刊行。

按：该书为"公民教育丛刊"的第十五种，主要内容包括："内乱之原因"，"各方解决国是之主张"，"和平运动之性质"，"和平运动之计划"，"和平运动之程序"，"和平运动之代价"。余日章为该书作"序"。

3 月，在《青年进步》第 91 册上发表《青年会与公民教育》一文。

按：本文和傅若愚合写。

春，代表中华基督教青年会全国协会出席在芬兰举行的世界基督教青年会代表大会，之后，赴英、法、美讲学。

4 月 8 日，江苏省教育会决定公民教育讲习会本月 10 日开始，由刘湛恩当日讲演；另议定本月 12 日举行公民教育讨论时，刘湛恩任主席。

4 月 10 日，中午十二时，刘湛恩和袁希涛、余日章、黄炎培、朱少屏、杜定友、欧元怀、王毓祥、江亢虎、殷芝龄、王兆荣、戈公振、朱经农、赵晋卿等在上海静安寺路沧州别墅，公宴前任教育总长王竹邨、北京大学校长蔡元培、东陆大学校长董雨苍、新任北京女子师范大学校长郑毓琇及蔡无忌、徐悲鸿、钱昌祚等。

4 月 10 日，下午三时，江苏省教育会公民教育讲习会开会，由沈恩孚任主席。刘湛恩在会上讲演《公民信条总原则》，包括发展自治能力和养成互助精神。听讲者有来自 74 个机关的 200 余人。

4月12日，上午十时，江苏省教育会公民教育讲习会开讨论会，刘湛恩和黄炎培、袁希涛、沈恩孚、章伯寅、顾旭侯及各县听讲员50余人与会，由刘湛恩任主席。在会上，刘湛恩发表讲话。他说：今天又与诸位同志研究公民教育实施办法，希望有彻底解决，庶将来进行有所根据。有鉴于各种机关通过之议案甚多，而见诸实施者，则寥寥无几，刘湛恩请与会诸位就公民教育之目的、教材之搜集、教授法之选择提出各种实施办法。

4月14日，国内和平促进会在上海北四川路某处集会，刘湛恩、余日章、赵晋卿、陈霆锐等与会。会议主要研究了促进国民注意国民运动的发起问题。

按：国内和平促进会为董康、余日章、刘湛恩等在上海发起组织。

4月21日，下午四时，江苏省教育会在职工教育馆招待英国庚款委员会代表团，刘湛恩和胡适、黄炎培、王景春、丁文江、袁希涛、沈恩孚、张一麟、马君武、李登辉、杨卫玉、刘海粟、邹韬奋、章伯寅、沈履、殷芝龄、张君劢、张东荪、朱经农、俞庆棠、潘文安、赵师复、贾丰臻、朱少屏、王志莘等80余人与会。会上，主席袁希涛发表了对于庚款问题的意见。

4月24日，下午，率大夏大学高师职业教育班学生参观中华职业学校。

4月28日，中午十二时，国内和平促进会在上海崇明路某餐馆开会，刘湛恩、余日章、郑维、严谔声、劳敬修、朱经农、陆士寅等与会。会议讨论了促成国内和平的要素。

4月28日，中华职业教育社致函刘湛恩、朱经农、陆规亮、廖世承、杨卫玉、郑晓沧、赵师复、潘文安、俞子夷、陆殿扬、王则行、胡叔异等：

本社已定五月七日在杭州开职业指导会议（为本社年会分组会议之一），兹本社职业指导委员会特定五月一日中午，假上海四川路青年会食堂聚餐，先开预备会以便商定一切并讨论所约试验各校之进行方法。①

5月1日，中午，中华职业教育社职业指导委员会在上海青年会开会，商榷大学、中学、职业学校职业指导及小学职业陶冶各问题及其实施方法，刘湛恩和黄炎培、陆规亮、胡叔异、俞子夷、王则行、邹韬奋、沈百英、潘文安、朱经农、杨卫玉、王志莘等与会。会议公推黄炎培和朱经农、欧元怀负责审查大学职业指导法。

5月3日，《申报》辟"教育消息"栏为"公民教育运动特刊"，刊登刘湛恩的《公民教育之新趋势》、胡叔异的《公民教育究竟是什么》、陈启天的《国家主义的公民教育观》、程湘帆的《公民教育设施方法》、张仲友的《中学校实施公民教育的方法》等文。

按：刘湛恩：《公民教育之新趋势》：

我国之公民教育，尚在幼稚时代，然数年以来，全国已几于一致，其普及之迅速，进步之敏捷，可谓大矣。夫公民教育之重要，率皆知之矣，则今日各国对于公民教育之新趋势，吾人尤不可不一加注意。因略述于次。

昔德皇大腓德，有鉴于欲国家臻于强盛，非提倡相当的教育，以培养其根本不为功，遂于西历一七六三年，规定全国教育法典，其后德人为拿破仑所败，更惕然于公民教育之重，尤以费希德氏主张为最烈。法国自大革命后，即注重国民教育，普法战后，丧师失地，益觉公民教育之重要。以言英国，则英伦三岛，及各殖民地，无不积极提倡公民教育，使其人民知忠于祖国，以养成"大英帝国公民"（British Imperial Citizenship）。至于美国，则人种复杂，然卒赖公民教育而为美国所同化（Americanization）。日本则自明治维新以来，即注重公民教育，至今不衰。此数国者，皆为提倡公民教育最力而成绩昭然于世界者也。至公民

---

① 《职业指导委员会通告开预备会》，《申报》1926年4月29日，第7版。

学之起源，各国皆有纪载，惟本偏限于篇幅，不克备录，兹仅就美国方面述之。美国之公民学，组织至称完善，其发源之始，公民学（Civics）名词传系魏德（HR Waite）所介绍，一八五九年芮狄（Daniel Read）曾于美国全国教育会演讲公民教育之重要；一八六三年美教育会组织委员会，报告学校应教学、政府组织之区别；至一八六九年，教育会方面将此议案正式通过，令各学校于历史科内特别注意政府之组织与区别。一八七六年时，各学校所教授之公民学，仍不过背诵宪法，颇多缺憾。一八九二年，美国全国教育会，特派委员会对于此事详加研究，乃有小学中学均须教学公民学之建议，但于实行时，仍与历史并教。至一九

年公民教育遂日臻发达。而欧战以后，尤为一般所重视矣。今日各国对于公民教育之新趋势究若何，试扼要述之如左。

（1）目的　公民教育之目的，大别有二，一狭义的，一广义的。所谓狭义者，如"加尔德"所云："公民学之作用，在使儿童有政治运用之见解，谓公民学科而不能使儿童了解公民责任之意义，不能使其有参与政治活动之能力，不能增加其履行公民义务之效率，则虽有充分之智识，无所用也"；所谓广义者，如杜威博士所云"训练公民除使儿童敏于选举及服从法律外，并能履行有益群众的责任，以维持其个人之独立及尊严，此外对于现在文化之进步和光大的事业，亦应有所贡献"。以上两种，各有其是。今日之教育大概取其兼收并蓄主义。其理论则趋重于广义，而实施则仍参用狭义，而以"国家主义"为公民教育之中心，若以我国今日"有民国而无国民"之现象观之，此法尤为可采，庶几人民对于国事有充分之智识，克尽其公民之责任也。

（2）教材　公民教育以前所用之教材，大率皆为中央政府之组织，及宪法大纲等，皆与历史合教，近来公民一科，已公认为独立科，不复与历史相混，而教材则依照社会标准根据儿童经验，包罗家庭、学校、社会、国家、国际、法制、经济、政府等等组织而成，其法之完备已较胜于从前万万矣。

（3）实践以前教授公民学者，只注重记诵宪法解释条文而已，大率儿童对于书中之意义，只知其然而不知其所以然，今日之实施法，则一矫旧习，不独注意于"知"，更且注意于"知"，校内教学、校外活动，兼而有之，校内则注意讨论、调查、辩论、演剧、学生自治等等，校外则注意参与爱国活动、社会服务等等，既足以培养其习惯，更足以发扬其精神，此种实施办法，今世界各国大率皆趋于一途矣。①

5月6日，下午四时，江苏省教育会公民教育委员会开五月份常会，沈恩孚、胡叔异、赵霭吴等出席。会议议决组织公民教育图书审查会，并推刘湛恩和潘文安、章伯寅、胡叔异、杨聘渔等7人为该会委员。

5月10日，刘湛恩应上海女青年会之邀，演讲《女公民之责任》，认为女子应该注意提高地位，改进家庭，服务社会；欲达此三点，"则学校教育、社会教育尚焉"。②

5月11日，江苏省教育会分函刘湛恩、潘文安、胡叔异、杨聘渔、章伯寅等七人：

本月六日，敝会附设公民教育委员会举行第十次常会，议决组织公民教育图书审查会，分小学用、中学用、一般社会用三大类，并推定先生担任审查，合即函达，务乞惠允，一俟征刊图书，再当开会协商，分任审查办法。③

5月12日，晨，国内和平促进会因托刘湛恩"在东北各省，联络各地团体为有规模之宣传，以冀全国共趋于倾向和平之途"，刘湛恩乃赴天津，取道京奉路，再赴东北各省，联络绅、商、学界，发起和平运动团体。

按：刘湛恩此行并受中华职业教育社之托，调查并提倡当地职业

---

① 刘湛恩：《公民教育之新趋势》，《申报》1926年5月3日，第7版。
② 《公民教育消息汇志：上海女青年会演讲会》，《申报》1926年5月12日，第11版。
③ 《公民教育消息汇志：苏省审查公教图书》，《申报》1926年5月12日，第11版。

教育。

5月19日，刘湛恩到达安东，并在此提倡职业教育。

5月30日，上午，应吉林省教育会之邀，讲演《公教与职教》。

6月1日，抵达北京。

按：刘湛恩此次赴北方接洽和平运动，曾先后到达大连、安东、沈阳、哈尔滨等地。

6月8日，刘湛恩和郑成章、梁小初等十余人被推定为中国出席世界青年会大会代表。

按：世界青年会大会将于8月1日至6日在芬兰举行，40余个国家出席。刘湛恩是被中华基督教青年会全国协会推定为代表的。

6月9日，返沪。

6月10日，下午四时，江苏省教育会公民教育委员会开六月份常会，刘湛恩、章伯寅、李颂唐、沈恩孚、潘文安、谢守恒、杨聘渔等出席，由刘湛恩任主席。会上，刘湛恩报告了调查东北各省公民教育情形，并陈述了对于公民教育进行的意见（四条），被会议议决照办。

6月15日，中午，上海远东通讯社在新新公司开欢送会，欢送刘湛恩赴欧。陈霆锐、罗杰等应邀出席。刘湛恩在会上发表谈话道：国事日非，救亡不遑，希望大家共同研究一种救国方略；此次赴欧，定当本国民外交精神，为国努力。

按：6月下旬，刘湛恩将赴欧出席世界青年会大会，并考察各国公民教育和职业教育。

6月15日，晚七时半，中华职业教育社与中华职业学校在江苏省教育会开第20次社校联席会议，刘湛恩和黄炎培、潘文安、秦翰才、邱铭九、张亚明、张重任、潘吟阁、王志莘、徐伯昕、魏师达等27人与会，由黄炎培任主席。在会上，黄炎培代表职教社请刘湛恩于此次赴欧时代调查职业教育；刘湛恩报告了东三省教育及社会情形。

6月17日，中华职业教育社鉴于事业日繁，特分四股：总务股、出版股、研究股和推广股。其中，刘湛恩兼任研究股主任。

6月20日，离开上海，乘船赴大连经哈尔滨转赴芬兰参加世界青年会大会（世界基督教青年会会议），此行，中华职业教育社特委托其以研究股主任名义考察英、美、法、日、南洋一带的职业教育状况，以资借鉴，特由黄炎培具函敦请。

按：另外，刘湛恩此行，还受远东社之托，代为调查新闻事业。

6月28日，抵达青岛。

6月30日，晨七时，抵达大连。

6月，所主编的《公民诗歌》由青年协会书局出版。

按：《公民诗歌》共选录了由刘湛恩亲自挑选的《太平洋》《满江红》《友谊》等诗歌60首。

6月，为主编的《公民诗歌》作"序"，其中言：

我国对于爱国诗歌，素少编制。自公民教育提倡以来，诗歌之用颇多，协会编辑各种讨论大纲，而于诗歌独缺；近今学校中虽间有编者，又皆偏于西调，不尽适合我国国情。用是不自度量，特采集我国各处唱歌，录其能发展公民爱国之精神，养成健全之人格者，且须适合各学校各团体集合时之用，不求深奥，便于学习。①

7月7日，由哈尔滨启程出发赴芬兰。

7月16日，抵达莫斯科。在此小住一二周，考察苏联实况。

8月1日至8月6日，和卢观伟、梁小初、余日宣、郑之藩、潘聚东、周茂公、邓述坤、徐庆誉、薛子谦、王启典共11人出席在芬兰赫尔辛基举行的世界青年会大会。

按：会议共有来自各国的代表千余人参加，主要讨论"现代青年之新思想""基督教青年伦理上之疑难""信基督教者之新生活"和"青

---

① 刘湛恩：《〈公民诗歌〉自序》，见刘湛恩主编：《公民诗歌》，青年协会书局1926年版。

年会应世之要务"等问题。①

8月5日，上午，和朱经农、邹秉文、王云五、章伯寅、庄俞、王志莘、凌鸿勋、朱少屏、王舜成、赵师复当选为中华职业教育社评议员。

9月1日，母亲逝世。

按：刘湛恩母亲生前任中华妇女节制协会分会沪北节制会妇孺教养院院长。

9月2日，下午三时半，中华职业教育社召开第一次评议员会议，黄炎培、杨卫玉、王志莘、朱少屏等与会，公推王云五为主席。会议抽定第一届评议员任期二年者：王舜成、邹秉文、朱经农、章伯寅、赵师复、庄俞；任期一年者：王志莘、凌鸿勋、朱少屏、刘湛恩、王云五。

9月底，由英国横渡太平洋赴美。在美国，参观纽约、华盛顿、芝加哥等10个城市。

11月24日，由旧金山乘"林肯"号启程返国。

12月上旬和中旬，经过日本时，参观横滨、东京、西京、大阪、神户五城市。

12月20日，晨，抵达上海。

12月23日，夜，黄炎培等组织聚餐，欢迎刘湛恩回国，刘湛恩出席。

本年，次子刘光华出生。

1927年（民国十六年　丁卯）　三十一岁

1月3日，下午五时，中华职业教育社在该社事务所举行第三届评议员会，刘湛恩和朱经农、王志莘、章伯寅、赵师复、庄俞等出席，由

---

① 《万国基督教青年会集会于芬京》，《外交公报》第64期，1926年10月。

刘湛恩任主席。会议报告了职教社计划设立工业补习学校情形等事项。

1月6日，下午四时，江苏省教育会公民教育委员会举行本月份常会，刘湛恩和沈恩孚等参加。会上，刘湛恩提议本会提倡公民教育今后应注重实施方法等。

1月9日，下午一时三十分，中华职业教育社为详细讨论1927年度工作进行计划，在嘉定县教育局举行会议，与会者有黄炎培和办事部职员杨卫玉、刘湛恩、顾树森、王志莘、邹韬奋、秦翰才，特约人员江恒源、廖世承、赵叔愚、陶行知等，评议员王云五、朱经农、赵师复、章伯寅、王舜成，职教社附属机关的潘文安、潘吟阁、黄竹铭，计23人，由刘湛恩任主席。会议提出的计划主要有：上海职业指导所组织大纲草案、研究股进行计划、推行各省职业教育办法、合作代办事业进行大纲、南京女子职业传习所今后三年间之试验计划、出版事业大纲、实施补习教育计划大纲。

1月10日，上午，中华职业教育社继续在嘉定举行会议，讨论1927年度工作进行计划，公推刘湛恩为主席。会议讨论了今后职业教育应取方针和刘湛恩提出的"举办研究事业计划"。

1月12日，晚八时，应上海青年会邀请，演讲《游欧之感想》。

1月17日，下午二时，刘湛恩和黄炎培、胡庶华、凌鸿勋、胡厥文、顾树森、潘文安、杨卫玉等人参加中华职业学校工科指导委员会会议，会上，刘湛恩发表意见，赞成工科四年级考试办法，并谓应注重平时成绩。

1月17日，下午四时，招待克伯屈筹备会在江苏省教育会开第三次会议，刘湛恩、陶行知、程其保、朱少屏等出席。会议通过了克伯屈在上海费用预算。

1月17日，下午五时，中华职业教育社在新事务所开办事员常会，刘湛恩和黄炎培、顾树森、潘文安、杨卫玉、邹韬奋、秦翰才、王志莘、沈慰霞、徐伯昕等14人出席。

1月20日，中华职业教育社通告各社员，特请刘湛恩为研究股主任，办理关于协助社员研究职业教育事务，调查国内外职业教育状况，征集及保管职业教育图书等。

1月21日，中华职业教育社分函南京女子职业传习所、镇江女子职业学校、嘉定县立女子职业学校、昆山徐公桥乡改进农村生活执行部等机关，请提出关于职教上各种问题之讨论："本社嘉定会议议决对于研究事务积极进行，现特请刘湛恩博士为研究股主任，以后本社社员及各试验合作机关，所有关于职业教育上各种问题之讨论，均由该股负责办理，贵处如有何项问题，须共同研究者，均希随时与研究股通信接洽，藉便协助。又贵处所有出版物，即请检赐一份，统寄该股为荷。"①

1月24日，下午三时，中华职业教育社在事务所举行淞沪工业补习教育、平民职业教育两委员会联席会议，刘湛恩、黄炎培、阮介蕃、胡庶华、章伯寅、杨卫玉、王叔愚、魏师达、潘文安等14人与会，由阮介蕃任主席。会议议决淞沪工业补习教育会与平民职业教育委员会合并，改名为职业补习教育委员会，暂分工商及平民、职业三部，提议公推添刘湛恩、顾树森、陆费逵、周菊人等人为委员；注重补习学校师资，请中华职业学校特设短期临时讲习所；修改淞沪工业补习学校通则；议决中华职业学校短期补习班，由刘湛恩、顾树森、潘文安等，先行调查上海各属职业状况，为改良指导计划，并推顾树森主持一切。

1月24日，下午五时，中华职业教育社开第227次办事员常会，刘湛恩、黄炎培、杨卫玉、邹韬奋、顾树森、孙祖基、魏师达、徐伯昕、孙梦旦、沈慰霞、王志莘、潘文安等15人出席，会议议定了办事部及试验事业系统图和研究股报告进行计划。

1月26日，下午二时，由上海青年会发起的少年公民训练大会开幕，由刘湛恩任主席。开幕式上，沈嗣庄演讲了《少年公民与个人问

---

① 《职教社关于研究事务之通函》，《申报》1927年1月22日，第8版。

题》。

1月27日，下午二时，少年公民训练大会继续进行，由刘湛恩任主席。会上，缪秋笙演讲了《少年公民与家庭》。

2月1日，在《教育与职业》第82期上发表《欧美职业教育最近概况及其与中国职业教育之比较》一文。文中，刘湛恩提出外国职业教育的特点亦即与中国职业教育的不同之点有："特别提倡职业教育以应急需"，"职业教育多由政府与职业界提倡"，"职业学校少读书，多实习"，"职业学校教职员多有实地经验"，"职业教育注意科学的研究及试验"，"职业教育注意职业指导工夫"，"职业教育注意公民训练"，"职业教育除职业学校外，尚有多种补习机关"，并说"近来中华职业教育社积极提倡大职业教育主义，此一好现象也"。①

2月6日，下午二时半，上海全埠基督徒在昆山路景林堂集聚开上海中华基督徒大会，刘湛恩、余日章、赵晋卿、诚静怡、丁淑静、钟可讬、程湘帆、董健吾等千余人与会，由江长川任主席。会议讨论中华基督徒对一切不平等条约，务达废除目的，同时并促进在华之西教士向各该国政府请愿废除，等等。

2月上旬，中华职业学校为注意平民职业教育、适应社会需要起见，决定本学期添设女子理发科，招收女子授以有关理发的知能，以期扩大女子职业范围，兼谋女子理发之便利，该科计划，由校长潘文安草定，并请刘湛恩、顾树森和杨卫玉加以研究。

2月12日，下午二时，中华职业学校在本校举行商科指导会议，刘湛恩、潘序伦、赵师复、程其保、黄炎培、李权时、顾树森、朱经农、章伯寅、陈光甫、潘吟阁、邹韬奋、杨卫玉等出席。

2月12日，夜，应黄炎培邀，刘湛恩和杨卫玉、秦翰才、王志莘、

---

① 刘湛恩：《欧美职业教育最近概况及其与中国职业教育之比较》，《教育与职业》第82期，1927年2月1日。

邹韬奋、顾树森在功德林就餐，决定赴外考察。①

2月17日，下午四时，中华职业教育社在新事务所举行常任评议员暨办事员联席会议，刘湛恩和黄炎培、赵师复、王志莘、杨卫玉、顾树森、邹韬奋、徐伯昕、金炳荣、沈慰霞、孙祖基、魏师达、潘文安、秦翰才等14人出席。议决：提出改选评议员办法；提议推员调查国外职业教育案，国内推杨卫玉、刘湛恩、顾树森担任，国外推黄炎培担任；议决加入世界教育会，并推黄炎培代表参加本年8月于加拿大多伦多举行的第二次大会。

2月，在《青年进步》第100册上发表《五年来之公民教育运动》一文。

按：本册为"十周百册纪念特刊"。

3月1日，刘湛恩和王志莘、杨卫玉、邹韬奋、徐伯昕、金炳荣、沈慰霞、孙祖基、潘文安、秦翰才、孙梦旦等13人出席中华职业教育社第231次办事员会议。会议议决国内南部调查由刘湛恩担任。

3月3日，上午十时，江苏省教育会举行三月份常会，计有7人出席，刘湛恩任主席。在会上，刘湛恩报告了调查欧美各国最近实施公民教育情形，并提议，请各学校对于新办的自治会、小青年会等，一律改编为"公民养成团"，思想与工作宜联为一气。刘湛恩并提议，鉴于本会所定信条实施已及一年，应向各实施机关，征求有无修改意见；5月1日至10日举行公民教育运动，并定推行办法。会议决定由刘湛恩和杨卫玉、潘文安拟定公民教育运动推行办法，以便通告实行。

3月3日，下午四时，中华教育改进社招待美国哥伦比亚大学教育哲学系主任克伯屈教授筹备会在职教社开第四次会议，刘湛恩和朱经农、俞庆棠、欧元怀、郑通和、杨卫玉、程时煃、胡叔异、朱少屏等出席。会议议决补推刘湛恩和程其保为经济委员。

---

① 黄炎培著，中华社会科学院近代史研究所整理：《黄炎培日记》（第2卷），华文出版社2008年版，第287页。

3月8日，中华职业教育社致函中华基督教青年会全国协会，函请协作推行职业指导运动，由刘湛恩接洽：

> 职业指导，关系非常重要，素仰贵会办理有年，成绩昭著，殊深佩慰，本社对于此举设立委员会计划，提倡亦既三年有兹，惟以事件重大，非与各方合作进行，难收完满效果。侧闻贵会本年四月一日起，继续举行职业指导运动，本社深愿彼此协作，以利推行，除请刘湛恩君接洽外，谨此奉商，即希裁示。①

3月9日，下午四时，中华教育改进社招待克伯屈筹备会开第五次会议。会议议决由刘湛恩和杨卫玉接洽银行公会。

3月10日，上午九时，受中华教育改进社之聘，克伯屈乘"极萨拉克"邮船抵沪，随行除克伯屈夫人外，还有其高足凌冰。刘湛恩、朱经农、程其保、俞庆棠、朱少屏等到码头迎接。

3月10日，晚七时半，上海教育界公宴克伯屈夫妇于银行公会，刘湛恩和俞庆棠、高君珊、朱少屏、欧元怀、殷芝龄、程时煃、郑通和等23人参加，由程其保任主席。宴会上，克伯屈作了演讲。

3月11日，中华教育改进社和上海教育界在中华职业教育社开会，讨论克伯屈讲演议程和招待事宜，程其保、朱经农、朱少屏、欧元怀、俞庆棠、殷芝龄、程时煃等十余人出席。会议议决：克伯屈办公地点为上海博物馆院路20号刘湛恩办事处；推定刘湛恩为职业组讨论主席，并推定刘湛恩和朱经农、程其保、朱少屏为执行委员。

3月14日，中华基督教青年会全国协会在该会会所招待克伯屈，该会总干事刘湛恩和会长余日章参加，克伯屈作了演说。

3月15日，下午三时，克伯屈在上海西藏路宁波同乡会举行第一次公开演讲，刘湛恩、沈恩孚、查良钊、程其保、欧元怀、胡叔异、程时煃、殷芝龄、杨卫玉、潘文安、俞庆棠等共千余人出席听讲，演讲由

---

① 《职教社函请合作职业指导运动》，《申报》1927年3月8日，第7版。

朱经农任主席，凌冰翻译。

3月15日，下午四时，中华职业教育社在新事务所举行第233次办事员常会，刘湛恩、邹韬奋、秦翰才、杨卫玉、潘文安、魏师达、沈慰霞、王志莘、孙梦旦、金炳荣、徐伯昕等与会。会议议决：本月23日招待克伯屈；函请中华教育改进社于克伯屈到各地讲演讨论时，加入职业教育问题。

3月17日，中华职业教育社分别致函上海男、女青年会及寰球中国学生会，请讨论组织职业指导机关问题，并定于本月19日中午十二时在上海青年会先行讨论办法，由刘湛恩和杨卫玉、邹韬奋代表职教社说明一切，并委托刘湛恩和杨卫玉先行与各机关接洽。

3月18日，应南洋高级商业学校学生邀请，到该校讲演《公民教育》，在讲演中，刘湛恩希望学生"勤学劝业，并合力从事提倡公民教育"。①

3月19日，中午，中华职业教育社特邀集中华基督教青年会全国协会、上海青年会、上海女青年会、寰球中国学生会代表，在上海青年会讨论职业指导合作办法，刘湛恩、李耀邦、朱少屏、杨卫玉等出席，由杨卫玉任主席。会议议决：组织上海职业指导研究会，会员以团体为单位，每团体推出代表二人；第一次常会定于本月25日举行；第一任团体主席为中华职业教育社。

3月20日，下午，应上海青年会邀请，克伯屈为该会圣经班男女百余人演讲《道德教育》，由刘湛恩任主席，并致介绍词。

3月24日，赴黄炎培住处访谈。

3月，所编辑的《三民主义讨论大纲》由青年协会书报部刊行。刘湛恩在为之所作的"序"中说："公民教育为立国之大本，而于吾国尤为急不容缓之举。历年以来，青年会于此特别注意提倡，中山先生亦谆

① 《刘湛恩博士在南商演讲》，《申报》1927年3月19日，第7版。

谆以此相勖励，即以此也。是编系节取中山先生三民主义之精华而成，文字务求通俗浅显，以便普及一般平民。其旨趣与前编各种讨论大纲相同，专供各地爱国青年之研究讨论，以为进窥中山先生三民主义之除阶云耳。"①

按：该书为"公民教育丛刊"的第十八种，内容包括"三民主义与中华民国""民族主义（上、下）""民权主义（上、下）"和"民生主义（上、下）"。

3月，由三民公司编次的《三民主义讨论集》由该公司出版发行，收有刘湛恩《三民主义讨论》一文。

4月1日，下午，中华职业教育社请克伯屈演讲讨论职业教育，刘湛恩和俞庆棠、杨卫玉、查良钊、潘文安、王志莘等10余人参加，由刘湛恩任翻译。克伯屈先将职业教育统述一遍，然后回答了职教社同仁提出的八大问题：职业教育与文化教育应有何种关系，职业科应如何实施设计教学法，解决"学非所长"的最良方法为何，如何防止职业教育偏于课本及不实用之弊病，如何能使职业学校适切社会需要，职业教育之教学实习训练等问题应当如何联络解决之，女子职业教育问题应当如何解决，小学中之手工科应处何种地位。

4月1日，在《教育与职业》第84期上发表《研究职业教育之必要与方法》一文。文中，特别强调"职业教育问题解决之必须研究"，并就中华职业教育社研究股的宗旨和事业作了详细介绍。

按：本文与孙祖基合写。

4月7日，上午十时，克伯屈在中华基督教青年会全国协会演讲《公民教育》，刘湛恩和程其保、赵叔愚、查良钊、张彭春、寿毅成、胡叔异、陈友松、陆干臣、傅若愚等40余人参加，由程其保任主席，刘湛恩任翻译。在会上，刘湛恩谈了公民教育在当时的重要性，及其与

① 刘湛恩编辑：《三民主义讨论大纲》，青年协会书报部1927年刊印。

三民主义国际问题的关系。

4月8日，东吴大学上海方面同学在法学院召集紧急会议，讨论学校移交中国教授办理后的改组促进办法，刘湛恩、吴经熊、沈体兰、盛振为等30余人出席。会议推选刘湛恩、伍守恭、沈体兰等五人为维持母校临时委员，协助聘任缺额教授。

4月15日，下午三时，中华职业教育社在事务所举行办事员临时会议，刘湛恩和杨卫玉、王志莘、邹韬奋、徐伯昕、顾树森、沈慰霞、孙梦旦、金炳荣、徐典生等11人出席，会议通过了《实施党化职业教育办法大纲》。

4月15日，访黄炎培。

4月26日，中华职业教育社在该社举行第二次执行委员会会议，刘湛恩和顾树森、魏师达、杨卫玉等出席，刘湛恩被推为主席。会议提议刘湛恩在赴南方考察教育时，所到之处，约集同志举行演讲会或研究会，组织研究团体与本社联络，或发起组织分社，并调查职业教育状况。

4月30日，下午三时，上海青年会职业指导部举行开幕礼，刘湛恩和顾树森应邀出席并演讲。

4月30日，下午，中华国民拒毒会开会欢迎东路军前敌总指挥部政治部主任陈群，刘湛恩、李登辉、钟可讬、李公朴、刘王立明、谢福生等出席。

5月3日，下午三时半，中华职业教育社举行执行委员、办事员联席会议，刘湛恩和杨卫玉、邹韬奋、黄竹铭、潘文安、顾树森、徐典生、金炳荣、王志莘、孙梦旦等出席。在会上，刘湛恩报告了赴南部各省考察教育行程。会议议决职业指导的准备进行问题应先从下列三项进行：继续升学指导，调查各种重要职业，整理职业介绍表。

5月3日，访黄炎培。

5月8日，上午十时，中华职业教育社在职工教育馆举行十周年纪念会，刘湛恩、李登辉、杨卫玉、李公朴等出席，钱新之、王云五、顾树森为主席团成员。刘湛恩在会上报告了职教社十年来的发展状况。

5月8日，为中华职业教育社在职工教育馆举行的十周年纪念会所作报告《我对于十年后职业教育的希望》在《申报》和《中华职业教育社十周纪念增刊》上发表。

按：刘湛恩：《我对于十年后职业教育的希望》：

今天是中华职业教育社十周纪念，我们理应把十年来职业教育的进行状况详细审察一下，我们觉得在已往的十年中，全国职业教育确已得到不少的进步，而本社对于这种进步，也有了相当的贡献，但是我以为与其侈陈过去的成绩，还不如讨论将来的计画更为紧要，因此略述我对于十年后中国职业教育的希望。

（一）职业指导　据我调查所得，现在回国的留学生及大学毕业生，"所学非所用"的约占百分之九十五，中等学校毕业生则有百分之七十五为"所学非所用"，他们在学校所习的科目，和社会既关系不多，在毕业以前，对于将来的职业生活，亦没有切实的准备，一出校门，便如投入茫茫大海，不知何道是从，除了"随遇苟安"以外，简直没有办法，因此游浪失业者有之，郁郁不得志者有之，这是现代青年最严重的一个问题。补救之法，惟有积极提倡职业指导。我希望十年后各学校都实施职业指导，各大城市皆设立职业指导所。

（二）职业补习教育　现在我国尚未脱离手工业时代，所有学徒制度不能废，亦不宜废的，要提高职工的程度，要促进各业的效率，惟有积极提倡职业补习教育。我希望政府从速颁布法令，规定职业补习教育的方针同办法，更望十年后各县至少有规模完善的职业补习学校三所。

（三）职业化的职业教育　现在许多学校名为职业学校，实则与职业相隔太远，而职业界对之，亦并无何种亲切的了解和信任。我希望此后教育当局和教育界领袖，能把职业化合起来，使所办的职业学校确能适应社会的需要，我并希望十年后全国各县至少有课程完备的职业学校一所。

（四）职业教育的经费十年来我国职业教育之所以不得巨大发展者，最大之原因实在经费支绌。我希望国民革命成功后，有清明贤能的政府，来积极提倡教育，尤其是职业教育，将来十年后，中央和地方政府至少能提出百分之三十作扩充职业教育经费，更希望十年后有多数热心人士捐助巨款，以作职业教育之用。

（五）职业教育专门人材人材是事业成功之母，要职业教育发展，非有多数专门人材办理不可。我希望此后教育界领袖能多注意职业教育专门人材之养成，并希望十年后全国至少有十万同志对于职业教育有相当的训练和很深的兴味，能够专心一志，以坚忍不拔的精神，来设施职业教育。

以上数条是我个人对于职业教育所抱的热烈希望，亦我个人认为今后职业教育应循的方针，虽同志中赞助者必多，深盼十年后本社举行二十周纪念时，我们能追溯今天的意见，和综述十年的成绩，而作满意的报告。①

5月8日，访黄炎培。

5月中旬，中华职业教育社举行常务执行委员、办事员联席会议，刘湛恩、杨卫玉、顾树森、王志莘等15人列席，会议议推顾树森、刘湛恩代表职教社加入上海职业指导研究会，议推顾树森、刘湛恩、潘文安、魏师达、黄竹铭规划暑期学校办法。

5月24日，下午三时，中华职业教育社执行委员、办事员联席会议在该社事务所举行，刘湛恩和顾树森、邹韬奋、潘文安等11人参加，由杨卫玉任主席。会议公推刘湛恩、潘文安、余翼民、魏师达、陆嘉言、黄朴奇六人组成委员会，讨论职业知能测验法。

6月30日，下午五时，中国国民党中央宣传部驻沪办事处、国民

---

① 刘湛恩：《我对于十年后职业教育的希望》，《申报》1927年5月8日，第10版。

革命军第二路总指挥部、政治训练部、海军总司令部政治训练部、中国国民党上海党务训练所、警察厅政治训练处等，在上海新新酒楼欢宴新由日本回国的张继，刘湛恩、张继、陈群、冯少山、田桐等 80 余人出席。

6 月，和顾子仁编辑的《新公民诗歌》由青年协会书报部刊行。

按：该书是刘湛恩主编的《公民诗歌》的修订版，共收诗歌46 篇。

6 月，为《新公民诗歌》撰写"弁言"，其中言曰："我国对于公民诗歌，素少编制，自公民教育提倡以来，诗歌之用颇多，青年协会编辑各种公民丛刊、公民谈话、公民唱本，而于诗歌独缺。近今学校中虽间有编者，又皆偏于西调，不尽适合我国国情。用是不自度量，特于囊年采集我国各处歌调，录其能发展公民爱国精神，养成健全人格者若干篇，辑为一编，颜曰'公民诗歌'，行销颇广。惟因仓猝出书，谬误殊多，同人等未敢引为自满，因请顾君子仁重加编订。"①

7 月 1 日，上海青年会职业指导部为辅助失业者识字起见，特创缩写打字英文簿记自修科，请各科专家指导，收费极廉，本日下午四时半，行开幕礼，请刘湛恩为主席。

7 月 1 日，在《教育与职业》第 86 期上发表《欧洲近年工业心理学及职业指导事业之发展状况》一文。文中介绍了欧洲工业心理学和职业指导事业的发展概况，并提出职业指导乃"当今建设之急务，不容或缓"，希望教育行政部门"于省会及大城市，设立职业指导局，并于各大学内附设心理学研究院，编制各种实用材料，使之日渐发达"。②

7 月 4 日，中午十二时，中华职业教育社在大中华楼召开评议员秋

---

① 刘湛恩：《〈新公民诗歌〉弁言》，见刘湛恩、顾子仁编辑：《新公民诗歌》，青年协会书报部 1927 年刊行。
② 刘湛恩：《欧洲近年工业心理学及职业指导事业之发展状况》，《教育与职业》第 86 期，1927 年 7 月 1 日。

季常会，刘湛恩和庄俞、王云五、章伯寅等九人与会。会议议决中华职业教育社今后应注重的工作为调查、出版、研究三大端。

7月9日，将日本出兵山东问题电告我国出席太平洋国交讨论会的代表，请于大会时提案；同时，并将余日章在海外的通讯地址通告各处，俾民众团体和个人对于国民外交或日本出兵等问题有所建议，或直接电达。

按：太平洋国交讨论会将于7月15日至30日在檀香山举行，中方代表余日章、陈立廷、刘鸿生、牛惠生等10余人已于7月9日抵达。

7月12日，下午四时，国民党中央宣传部驻沪办事处召开第34次委员常会，刘湛恩代表余日章出席。

7月21日，下午六时，傅若愚、陆鼎揆、何炳松、马崇淦请发明国音速记学的杨炳勋在上海四川路中华楼作公开试验，刘湛恩、邝富灼、李权时、董修甲、陆费执、程其保、段育华等80余人出席，由傅若愚任主席。

7月26日，下午六时，中华职业教育社在该社事务所举行常务执行委员会议，杨卫玉、王志莘、姚颂馨、邹韬奋等出席，会议报告了请刘湛恩赴南京接洽南京女子职业传习所的情形。

8月1日，在《教育与职业》第87期上发表《美国职业教育之原则》一文。文中介绍了美国职业教育专家所发表的关于职业教育就意义、宗旨、政府的责任者和组织者四方面已经公认的原则。

8月17日，下午六时，中华职业教育社召开办事员会议，会上，刘湛恩提议《另定日期整个的商榷以后工作计划案》。会议议决时间定于本月18日，地点请刘湛恩接洽。

8月23日，国民党中央执行委员会宣传部上海宣传委员会召开第九次委员常会，刘湛恩代表余日章出席。

8月29日，晚七时，上海民众拥护国民政府实行关税自主大会在上海总商会举行第二次公开演讲，一千余人出席，刘湛恩、严谔声作了演讲。

9月1日，在《教育与职业》第88期上发表《各国职业指导运动之发展近况》一文。

9月10日，下午三时，上海职业指导所在中华职业教育社事务所举行成立典礼，国民政府教育行政委员钟荣光、第三中山大学事务部长沈肃文、中西女塾教务长陆规亮、中华职业教育社执行委员杨卫玉及刘湛恩、潘文安等共30余人出席，由杨卫玉代表王正廷任主席，并致开会词。在会上，该所主任刘湛恩报告了立所的旨趣及事业大纲，副主任潘文安报告了该所筹备经过情形，钟荣光、沈肃文等作了演说。

按：中华职业教育社为厉行职业指导，俾人才之供求双方均感利便，特于社中附设上海职业指导所，规定其任务为：职业询问、职业谈话、择业指导、职业介绍、职业调查、职业讲演、升学指导。公推刘湛恩为主任，潘文安为副主任，杨卫玉、王志莘、邹韬奋、秦翰才、黄竹铭为指导委员，并订定事业大纲，发刊宣言。

9月12日，中午，刘湛恩、钟荣光、朱经农、唐庆诏、高君珊、郑通和、徐佩琨等，在南洋大学开欢迎怀德爵士大会。会上，讨论了租界教育问题。

9月17日，上海职业指导所举行指导委员会议，刘湛恩、杨卫玉、王志莘、邹韬奋、秦翰才、黄竹铭等出席。会议议定了《上海职业指导所指导大纲》。

9月24日，下午二时，中华职业教育社举行职业指导委员会议，刘湛恩和潘文安、黄竹铭、朱少章、张文雅等6人参加，由刘湛恩任主席。会议议决了刘湛恩所报告的中华基督教青年会全国协会的职业指导工作情形，并提议本年11月在上海举行职业指导运动大会案等。

10月1日，在《教育与职业》第89期上发表《职业分析》一文。文中对"最近在教育上所用为科学方法的工具的"职业分析，就其内涵、进行步骤、参考用书等作了说明，并认为"今则教育学者也利用这个职业分析，来应付教育的问题，此足以表明教育上的科学态度和研究精神已大大的进步了"。①

10 月 5 日，在《兴华》第 24 卷第 38 册上发表《公民通讯社成立之缘起》：

根本救国之方，须使人民有丰富的公民知识，及牺牲爱国之精神，廉洁服务之习惯。同人等有鉴于此，故近年以来，积极提倡公民教育，职是故耳。兹为广布各地公民活动，及公民教育之消息起见，特集合同志，组织公民通讯社，藉片纸之流传，输消息于全国，俾各地同志，观摩参考，一切事业，或能同时并举。本社志在提倡公民教育，非营业性质，一切稿件，凡各报杂志转载者，无任欢迎，不受酬报。惟其将登载本社稿件之刊物，赐掷一分，以备参考。务乞热心提倡，实社会与国家之幸也。敝社成立之初，诸凡草创，如蒙海内外同志不弃而匡正之，尤为本社之大幸矣。②

按：时刘湛恩任公民通讯社主任。12 月 1 日，《公民通讯社成立之缘起》再刊于《中华归主》第 79 期。

10 月 6 日，下午四时，由中华职业教育社、中华基督教青年会全国协会、上海女青年会、寰球中国学生会和上海青年会联合组织的上海职业指导委员会在上海女青年会举行职业指导运动会议，刘湛恩、潘文安、黄竹铭、张文雅等与会。会议议决了刘湛恩、潘文安提出的《上海市职业指导运动办法大纲》。

10 月 12 日，上午，上海青年会公民训练所开幕；晚八时，该所邀请刘湛恩讲演《公民教育与国民革命》。

10 月 14 日，由中华职业教育社、中华基督教青年会全国协会、上海青年会、上海女青年会、寰球中国学生会联合组织的职业指导研究会为筹备上海市职业指导运动，在上海青年会举行会议，刘湛恩、潘文

---

① 刘湛恩：《职业分析》，《教育与职业》第 89 期，1927 年 10 月 1 日。
② 《兴华》第 24 卷第 38 册，1927 年 10 月 5 日。

安、朱少屏、张文雅、严友三等与会，推刘湛恩任主席。会议继续讨论上海市职业指导运动办法。

10 月 18 日，刘湛恩和杨卫玉、潘文安致函上海职业指导所指导顾问：

> 敬启者，敝所成立以还，诸赖匡扶，曷胜感激。前订先生为指导顾问，承允赞襄，尤深欣幸。兹定于十月二十一日（星期五）下午六时，假座福州路一枝香餐馆举行职业指导会议，届时务祈惠临指教，共策进行为幸。①

10 月 21 日，下午六时，上海职业指导所在一枝香举行会议，刘湛恩、杨卫玉、潘文安和该所顾问冯少山、穆藕初、严谔声、潘竞民、马崇淦、潘公弼等 20 余人与会。会上，刘湛恩述上海职业指导所设立之经过。

10 月 25 日，晚，东吴大学校董会、上海同学会、法律学院及上海第二中学，在上海爱多亚路联华总会欢宴东吴大学新任校长杨永清，刘湛恩、程人杰、孙闻远及杨永清等 140 余人出席。

10 月，在《青年进步》第 106 册上发表《全国青年会公民教育运动报告》一文。文中简述了各地公民教育运动的概况及各地不同的公民教育程序，认为"公民教育乃当今之急务，根本的救国方法，已为社会所公认，望各地同志努力进行，积极提倡之"。②

11 月 5 日，下午二时，上海职业指导运动委员会在中华职业教育社开会，刘湛恩、严友三、张文雅、黄竹铭、潘文安、朱少章等出席，由刘湛恩任主席。会议议决推定中华职业教育社向各报馆接洽发行特刊等。

11 月 7 日，晚七时，中华妇女节制协会在上海爱多亚路联华总会举行成立五周年纪念欢宴，刘湛恩、冯少山、谢福生、钟可讬、丁淑

---

① 《上海职业指导所将开会议》，《申报》1927 年 10 月 19 日，第 8 版。
② 刘湛恩：《全国青年会公民教育运动报告》，《青年进步》第 106 册，1927 年 10 月。

静、罗炳生、杨卫玉等 80 余人出席。

11 月 28 日，下午五时，上海职业指导运动举行上海职业指导运动委员会会议，刘湛恩和潘文安、严友三、郝爱乐、黄竹铭、汪伯平、张文雅、朱少章等与会，由刘湛恩任主席。会上，刘湛恩报告了在南京提倡职业指导的情形。

11 月 28 日，晚七时，由中华职业教育社、上海青年会、上海女青年会、寰球中国学生会联合发起的上海市职业指导运动在上海青年会开幕。刘湛恩特作《职业指导是什么》的演讲。在演讲中，刘湛恩提出："职业一方面为个人谋生，一方为社会服务，只为谋生而就职业，不是真正的职业，凡是有利于社会的职业都是可贵，不分上下，不分尊贱，所以职业是服务的、平等的、利己而且利人的"；"指导是立于客观的地位，用科学的方法，精细的功夫，测验的手续，谈话的方式，就我们的经验见解，切切实实的引导大家，入于正当的途径，适宜的地位"；"职业指导，是一种长时期继续不断的进行程序，他是实施于职业未选以前，继续进行于职业已决、而还在预备的时代，又继续进行于已得职业以后。所以他的任务，包含很多：（一）研究职业，（二）选择职业，（三）准备职业，（四）加入职业，（五）改进职业，（六）改选职业"。并分别就六个方面作了说明。如"选择职业"：希望青年"第一要根据个人的才力性情，第二要观察将来的趋势，第三要调查社会的状况"；"加入职业"：要注意"不存奢望"（先以维持最低生活为度），"不计地位""不怕劳苦""不图眼前"。①

11 月 30 日，黄炎培赴大连、朝鲜考察回到上海，刘湛恩和王志

---

① 上海青年会、中华职业教育社、寰球中国学生会、上海女青年会编辑：《上海市职业指导运动汇刊》，上海市青年会、中华职业教育社、寰球中国学生会、上海女青年会 1928 年印行，第 31 – 33 页。

莘、王纠思等到埠迎接。①

11 月 30 日，赴南京联合各团体商量继续推行职业指导运动办法，并提出四点意见：请各学校积极注意，组织职业指导委员会，继续进行；请各职业团体组织职业指导委员会，由各地商会、农会、工会合商办法；政府方面对于职业指导，应力予提倡；扩充上海职业指导研究会，并准备长时期之奋斗。

12 月 1 日，在南京联合各团体商量继续实施职业指导运动事宜。

12 月 4 日，上海市职业指导运动闭幕，此次运动共参加学校 27 所，听讲人数 2150 人，参观大规模的职业机关四处，无线电播音三次，听讲者至少一万人，请求指导及谈话者 165 人。②

12 月 8 日，由中华职业教育社与南京青年会合组的南京职业指导所成立，刘湛恩、汪伯平为正副主任。

12 月 21 日，刘湛恩和傅若愚、汪强作为伤病慰劳大会代表赴南京谒见李主席。

12 月 25 日，下午，刘湛恩和孟宪承、郑晓沧、沈履、程时煃等出席江苏省教育局长会议的茶话会。

12 月 28 日，下午，出席江苏省教育局长会议的代表在金陵大学出席教育部茶会及金陵大学欢迎会，刘湛恩参加并发表演说。

12 月，所编辑的《廉洁问题》一书由青年协会书局出版。

按：该书为"公民教育丛刊"的第二十二种，内容包括"廉洁问题之重要""不廉洁之原因""建设廉洁政府问题""家庭廉洁如何提倡廉洁""学校应如何提倡廉洁""社会应如何提倡廉洁""公民与廉洁问题"；另附有"参考资料"，包括孙中山的《革命军不可想升官发财》、

---

① 黄炎培著，中国社会科学院近代史研究所整理：《黄炎培日记》（第 3 卷），华文出版社 2008 年版，第 38 页。

② 刘湛恩、潘文安：《十年来之中国职业指导》，《教育与职业》第 100 期，1929 年 1 月 1 日。

谢无量的《节俭论》、孙祖基的《青年与奢侈问题》等九篇文章。

本年底，中华职业教育社延聘专家组成试验教育委员会，刘湛恩和廖世承、潘文安、姜琦、郑通和、姚颂馨、赵师复、钟道赞、金雪圃等人组成委员会，姜琦为主任委员。

本年，致信王宠惠：

亮畴先生惠鉴：违教既久，驰慕良殷。比维政祉多佳，是为至颂。敝青年会乃服务社会之机关，以培养人格为责职。迩年以来，更积极提倡公民训练、平民教育等等一切工作，想为先生所素知。敝南京青年会与敝协会进行同一事工，自宁案发生后，会务停滞至今。宁垣为我国民政府之首都，敝会在党与政治指导之下，尤应积极的为社会服务，是以特委湛恩至宁襄助会务两月。惟湛恩才识庸疏，对于党治建设殊鲜心得，至应注重何项事工及应如何进行之处，湛恩不日至宁，谨当趋谒崇阶，敢祈指教一切，俾有遵循为荷。专此布达。敬颂政祺。

刘湛恩敬启①

1928年（民国十七年　戊辰）　三十二岁

1月1日，在《教育与职业》第91期上发表《动作测验与机械测验对于职业指导的功用》一文，特别强调，"无论如何，在施行职业指导时，测验智力比测验别种才能为重要"，② 因为这种测验完全不用言语文字为表述的媒介，所以对于不识字者、聋子、哑巴及不同方言的人，都可以之测验他们的智力；并特别介绍了动作测验和机械测验的基

---

① 朱纪华主编：《上海市档案馆藏中国近现代名人墨迹》，上海书画出版社2014年版，第496页。

② 刘湛恩：《动作测验与机械测验对于职业指导的功用》，《教育与职业》第91期，1928年1月1日。

本内容。

1月3日，下午三时，上海市各学校职业指导联合会在寰球中国学生会开临时委员会，潘文安、黄竹铭、廖世承、朱少屏等与会，因到会人数过少，改开谈话会。会议提议公请刘湛恩赴各校讲演职业指导。

1月6日，到黄炎培住处长谈。

1月7日，下午二时，位于上海海宁路的道南学校在新马路职工教育馆举行游艺会，由潘文安主持，刘湛恩演讲。

1月上旬，被沪江大学理事会推定为该校校长。据《申报》：

> 沪江大学成立有年，校长向由外人充任，该校理事会，久拟推举中国人为校长，迄未选得适当人，本年始举定刘湛恩博士为校长。刘博士曾留学美国哥伦比亚大学专攻教育学，得哲学博士学位，回国后，办理教育事业，成绩卓著，今番经该校理事会再四敦劝，业已首肯，想此后定能为该校辟一新纪元。①

按：沪江大学是美国基督教浸礼会于1906年设立，初名浸会神学院，1911年更名为上海浸会大学堂，1915年改名为沪江大学，英文名：University of Shanghai。

1月底，撰写上海职业指导所提倡职业指导"宣言"《敬告升学青年及其父兄》，全文如下：

> 求学择业，为人生大事，而求学尤为择业之始基，青年一生事业之重要开头，无过于求学问题，即父兄对于子弟希望之殷切，亦无过于求学问题，欧美各国凡对于青年之求学，无不特别注意郑重考虑，遇到升学问题，必先之以询问谈话，继之以考查测验，终令子弟再受职业指导委员会或职业指导局所之指导，审慎周详，以求得当。无他，升学一不审慎，或受不良好之教育，而贻误学业；或受不适切之课程，而学无所用，小之影响于生路，大之堕落其人格，关系之巨，无待赘言。兹值春

---

① 《刘湛恩任沪江大学校长》，《申报》1928年1月14日，第11版。

回大地，第二学期瞬届、开学之时，为父兄者，率以子弟之升学问题是虑，而莘莘学子，又日以选择学校为念，人情所趋，大抵皆然，祗就上海一地而论，学校林立，黉舍柳比，自幼稚园小学中学职业学校专门学校大学校，何止数百校，或宗旨纯正，功课切实，训练有方，确为有益青年之学校，或志在牟利，徒鹜虚名，浮而不实，确为贻误青年之学校，此种良莠不齐之现象，本所责任所在，固无庸为之讳言，即就本届招收新生而言，就报纸所载，调查所及大学有二十二处，专门学校职业学校有二十五处，中等学校有五十八处，女学校二十五处而小学幼稚园尚不与焉，此一百余学校，虽未能尽满人意，然率多夙负盛名，或确有特长之处，但按择考察之功夫，在升学者，本人固不容疏忽，而为父兄者，更属责无旁贷。就本所意见，青年无论升学转学，应有五种之步骤：（1）考虑本人之志趣学力，与将来原做之事业，与何种学校最为适宜；（2）决定某校以后先征求父兄师友以及有经验前辈商量请其发表意见；（3）索阅某校之章程学则，并亲自参观其校舍设备；（4）访问曾任或现在比较求学之亲友同乡，询问其内容实况、学校风纪校长办学、教师教授之详情；（5）赴本地职业指导所，请求切实指导，并请解决或解释种种疑难问题。以上五端，似为升学时应有之手续，本所敢就管见所及，以告吾敬爱之青年与其家长。①

1 月，所编《廉洁问题讨论大纲》一书由青年协会书局出版。

按：该书分七章：廉洁之重要，不廉洁之原因，建设廉洁政府问题，家庭应如何提倡廉洁，学校应如何提倡廉洁，社会应如何提倡廉洁，公民与廉洁问题，并附有各种参考资料。

1 月，由上海青年会、中华职业教育社、寰球中国学生会和上海女青年会编辑的《上海市职业指导运动汇刊》印行，其中收有刘湛恩和潘文安合写的三篇文章：《职业指导是什么?》《职业指导与青年》和

① 《上海职业指导所注意升学》，《申报》1928 年 2 月 1 日，第 11 版。

《职业指导运动与学校教育》。

按：《上海市职业指导运动汇刊》内容除"弁言"（杨卫玉）、"宣言"外，共收有十四篇"论文"，除刘湛恩、潘文安合写的三篇外，还有：孔祥熙《职业指导之真义》、张定藩《职业指导与市政》、保君建《职业指导是消弭阶级斗争的一个方法》、冯少山《人才与职业协同问题》、姜琦《我之职业指导的解释》、廖世承《人生究竟为的是什么?》、沈亦珍《职业指导之片面观》、吴研因《从小学教员的职业说到职业指导》、王志莘《职业指导运动与政治运动》、杨卫玉《为什么要有职业指导》，另有"纪事""征文"和"补白"几部分内容。

2月1日，在《教育与职业》第92期上发表《丹麦之高等补习学校运动》一文。

2月初，因将就任沪江大学校长，决定于本学期起，不再兼任职教社研究股主任一职，专任上海职业指导所主任，研究股主任由廖世承兼任。

2月11日，上午九时三刻，沪江大学举行开学典礼，魏馥兰校长介绍新任校长刘湛恩后，刘湛恩作了演说。在演说中，他说："念董事会及创办人创立之功，魏校长及历届教职员经营之力，此后益当本学校固有之精神，原定之计划，与诸同事通力合作，一一使之实施，以期发扬光大，并望诸同学潜心学术，修养人格，蔚为切实有用之人才，负将来觉悟社会、改进国家之重任。"[1]

2月21日，中午，出席耶路撒冷大会的中国代表余日章、诚静怡、赵紫宸、鲍哲庆、罗运炎、陈崇桂、李天禄等共17人，在上海新关码头乘船出发，刘湛恩、赵晋卿、孔祥熙、邝富灼、钟可讬等200余人到埠送行。

2月23日，下午三时，由中华职业教育社、寰球中国学生会、上

---

[1] 《沪江大学举行开学典礼》，《申报》1928年2月12日，第12版。

海青年会、上海女青年会合组的上海职业指导委员会,在中华职业教育社举行常会,会议讨论了《本会推员分往各大学中学讲演职业指导与升学指导、并接洽组织职业指导委员会请其加入本会研究案》,议决公推刘湛恩、廖世承担任,并请拟定讲演大纲及日期,以便分别通知。

2月25日,下午二时,沪江大学举行校长就职典礼,蔡元培、孔祥熙、熊式辉、郭泰祺、张定藩、鲁继曾、黄伯樵、赵晋卿、李登辉、李权时、欧元怀、卜舫济、郭秉文、朱经农、郑通和、朱少屏、傅若愚、潘文安、李公朴、郭任远等及中外来宾一千余人与会,由缪秋笙任主席。在就职典礼上,刘湛恩发表《大学之使命》的演说,认为大学的使命有三:"一曰培养人才须培养有真实学识之人才,尤须培养有健全品格之人才;二曰研究学术,须整理旧的学术,介绍新的学术,去糟粕,取精华,融合新旧,沟通中外,日取精进;三曰改造社会,学校须社会化,但学校系改造社会,并非被社会恶化也,沪大向来抱此使命进行,此后当努力并望国人予以赞助,以期发扬光大。"① 之后,校董会代表缪秋笙、美国南北浸礼会代表麦嘉祺、毕业同学代表邬志坚、学生代表高明强、前任校长魏馥兰等致词后,蔡元培讲话,他说:"今日为沪江大学新校长刘湛恩博士举行就职典礼,特由京赶来观礼。此次沪大以中国人长校,殊为可欣。以前教会学校,非为教育而培植人才,实为宣传宗教工具。兹沪大魏前校长让位于新校长,即所以表示沪大非为宣传宗教之工具,亦所以表示沪大非为帝国主义工具也。深望沪大自刘新校长就职后,校董会一切所有权,交还国人,庶刘新校长得以处置裕如,而符收回教育权之实也。"②

2月26日,《申报》刊登《刘校长之经历》介绍刘湛恩生平。"经历"说:刘湛恩校长乃"苏州东吴人,理科学士,支加哥大学教育硕士,哥伦比亚大学教育博士,中国赴美教育考查团干事,华府会议中国

---

① 《沪江新校长刘湛恩就职记》,《申报》1928年2月26日,第10版。
② 《沪江大学华校长前日就职》,《民国日报》1928年2月27日,第3版。

学生代表，中华职业教育社研究股主任，青年会全国协会主任教育干事，青年会全国协会干事学校校长，大夏、光华教授。平生从事职业教育与公民教育，著作有公民教育丛书数十种、职业指导、及文字智力测验、男女同学问题等"。[①]

2月，作《戊辰年刊序》：

我校创自南北浸会，迄今二十有二年，以董事会之热忱毅力，魏校长与教职员之惨淡经营，设备渐臻完备，员生年有增加，校友之服务社会者，人才辈出，为世称道。追念前功，诚有不胜感谢者。善夫！魏校长馥兰之言曰："沪大之目的在服务中国，无论在何种情形之下，必尊重中国之法律与主权，并期此校早日成为一完全之华人学校，归华人自办，而并绝对的有利于华人。"夫权力义务相对待者也。今吾校已改弦更张，董事既多数由国人任之，而校长、教务主任以及教职员又多数属诸国人，盖已浸浸成为名实相符之我华高等学府矣。宜如何发扬以光大之，是我人共有之责也。湛恩不敏，受董事会之付托，校友、教职员之敦促，服务本校，自知无似不足肩此重任，甚愿国内豪俊之士，本校同志、同学，督促赞助，以相期于成功。兹者戊辰毕业同学以年刊属序，诸同学均将挟其所学，出以问世。然学问无穷，而诸君所得尚有限，惟愿各本我校积极的、建设的、牺牲的新精神，以服务于国家，尽力于社会。而凡未毕业之同学，在此送别之际，尤应急起直追，益努力于学业，以为将来赴事之准备。是则窃所期望于诸君者。诸君其勉旃。

中华民国十七年二月　刘湛恩[②]

按：在《沪江戊辰年刊》上，还刊有刘湛恩的题词："沪大的新方针：学术化，人格化，职业化，平民化。"

3月1日，下午三时，由中华职业教育社筹设的佣工介绍所在该社开第一次筹备会。会议议决佣工介绍所附设于上海职业指导所；推刘湛

① 《沪江新校长刘湛恩就职记：刘校长之经历》，《申报》1928年2月26日，第10版。
② 《沪江戊辰年刊》第13卷，上海沪江大学1928年版。

恩、傅若愚、郁瘦梅、黄玮、杨卫玉、彭望芬、黄竹铭、潘文安、浦曼彬、王纠思、沈粹缜、凌其瑞、黄冰佩等 15 人为委员。

3 月 1 日，在《教育与职业》第 93 期上发表《捷克斯洛维克之职业教育》一文。

3 月 2 日，刘湛恩和廖世承、潘文安、姚颂馨、徐伯昕、金道一、孙梦旦、邹滋植、武鉴衡等中华职业教育社办事员列席该社社务进展情形报告会议。

3 月 3 日，刘湛恩和欧元怀、沈钧儒、萧友梅、黄建中、盛振为、程振基等出席在上海商学院举行的上海各大学联合会第一届第一次常会。会议议决了《执行委员会办事细则案》《提倡各大学举行体育演说辩论竞赛案》《条陈各国退还庚款用途案》和《每学期举行大学教职员聚餐会案》。

3 月 4 日，下午三时，上海市教育局初等教育研究会在上海市商会举行成立大会，刘湛恩、吴研因、杨聘渔、倪文亚及各机关学校 400 余人出席。

3 月 9 日，下午三时，中华职业教育社为使中华职业学校内容日臻完善起见，特延揽专家组织试验教育指导委员会，在该社开会研究，刘湛恩和潘文安、廖世承、郑通和、钟道赞、赵师复、姜琦、金雪园等与会，共推姜琦任主席。会议讨论了《改进职业学校课程案》《改进职业学校教学法案》《实施职业训练案》《试办小工艺科案》等。

3 月 9 日，晚七时，刘湛恩和廖世承、潘文安、姚颂馨、徐伯昕、黄竹铭、金炳荣、孙梦旦、邹滋植、武鉴衡、邹韬奋、杨懋青出席中华职业教育社办事员会，由廖世承任主席。

3 月 10 日，晚八时，上海市市长张定璠、江苏特派交涉员郭泰祺在上海海军联欢社设宴欢迎英国公使蓝溥森爵士，刘湛恩、俞鸿钧、吴国桢、李登辉、虞洽卿、冯少山、陈炳谦、王一亭、顾馨一、叶惠钧、姚紫若、赵晋卿、王延松等中英双方人士 50 余人出席。

3月13日，下午二时，上海各学校职业指导联合会在上海青年会举行大会，请刘湛恩和郝文乐发表意见。

按：上海各学校职业指导联合会由寰球中国学生会联合上海市各大学、专门学校、中等学校组织成立，以研究职业指导原理及实施方法，辅助学生升学择业为主旨。

3月16日，下午五时，刘湛恩和王志莘、杨卫玉、潘文安、黄竹铭、金炳荣、徐伯昕、武鉴衡、秦翰才、邹韬奋出席中华职业教育社办事员会。

3月20日，在《教育杂志》第20卷第3号上发表《职业指导与职业分析》和《世界各国职业指导运动的近况》两文。前者认为"青年如果要选择职业，第一在研究自己的个性，研究自己个性，须先明了职业心理学的大概，方可发见自己性质上与他人差异之点"。[①] 后者介绍了德国、英国、瑞士、比利时、法国、美国、日本、瑞典、挪威、芬兰、丹麦等国职业指导的基本情况。另外，本号还刊有刘湛恩和潘文安合写的《中国职业指导的近况》和《上海南京两职业指导所之现况》两文。

3月30日，中午，美国大学同学会在上海青年会设宴欢迎美国驻华公使马慕瑞及哈佛大学教授霍尔康等，刘湛恩、郭泰祺、李登辉、曹云祥、邝富灼等中美双方100余人出席。

3月30日，下午五时，上海华商广告公司总经理林振彬与唐瑛在上海大华饭店举行结婚礼，刘湛恩、许世英、赵晋卿等300余人出席。

3月，在《中华基督教教育季刊》第4卷第1期上发表《高级中学研究三民主义的方法》一文。

4月3日，晚七时，上海总商会常务委员冯少山、赵晋卿、林康侯在上海华安人寿保险公司宴请中日两国各界人士，刘湛恩、叶惠钧、王

---

① 刘湛恩：《职业指导与职业分析》，《教育杂志》第20卷第3号，1928年3月20日。

一亭等 20 余人出席。

4 月 5 日，上午八时半，华东基督教教育会第十四届年会在苏州东吴大学举行，刘湛恩、陈裕光、杨永清、樊正康等 240 余人出席。

按：华东基督教教育会第十四届年会自 4 月 5 日至 7 日共举行三天。

4 月 9 日，《申报》发表刘湛恩《征求学生家长改进意见书》：

敬启者：湛恩承敝校董事会之推举，主持校务，业于二月二十五日正式就职，甚愿竭其驽钝，为谋同学福利。是以对于改进教学、注重品格修养、以及将来职业等项，无不昕夕研究，期得至当，而最需要之新图书馆、合作社等，均在筹募款项，计日兴工。惟是改进诸端，头绪甚繁，断非个人之心思才力所能筹策万全，如课程之应若何增益，训育之应若何施行，尤与学生将来立身有关，使非集思广益，难以敷施适当。凤仰贵家长才识鸿博，关心教育，对此问题，想多研究，敢用征求，愿闻高见。抑有进者，学校家庭之间，应有密切关系，欲使学校家庭化，必先学校与家庭相互联络，合师生父子如一家，以祛除格格不相能之障碍，纠正种种不良好之习惯，实于改进社会，大有裨益。应如何进行之处，并祈详细指教，俾有准则。专此请益，伫盼惠复。祇颂大安。①

4 月 10 日，上午十时，上海特别市教育局局长韦悫在该局举行宣誓就职典礼，刘湛恩、张群、钟荣光、王云五、朱经农、杨聘渔、吴研因、曹伯权、朱炎等及市教育局全体职员、市立学校全体校长等一百余人出席。在典礼仪式上，韦悫讲话；刘湛恩演说，希望办理教育须职业化、社会化。

4 月 10 日，下午三时，上海各大学校、中学校在中华职业教育社举行职业指导联合会，讨论由上海青年会、上海女青年会、寰球中国学生会和中华职业教育社四团体所提出的《于全国教育会议之厉行职业指

---

① 《沪大校长征求学生家长改进意见》，《申报》1928 年 4 月 9 日，第 7 版。

导案》。刘湛恩、廖世承、钟道赞出席并演讲《欧美各国职业指导现状及我国实施职业指导应趋之途径》。

4月14日，下午三时，刘湛恩和沈仲俊、熊遂、陈彬龢、樊正康、欧元怀、章益、盛振为、程振基等出席上海各大学联合会第一届第二次常会。会议议决通过了《演说竞赛规则请予追认案》《美术专门学校请求入会案》《草拟庚款用途宣言书案》和《推定演说竞赛会外评判员案》。

4月16日，上午九时，上海青年会第五届年会在上海市博物馆路中华基督教青年会全国协会举行，报告讨论一年来之教育事业。刘湛恩和韦愨、傅若愚、董承光、尤敦信等20余人与会，由尤敦信任主席。在会上，刘湛恩讲演《青年会今后教育事业应注意的数点》。

4月16日，上海市教育局局长韦愨和该局科长王祖廉在沪江大学演讲，由刘湛恩主持，教务长樊正康致欢迎词。韦愨在演讲中，主张学生运动宜与读书兼顾。

4月25日，下午六时半，上海职业指导所在大中华菜馆举行职业指导顾问会议，刘湛恩、韦愨、欧元怀、王祖廉、徐佩璜、马崇淦、钟道赞、严谔声、赵师复、杨聘渔、陆规亮、杨卫玉、潘文安等20余人出席，由刘湛恩任主席。会上，潘文安报告了上海职业指导所的状况。

4月27日，晚，外交部驻江苏交涉员金问泗在上海总商会宴请沪上名流，刘湛恩、钱大钧、陈绍宽、张定璠、虞洽卿等军、政、商、学各界200余人出席。

4月28日，中午，上海市联太平洋会在上海联华总会举行聚餐会，讨论筹备出席于八月在檀香山召开的沿太平洋妇女国交讨论会事宜。刘湛恩、黄郛、金问泗、邝富灼、黄清仪等出席。

4月28日，下午二时，大夏大学在该校举行校长王伯群、副校长欧元怀就职典礼，同时开春季师生恳亲大会，刘湛恩和蔡元培、杨杏佛、马君武、赵晋卿等千余人出席。典礼仪式上，由赵晋卿代表董事会授印。

4月29日，上海市卫生运动大会所组织的名人公开演讲继续进行，晚九点，刘湛恩在上海总商会演讲。

按：上海市卫生运动大会于4月28日开幕。

4月30日，中午，到徐家汇交通大学，与在此处理校务的蔡元培晤谈。①

5月4日，下午六时，上海各界慰劳北伐将士大会在东亚酒楼公宴运动会委员暨各体育团体，刘湛恩、赵晋卿、吴邦伟、凌宪扬等出席。

5月5日，下午三时，刘湛恩和熊遂、章益、盛振为、欧元怀、沈钧儒、沈仲俊等出席于中央大学商学院举行的上海各大学联合会第一届第三次常会。会议讨论通过了《庚款用途宣言书案》。

5月6日，下午，杨杏佛邀教育界人士就在济南日兵无理起衅、对我驻军及民众肆意射击等蹂躏中国主权之事发表谈话，刘湛恩和胡适皆提出"由政府主张一个国际的公正调查，期于搜集证据，明定启衅责任所在"，在座者均赞成此议。②

5月9日，上海各界反抗日军暴行委员会在上海总商会召开各界代表大会，会上，刘湛恩和虞洽卿、顾馨一、冯少山、王晓籁、王云五、余日章、袁履登、李登辉、陈霆锐、穆藕初、林康侯、徐新六、秦润卿、严谔声、徐寄庼、劳敬修等被推定为设计委员。

5月10日，下午三时，刘湛恩和熊遂、曹聚仁、倪孝同、欧元怀、程振基等出席上海各大学联合会第二届第一次执行委员会会议。会上，刘湛恩提议对内对外宣传品除宣言一项须由执行委员会通过外，其余一切文电均由宣传委员会负责办理，会议通过了刘湛恩的提议。

---

① 中国蔡元培研究会编：《蔡元培全集》第15卷，浙江教育出版社1998年版，第297页。

② 胡适著，曹伯言整理：《胡适日记全编》（5），安徽教育出版社2001年版，第76页。

5月13日，下午四时，上海各界反抗日军暴行委员会召开设计委员会第一次会议，会议议决：推严谔声为本会主席，姚公鹤、刘湛恩为副主席；由刘湛恩起草《宣传计划大纲》。

5月24日，下午二时，中国国民党上海市党务指导委员会在上海总商会招待本埠大中学教职员谈话，讨论各项反日问题，刘湛恩、沈钧儒等出席并发表意见。刘湛恩说："我们应该注意教职员本身问题，要确实负起爱国救国的责任，从前爱国的方法，是罢工、罢市、罢课，可以制军阀的死命，现在我们要加紧做工，加紧营商，加紧读书，才是救国的必要步骤。"①

5月31日，中华基督教教育会第十二届年会在上海该会开幕，会议主要讨论基督教教育的地位与前途，及其与政府教育的关系。刘湛恩、李登辉、李常树、尚文锦、朱家声、杨永清等53人参加会议。

按：中华基督教教育会第十二届年会自5月31日至6月7日举行。

6月5日，刘湛恩和吴哲夫、郑成章、樊正康等23人出席中华基督教教育会第十二届年会董事会。

6月7日，上海青年会、中华职业教育社决定本年暑假在上海青年会开办暑期职业指导讲习所，专供各地教育行政机关及小学校长、中等学校教职员、大学生来所研究职业指导原理、方法及组织等，刘湛恩和郝艾迪、王祖廉、廖世承、钟道赞被聘为主任讲师。

按：暑期职业指导讲习所时间为7月2日至26日。

6月11日，晚，在上海华安公司设宴欢迎美国纽约国际公馆主持人安德门夫妇，刘湛恩和王正廷、赵晋卿、曹云祥、欧元怀、程其保、黄以霖、钱振亚、黄清仪等30余人出席，由曹云祥任主席。

6月22日，刘湛恩和杨端六、宋子良、贾士毅、冯少山、林康侯、范旭东、杨卫玉、王云五、吴蕴初、马寅初、孙洪芬、邹秉文、李熙

---

① 《市指委会昨招待全沪教职员》，《申报》1928年5月25日，第14版。

谋、王志莘、张乃燕等被确定为国民政府工商部工商设计委员会委员。

6月26日，国民政府工商部在上海市政府举行中华国货展览会第一次筹备会，刘湛恩和张定璠、林康侯、穆藕初、朱吟江、杨杏佛、贝祖诒、王晓籁、王云五、余日章、陆费逵、叶惠钧、徐可陞、徐寄庼、王志莘、寿毅成等50余人出席。

6月，和顾子仁编辑的《有谱新公民诗歌》一书由青年协会书报部出版，共收诗歌47首。

7月18日，在上海暑期职业指导讲习所讲演。

7月23日，上午十时，上海市暑期研究会举行始业式，刘湛恩和张定璠、韦悫、杨聘渔、韦隽明及学员325人出席。刘湛恩在演讲中希望上海教育将来实现"上海制度"，不要模仿外国。

7月26日，由上海青年会和中华职业教育社合办的暑期职业指导讲习所举行闭幕式，刘湛恩、王祖廉等出席并演讲。

7月28日，晚七时，工商部工商设计委员会在上海总商会设宴，招待各界人士，刘湛恩、赵晋卿、李权时、冯少山、闻兰亭、贾士毅、马寅初、刘大钧、孙洪芬、寿毅成等30余人出席。

按：本日上午，工商部设计委员会在上海总商会举行成立大会。

8月3日，刘湛恩和黄炎培、余日章、徐新六、桂质廷、陈立廷、赵晋卿、朱成章等在一起商议有关事宜。①

8月4日，中午十二时，上海总商会、上海县商会、闸北商会、银行公会、钱业公会、日报公会等六团体，于上海总商会宴请美国新闻界著名人士威廉博士，刘湛恩、穆藕初、沈联芳、汪伯奇、许建屏、夏奇峰、赵晋卿、张竹平、虞洽卿、严独鹤、方椒伯、谢福生、徐寄庼、吴铁城、叶惠钧、冯少山、王晓籁、林康侯等70余人出席。宴会上，由冯少山致欢迎辞。

---

① 黄炎培著，中国社会科学院近代史研究所整理：《黄炎培日记》（第3卷），华文出版社2008年版，第87页。

8月6日，威廉到沪江大学参观，刘湛恩陪同，并请威廉向学生讲话。

8月20日，下午三时，中华职业教育社选举新评议员，刘湛恩、朱经农、王志莘、陶行知、顾树森、廖世承当选。

按：中华职业教育社评议部有评议员11人，任期二年，每年改选半数。

8月22日，刘湛恩和陈希豪一起，应黄炎培招待，就便餐，江恒源和杨卫玉作陪。[①]

8月24日，下午三时，工商部工商设计委员会在上海总商会举行工商劳工三组联席会议，刘湛恩、王志莘、朱懋澄、赵晋卿、杨端六、冯少山、林康侯、杨卫玉、吴蕴初、童季通、李权时、刘大钧等27人出席，由吴健任主席。会上讨论了刘湛恩和杨卫玉所提的《厉行工商补习教育案》《童工雇佣法案》《工商介绍所案》等。

10月6日，上午十时，刘湛恩和张定璠、王云五等出席在南市公共体育场举行的上海市国术考试典礼。

10月6日，下午四时，刘湛恩和熊遂、欧元怀、金通尹等出席在中央大学商学院举行的上海各大学联合会第二届第二次执行委员会会议。会议决定10月13日在东吴大学法学院举行本届第一次大会。

10月13日，下午二时，刘湛恩和熊遂、李恩廉、欧元怀、吴泽霖、盛振为、杨汝梅、章益、程振基等出席在东吴大学法学院举行的上海各大学联合会第二届第一次大会。会议议决通过了《演说竞赛案》《全体教职员举行同乐会案》《各校教职员交换演讲案》。

10月22日，正午，中华职业教育社在一枝香召开秋季评议员会，刘湛恩、王云五、朱少屏、潘序伦、顾树森、江恒源、廖世承与会，由王云五任主席。会上，江恒源报告了职教社最近事业情况。会议议决了

① 黄炎培著，中国社会科学院近代史研究所整理：《黄炎培日记》（第3卷），华文出版社2008年版，第91页。

《推广中华职业学校毕业生出路办法案》等。

10 月，刘湛恩和孔祥熙、张之江、邝富灼、王志仁、周梅阁等共七人被推定为全国青年会第十一届全国大会筹备委员。

按：全国青年会第十一届全国大会定于 1929 年 10 月 11 日至 17 日在杭州之江大学举行。

11 月 12 日，刘湛恩和王延松及沪江大学有关教师参观中华国货展览会。

11 月 16 日，上午九时，上海市小学校第一次联合运动会在公共体育场开幕，刘湛恩、张定璠、韦愨、褚民谊等出席。

11 月 17 日，下午二时半，沪江大学举行新图书馆落成典礼，刘湛恩、王正廷、胡适、钱振亚等千余人出席。刘湛恩在开会词中，对新图书馆的修筑过程作了回顾，并感谢募捐委员的热心劝募。

11 月 17 日，在《沪大周刊》第 2 卷第 6 号上发表《沪江大学新图书馆概况》：

本校为南北美浸礼会创办，迄今已历廿有二年，自今春改后，同人鉴于旧藏书室，借用课室四间，附丽思晏堂内，中西书册，岁有增益，负笈学子，已达九百余人，庋藏阅读，未免两嫌，逼逼反建筑新图书馆，以言需要，实不容缓，爰由董会议决兴建。

图书馆经费，规定四万元，除由本校西门基金（美人西门氏所捐赠）拨助二万元外，复经校董会决议，向国内募捐二万元，组织募捐委员会，推举会长虞炳荣，副会长于侣伯，会计朱博泉，委员正成、郝培德、阮维推扬、郑章成、耆荷福，干事钱振亚、朱福康诸君，合力进行；校中男女同学，本其爱校之忱，亦推举金伯铭、黄仲良、章楚三君，组织募捐队十四队，互向家属、戚友劝募，以所得款项，专为购置中文图书之用。教职员同此努力，尤多系输捐助，半月薪金者殊夥，众擎易举，迨至未竟，获捐洋两万余元，超过预悬目标；同学方面，亦募得四千多元。此则全社会之匡扶，同人之策助，及同学诸君之尽力，故获有此特殊之成绩。

新图书馆勘定馆址，在本校科学馆，右隔黄浦江边，自二月二十五日，破土兴工，监工员耆荷福，努力督造，昕日不遑，至九月杪遂成。屋分两层，支架全用钢条，建筑壮丽，工程坚实，空气流畅，光线充美入门。下层右为阅报室、教员研究室、管理员办公室，左为藏书室；上层全为阅书室（可容数百余人），而划分一小部分，为管理员办公室，其递送书籍，则配置升降电机，尤形便捷，可省人工输运之繁。

本校原有中西书籍，共二万数千册，馆成以后，选购应添书籍，加以劝募捐入，其数益繁，莘莘学子，已不患无从容搜讨研求各种科学之所。苟能浸润其中，日知其所以，月无忘其所能，蔚成大器，则斯馆之昌大可期，而诸君学业，亦将与之同垂不朽矣。兹于其成，志其梗概，愿我同学勉旃焉。①

11 月，上海职业指导所鉴于近来事业范围日渐扩大，委托求人求事者日多，乃由正副主任刘湛恩和潘文安商订《职业介绍办法》，以资请求谈话及登记者之注意。内容如下：

（1）本所为社会服务之教育机关，凡来所委托者，概不收费；（2）登记地点以上海特别市区域范围以内及沪宁、沪杭两线可朝发夕至者；（3）登记及谈话时间，定每日下午二时至五时；（4）登记人须亲来本所，填书职业谈话登记表及委托介绍表，详细载明与本所指导委员接谈，方予登记；（5）在登记期间（以六个月为一期）本所得随时招集登记人来所谈话或开会讲演灌输及补充职业上之知识；（6）本所如遇有特别技能之专门人才，得随时代为刊布于报纸；（7）来所登记人才，随时委托用人机关之选用，本所除以相当资格开单绍介外，去取之权，绝不参加意见；（8）如荷机关委托物色人才，本所绍介相当资格者，当照原数多开若干人，听凭选择，或由用人机关先约谈话，或暂为试

---

① 刘湛恩：《沪江大学新图书馆概况》，《沪大周刊》第 2 卷第 6 号，1928 年 11 月 17 日。

用，方能确定；（9）登记人通讯处有变更时，可随时来函知照（并须注明登记时之年月，以便检查），如有机会，即行通知；（10）在本所不易着手绍介之职业，暂不登记。自此办法施行后，凡从前远道以书函登记未曾来所亲自接洽者，概作无效。①

12月1日，中午，联太平洋会在上海礼查饭店欢宴国际劳工局长汤麦，刘湛恩、朱懋澄、金问泗等数十人出席。

12月2日，上午九时，刘湛恩和沪东公社社长钱振亚陪同汤麦参观该社电影部、手工陈列室、游艺部、音乐室、日夜校等。

12月2日，下午二时，上海各大学联合会在徐家汇交通大学举行国语演说竞赛，请韦悫、王云五、陈布雷为评判，欧元怀任主席，刘湛恩颁奖。

12月8日，中国四戒会在上海虹口昆山路景林堂举行成立一周年纪念，刘湛恩、何世桢、叶惠钧等出席并演讲。

12月14日，下午，由交通大学、光华大学、暨南大学和复旦大学举行的四大学国语演说竞赛在复旦大学体育馆举行，刘湛恩任主席。

12月15日，下午三时，刘湛恩和熊遂、欧元怀、盛振为、杨汝梅、章益、曹惠群、程振基等出席在中央大学商学院举行的上海各大学联合会第二届第二次大会。会议议决通过了《合作审查转学学生成绩案》《提倡音乐唱歌案》等。

12月22日，上午十一时，和黄炎培等陪同孟禄参观中华国货展览会，并出席欢迎孟禄宴会。

12月22日，中午，上海职业指导所定于在四马路一枝香宾馆召开职业指导顾问会议，报告经过情形并讨论进行事宜，刘湛恩、韦悫、项松茂、潘序伦、张耀翔、欧元怀、马崇淦、潘竞民、黄警顽、赵师复、杨卫玉、周开森、黄竹铭、邹韬奋、潘文安等30余人出席。会议首先

---

① 《上海职业指导所之新办法》，《申报》1928年11月26日，第11版。

由主席江恒源致词，接着刘湛恩报告了上海职业指导所设立的旨趣及今后的计划，潘文安报告了一年来上海职业指导所的办理经过情形。

12月22日，下午，中华职业教育社招待孟禄，并请孟禄讲演，刘湛恩和寿毅成、赵师复负责具体的招待工作，并任翻译。孟禄讲演大意为：现在中国训政开始，欲改造新中国，全在青年；但欲改造国家，须先改造教育；职业教育为最合于时代需要之教育。孟禄讲演后，还和大家就职业教育的改良问题进行了讨论。

12月29日，下午三时，上海市教育局在西成学校举行市校国语演说竞赛决赛，刘湛恩和欧元怀、陆费逵、杨聘渔等担任评判员。

12月29日，到黄炎培住处和黄炎培交谈。

本年，上海中华全国基督教协进会出版的《中华基督教会年鉴》第10册出版，收刘湛恩《反对基督教教育之一般评论》一文，在文中，刘湛恩说："最先反对基督教教育的，是蔡元培先生。……蔡先生虽然是泛论宗教教育，然而宗教有教育事业值得社会注目的，自然推基督教了。那么，蔡先生的议论，也自然是为了基督教教育而发的。"①

本年，由沪江大学编的《沪江大学校长刘湛恩博士就职纪念特刊》由该校出版，内收有该校二十年小史。

本年，女光坤出生。

1929 年（民国十八年　己巳）　三十三岁

1月1日，在《教育与职业》第100期上发表《十年来之中国职业指导》一文，文章对20世纪20年代清华学校和中华职业教育社所开展的职业指导作了较为全面的阐述。

按：该文和潘文安合写。

---

① 刘湛恩：《反对基督教教育之一般评论》，《中华基督教会年鉴》第10册，上海中华全国基督教协进会1928年版，第122－123页。

1月19日，下午，中华职业教育社鉴于各地旧有慈善团体所经营之救济事业，未必皆教养兼施，其结果，或以偏重慈善而忘却职业训练之本旨，或以专注谋生而不解公民训练之重要，以致实效殊鲜，故举行慈善职业教育研究会，从事讨论，以劝导改进慈善事业，由刘湛恩任主席。会议议决：组织慈善职业教育委员会；由委员会提出调查事项及方法从事调查。

1月23日，下午二时，上海特别市教育局职业指导研究会举行会议，刘湛恩和廖世承、郑通和、江恒源、杨卫玉、王祖廉、曹伯权、陈选善、潘文安、赵晋卿等研究委员会委员与会。会议讨论问题主要有：如何培植本市重要人才，如何指导就学青年考入相当学校，如何调查本市各种职业内容等。

1月25日，在《天籁季刊》第18卷第16号上发表《我对于天籁季刊之希望》：

吾校刊物，计凡三种。曰年刊，曰季刊，曰周刊。季刊内容，一以研究学术为范围，尤为同学读书有得、殚精竭虑之著述，洵足以表现孜孜求学之精诚。比者第十七卷十六号将次梓行，余念研究学术，为大学使命之一，责任宏大，而季刊出版，实吾校同学思想之结晶，并为促进学术之导源，本吾无穷希望，且述三愿：

（一）整理旧学。吾国自上古时代积数千年民族之脑精，递相遗传，递相扩充，以迄今日。微论管子轻重乘马之篇，孟子井田彻助之制，墨翟务本节用之训，荀卿养欲给求之论，李悝尽地力之业，白圭观时变之言，商鞅开垦之令，许行并耕之说，或阐原理，或述作用，或主农穑，或贵懋迁，或倡自由政策，或言干涉主义，济济彬彬各明一义。先秦学术，震铄古今，立国大源，不容尽泯，即一技之精，一言之传，关乎文艺；原始科学，学说纷纭，亦均代有作家，互表特异，有其独到之见。凡此文字书籍，虽未必尽能有裨于今，要不能去其糟粕，并弃其精粹，以致湮没。语曰：温故知新。是在善留己长，用科学方法，极力整理，发扬光大。

（二）介绍科学。欧美科学，导源已久，然降至于今，团体之研究，个人之发明，更复一日千里，月异而岁不同。各种学问，几尽以科学为归纳，观前此萌之迹，即可树将来进步之阶，得夫了然，如示诸掌。故能政治修明，教育昌盛，工商发达，国用日足，民生利赖。回顾我国，则各种科学高深且无论矣，即普通至切日用必须讲求者，亦均幼稚特甚。年来虽不乏外国思想学术之输入，然学者颇多旋学旋之，故步自封，故迄未能享受科学之恩泽，是在急起直追，虚心观感，撷邻邦之华实，益自己之智能，构通中外，广为介绍，取人之长，补吾之短，否则将何以启此荜路蓝缕科学之前途，而与人争一日之短长。

（三）发明新学世界文明，绝非保守所能进步。吾既整理固有之旧学，介绍欧美之新知，倘视为上境，一得自满，而不谋创作，则不数年间，人之所能，又非吾人所能；人之所长，又非吾之所长。固循坐误，故我依然，虽有环宝，奚啻石田。是所能镕中外古今学术于一炉。一志凝神，探讨搜索积想成真，多所发明，凡百学术，作如是观，庶他人兼程泣进，我亦得青胜于蓝颉顽比美。日本维新即师此志。

举此三要，果能贯通，则诸君著述之灿烂，即吾国学术之发扬，而尤贵能联络校中各学术研究团体，师生合作，努力前迈，踊跃投稿，俾可厚集材料，扩大篇幅，无愧为全部集中之刊物，不第期能推行全校，观摩知感，且望得以流传社会，纸贵洛阳，庶斯篇为不朽矣。幸勉乎哉。①

按：《天籁季刊》以发挥学术思想为宗旨，由沪江大学学生自治会出版部编辑出版。

2月2日，为向各地家长征求改进学校意见，及宣传职业教育、职业指导和升学指导起见，刘湛恩由上海出发，赴各地调查、接洽。

---

① 刘湛恩：《我对于天籁季刊之希望》，《天籁季刊》第18卷第16号，1929年1月25日。

按：据《申报》：刘湛恩"定于三日到苏州，去晏成中学；四日至无锡，五日至镇江，往女子职业学校；六日至扬州，往浸会堂；七日至南京，往南京职业指导所；八日返沪"。①

2月10日，刘湛恩和缪秋笙为沪江大学立案呈请上海市教育局：

呈为请准立案事：窃查上海杨树浦私立沪江大学系美国南北浸礼会差会所创办，已历二十二载，一切组织以及课程编制向均遵照我国学制办理，其校董会亦经成立，兹特遵依教育部规定私立大学立案条例，及得援引校董会同时立案明文，缮具一应立案表格，连同全校平面图及十六年度预算表章程等件，计均二份备文呈请钧长督核，并乞以一份转呈教育部，俯赐核准立案，实为公便。谨呈

上海特别市教育局局长韦

具呈人：私立沪江大学校董会董事长　缪秋笙

校长　刘湛恩②

2月18日，刘湛恩和黄炎培、朱成章、黄宗勋商成志会事。

2月23日，上午，抵达无锡。

2月23日至24日，刘湛恩和朱经农、韦愨、顾树森、陶行知、江恒源、杨卫玉、王志莘、黄炎培、潘文安、高阳、胡叔异、顾倬、荣德生、华印椿、章伯寅、秦翰才、周开森、施之铨等计29人，于无锡参加中华职业教育社第三次专家大会，刘湛恩任职业指导组主席，并和陶行知、顾倬、顾树森、王志莘、朱经农、韦愨任主席团成员。会议对职业指导农业教育、工商教育等问题进行了讨论。在会上，刘湛恩主张农村教育应：提倡副业，设施农村娱乐，注重卫生，推广殖边。

2月，被推为第三届世界教育会议中国代表。

---

① 《刘湛恩赴各地宣传职教》，《申报》1929年1月31日，第11版。
② 《上海市教育局关于私立沪江大学立案问题（一）》，上海市档案馆藏，档案号：Q235－1－627。

按：是次会议将于 7 月 25 日至 8 月 4 日在瑞士日内瓦举行。

3 月 4 日，中央大学区各县义教联会办事处在南京开第七次常会，会议议决请辅导委员刘湛恩于出席第四届世界教育会议时，代表本处宣传义务教育状况。

3 月 12 日，中午，中华职业教育社举行职业心理专家研究会议，刘湛恩和江恒源、杨卫玉、潘文安等职教社代表参加，另外，参加的心理学专家有：陈鹤琴、陈选善、谢循初、黄朴奇，由江恒源任主席。会上，刘湛恩指出，近年失业过多，乃是由于事业未兴，求事者太多而选业及求才者太少之故，建议先从公用事业中，试行测验，以资提倡。

3 月 14 日，刘湛恩和杨卫玉赴引翔乡，邀集乡董商榷职业教育问题。

3 月 15 日，上海特别市教育局致函刘湛恩，委托调查世界各国最近教育状况：

径启者：查教育思潮，时有变迁，其制度方法，亦随时改进。办理教育行政者，自应采撷世界之新知，参酌各国之新制，然后根据本国国情，以定适宜方案。敝局成立以来，对于学校教育社会教育诸端，整理扩充，粗有端绪。此后各种设施，有待于改善革新者至多，自当切实调查，以供实施之参考。兹悉台端于本月杪赴日本欧美各国调查教育，并出席世界教育会议，敝局特委托台端调查四项：（一）教育行政，（二）职业教育，（三）农村教育，（四）最近教育之各种变迁。敬烦代为分别调查，编成报告，连同各种材料，惠赐敝局，以资考证。即希查照示复为荷！此致

刘湛恩先生①

3 月 18 日，沪江大学正式立案。

3 月 19 日，据《申报》，刘湛恩定于本月 29 日放洋出席世界教育

---

① 《文牍撷要：致刘湛恩函》，《上海特别市教育局月刊》第 2 期，1929 年 4 月 1 日。

会议：

沪江大学校长、上海职业指导所主任刘湛恩博士，定于本月二十九日放洋，出席世界教育会议，该会会期定六月二十五日，在瑞士举行，刘君并受中华职教社、中央大学、上海市教育局之委托，先赴欧美各国考察职业教育及职业指导状况，以谋中国教育之改进。①

3月20日，刘湛恩和江恒源、杨卫玉、潘文安出席上海特别市教育局职业指导研究会委员会会议。

3月20日，下午一时，上海特别市教育局职业指导研究会举行第二次委员会会议，刘湛恩和江恒源、杨卫玉、陈选善、潘文安、杨聘渔、郑通和等出席，刘湛恩并任会议主席。会议讨论了刘湛恩提议的《举行职业指导宣传周案》，议决由杨聘渔、潘文安草拟办法。

3月24日，上海各大学及教育界人士于大中华菜馆公饯刘湛恩，到会者有：凌冰、周雍能、王云五、李登辉、欧元怀、杨亮功、潘序伦、江恒源、黄炎培、郑通和、杨卫玉、潘文安、陈彬龢、何德奎、李组绅等20余人。刘湛恩和刘王立明准时出席。席间，公推王云五致欢送词，他说，刘湛恩先生不仅是教育家，也是社会服务家，此次赴欧美考察教育兼事宣传我国情形，定能以各国教育之优点，以饷同人。刘湛恩在会上致答词，他说，此次赴世界各国进行考察，非常希望与各国交换意见，宣扬我国情形，并采撷各国新知。

按：刘湛恩因出席日内瓦世界教育会议并应美国各大学之请前往讲演，顺便考察世界教育，定于3月29日放洋。

3月27日，沪江大学举行校董年会，鉴于刘湛恩即日因公远适欧美，一致通过在此期间，所有校长任务，公推教务长樊正康代理。

3月29日，上午九时半，刘湛恩乘"杰弗逊号"放洋，代表中华职业教育社出席在日内瓦举行的第三届世界教育会议，并应欧美各学术

① 《刘湛恩赴欧有期》，《申报》1929年3月19日，第11版。

机关之邀，前往讲演。到埠送别者有：余日章、赵晋卿、傅若愚、黄炎培、杨卫玉、潘文安、周开森、樊正康等数十人。

按：世界教育会议原为美国全国教育会于第一次世界大战后发起，1923年在旧金山开成立会，决定每两年开大会一次。本次会议中国代表还有南开大学校长张伯苓、华美协进社主任郭秉文、法国里昂大学校长何尚平、中华电讯社驻欧经理夏奇峰以及杨为桢、葛益炽、陈荣捷等。刘湛恩此次放洋，计划先赴日本调查职业教育和农村经济，然后赴美国讲演及调查各种教育近况，最后，再至欧洲出席教育会议并考察职业教育，约在八、九月间始可返国。另，刘湛恩还受上海特别市教育局委托，调查世界教育，包括：教育行政、农村教育、职业教育和世界各国教育最新之新趋势。

3月31日，抵达日本神户；是日下午，至横滨、东京等地参观学校，调查职业教育；晚间并应中国留学界之请，在中国青年会讲演。

3月，沪江大学商学院经教育部批准立案。

4月11日，晨，抵达檀香山。据《申报》：

沪江大学校长刘湛恩，自三月下旬，由沪放洋后道经日本，小作勾留，兹闻已于四月十一日晨安抵檀香山，当地华侨及太平洋国交讨论会特开会欢迎，并请出席讲演新中国的外交问题，听众颇盛。檀岛教育近甚发达，刘氏除宣传国情外，对于市政教育及职业教育实况，均经详细调查制有报告，函上海市教育局及中华职业教育社，藉资借镜。①

4月24日，世界教育会议来函，欢迎中华职业教育社代表刘湛恩出席报告中国之职业教育。

5月，廖世承编纂的《中国职业教育问题》由上海商务印书馆出版，其中收有刘湛恩和邹韬奋合写的《中等学校职业指导法纲要》：

职业指导开端于小学时期之职业陶冶，完成于毕业以后之服务指

———————

① 《刘湛恩已抵檀岛》，《申报》1929年5月3日，第12版。

导，其范围，本不限于中学，顾职业陶冶，特重实际生活之基本知能，尚不亟亟于决定明确的职业意向。服务指导，仅就所学之业，而予以相当之鼓励与协助，乃实施于职业意向已定之后。惟中学之青年时代，实为其一生最当决定明确职业意向之时期。当此时期，青年在体格、智力、性情各方面之变化，皆极迅速，自信力之发达尤甚，况新制初中注重个性区别，高中注重分科研习。个性区别固为职业指导之重要部分，而分科研习尤与青年将来职业有密切关系，故中学宜特别注重职业指导。

中华职业教育社于三年曾在各省举行此项运动的办法如左：

（一）一星期职业指导运动

甲、目的　一方面使全校师生对于职业指导，受极深之印象，一方面使本地职业界对于青年职业，发生诱掖奖进之感情。

乙、内容

一、由各校组织职业指导委员会，商定职业指导之内容与方法，并主持一切进行事宜。

二、由指导员向学生演讲职业原理与择业方法。

三、延请职业界专家演讲重要职业内容，或由职业指导员搜集相当材料与青年讲演。

四、由指导员率领学生填注择业自审表。

五、指导员与学生作个人谈话。

六、统计择业自审表之内容，以备存查。

注意：关于以上纲要之详细方法与材料，请参考中华职业教育社所出左列各书：

《职业指导实验第一辑》，庄泽宣编，商务印书馆出版，定价六角五分。

《职业指导实验第二辑》，邹恩润编，商务印书馆出版，定价四角五分。

《职业指导》，邹恩润编，商务印书馆出版，定价二角五分。

（二）一星期职业指导运动后继续进行之方法

一星期职业指导运动，不过一种兴奋剂，在实施此种运动之学校，经此一番刺激作用之后，宜定继续进行之方法，藉此获得职业指导之良效。

兹讲应办事项列左：

甲、由指导员调查本地与附近本地之重要职业内容。

乙、特设重要各业概况课程，并注意左列各事：

一、职业界成功名人谈话或演讲。

二、鼓励阅读关于职业内容及修养之书报传记。

三、导往各本地各重要职业机关参观。

丙、设立介绍部

一、代寻就事机会，或介绍升学之学校。

二、调查已就事之学生服务状况，及升学生之成绩状况。

三、服务指导。

丁、教育指导　教育指导乃职业指导之一重要部分，故教育指导当同时进行，重要事项如左：

一、根据择业自审表，时常注意学生之各科成绩。

二、利用智力测验，考察学生个性，并注意青年个性兴趣之变迁。

三、初级中学宜有选科指导，使学生明白高级中学各分科之要旨及其内容。

四、高级中学宜按时演讲国内各大学之概况，为升学之预备。

戊、每学期指导员与学生之个人谈话

注意：关于上述纲要之详请，请参考《职业指导实验第二辑》。又左列各书，亦有材料可用，至中学校可用之智力测验，商务印书馆已有刊行。

《青年与职业》，王志莘编，商务印书馆出版，定价二角五分。

《世界十大成功人传》，刘麟生编，商务印书馆出版，定价一角五分。

《江苏中学以上投考须知》，邹恩润、徐亮编，商务印书馆出版，定价三角五分。

《全国专门以上学校指南》，商务编译所编，商务印书馆出版，定价大洋六角。

《职业概况》，潘吟阁编，商务印书馆即行出版。

《职业心理学》，邹恩润编，商务印书馆即行出版。

《书记之知能与任务》，邹恩润编，商务印书馆即行出版。

《青年修养杂谈》，陆费逵著，中华书局出版，定价二角。

《实业家之修养》，陆费逵著，中华书局出版，定价一角。

己、课外指导备考表之利用

注意：表格及方法内容请参考本书附录，作者所著《评述沈茀斋先生职业指导报告》。

庚、各科教学对于职业指导之注意

注意：理由及方法请参考附录朱经农先生所著《职业指导与初中课程》及《初级中学课程之职业化》。①

按：《中国职业教育问题》是中华职业教育社为纪念立社十周年委托廖世承所编的一部著作，除刘湛恩和邹韬奋合写的《中等学校职业指导法纲要》一文外，还收有《中华职业教育社十年小史》《西洋最近职业教育之概况》（钟道赞），《最近之中国森林教育》（凌道扬），《我国最近之园艺教育》（葛敬中），《最近中国之水产教育》（冯立民），《最近之中国工业教育》（凌鸿勋、赵祖康），《中国职业教育中之土木工程》（茅以升），《对于女子职业教育之管见》（李张绍南），《农业训育问题》（过探先），《职业心理》（庄泽宣），《我对于农业人才之意见》

① 邹恩润、刘湛恩：《中学学校职业指导法纲要》，见廖世承编纂：《中国职业教育问题》，上海商务印书馆 1929 年版。

（王舜成），《我对于商业人才之意见》（陆费逵），《职业教育与强迫教育》（程其保），《小学校职业陶冶纲要》（杨卫玉），《初级中学课程之职业化》（朱经农）。廖世承在该书的"序"中言道："处此民生凋敝之候，百业不振，职业教育既为救国要图，自应积极提倡；兹书所列各篇，虽不足以概我国职业教育全体，然著者大都富于经验，弥足以发人深省。"① 事实上，在当时职业教育还绝少专书，该书的出版，对职业教育的理论宣传和研讨起到了积极的作用。

5月，由中华职业教育社辑行的《职业指导实施概览》由该社出版，收有刘湛恩和潘文安合写的三篇文章：《职业指导是什么?》《职业指导与青年》和《职业指导运动与学校教育》。其中《职业指导是什么?》是在上海职业指导运动的第一天所发表的演讲，内曰：

> 职业，一方是为个人谋生，一方是为社会服务，只为谋生而就职业，不是真正的职业，凡是有利于社会的职业都是可贵，不分上下，不分尊贱，所以职业是服务的，平等的，利己而且利人的。……指导是立于客观的地位，用科学的方法，精细的功夫，测验的手续，谈话的方式，就我们的经验见解，切切实实的引导大家，入于正当的途径，适宜的地位。……职业指导，是一种长时期继续不断的进行程序，他是实施于职业未选以前，继续进行于职业已决、而还在预备的时代，又继续进行于已得职业以后。所以他的任务，包含很多。（一）研究职业，（二）选择职业，（三）准备职业，（四）加入职业，（五）改进职业，（六）改选职业。……希望青年选择职业，第一要根据个人的才力性情，第二要观察将来的趋势，第三要调查社会的状况。……加入那种职业，必先立定主意，最要注意四点：（一）不存奢望（先以维持最低生活为度），（二）不计地位，（三）不怕劳苦，（四）不图眼前。②

---

① 廖世承《序》，见廖世承编纂：《中国职业教育问题》，上海商务印书馆1929年版。
② 中华职业教育社辑行：《职业指导实施概览》，中华职业教育社1929年版，第99－101页。

在《职业指导运动与学校教育》一文中，刘湛恩说：

这次上海市举行一星期的职业指导运动，最大的目标，是要使上海市各学校不论大学、专门学校、中学校、职业学校，都要对于职业指导上猛下功夫，加以十分的努力。……这次运动，真是唤起民众的第一声。他的结果，决不在现今的统计，而在将来的影响……所以大家要认清楚这次一星期的职业指导运动，是初始，不是结束，是下动员令，不是奏凯旋歌。职业指导，是长时期继续不断的事业，我们希望于各学校的：

一、指定教师中热心指导事业的，用分工方法，每人担任几个学生的指导人，用考查、谈话、测验、访问家庭的种种手续。

二、校内组织职业指导委员会，联合各学校合组一上海市职业指导研究会，随时开会讨论进行。

三、市立小学及私立小学，一律注意职业陶冶，在学期结束，随时请指导机关派员讲演，并率领学生参观。

四、校内规定各种表格，如求教专家表，个性观察表，择业自审表等令学生分别填载，为指导或介绍职业之参考。

五、各校当局，随时应该联络实业界，请他们到校谈谈，或到他们机关里看看，切实的和他沟通，将来于学生出路上，有极大的关系；而学校许多不切社会的弊病，也可免除了，这是我们对于上海各学校当局最低的限度，希望努力做去。①

按：《职业指导与青年》：

（一）青年失业与无正当职业之现状：本国大学生及欧美留学生所学非所用者，占百分之七十，而失业者占百分之二十；中学毕业生所学非所用者占百分之六十，而失业者占百分之三十。某机关欲聘请月薪三十元之书记一人，而投函者八百余人；上海特别市工务局招考技佐绘图

---

① 中华职业教育社辑行：《职业指导实施概览》，中华职业教育社1929年版，第107－109页。

书记人才仅七人，而应考者数百人，内中留学生大学生专门学校学生均有之。人才之过剩欤，事业之不振耳……

（二）青年在学校太忽视择业问题。第一不肯研究自己个性之特长，第二不肯调查社会之需要，第三不肯用试验之态度，第四无充分之准备，第五无决心。

……

（四）解决之方法：

……

甲、政治不良，工商业不发达，以致失业者日多，但青年应思事在人为……应自辟新生路以求发展，决不因而消极，而悲观。大家当改造环境，不为环境所改造。

乙、打破升官发财之思想。须知职业是平等的，凡有益于社会国家，均是可贵，只须本着个性及环境，择定适合性情之职业，努力为社会服务，助人即以助己。

丙、打破文凭学位之观念。须知经营事业，全恃真实本领，平素苟有充分准备基本之学识，任何职业，均可成功；如动于虚荣，惑于近利，随便就业，随便入学，结果必致失败。

丁、青年从事职业，应先自省（1）我对于所希望之职业，曾郑重考虑，认为可作我终身职业否。（2）我之体力、才能、经验，能胜任所希望之职位否。（3）我对于希望之职业，曾加以充分之修养否。（4）我之学识技能，与所希望之报酬等值否。（5）我对于希望之职业，除解决生活问题外，有其他兴味与愿望否（6）我之品性习惯有无弱点，足以阻碍我达到希望之职业，或使我丧失已得之职业否。此种反省，万不可少。

戊、青年从事职业，应自卑而高，万勿存大希望，斤斤于目前之待遇，或酬报之多寡，须要从远处着想，低处下手。

己、青年无论经营何业，当抱改革及发明之志愿，任何艰难困苦，应努力战胜之，以达于成功之一途。

庚、青年改业，亦应先事反省（1）我对于现有职业，表示不满意时，究有充分正确之理由否。（2）我对于现有职业，不满诸点，能设法补救，或会努力排去之否；苟能审慎周详，加以郑重之考虑，则日后不致再有改业或反悔之事情。

辛、希望职业界之领袖，打破情面请托的习惯，对于青年职业，须有诱掖奖进之情感，并有尊重人才爱惜人才之思想与态度。

壬、希望国民政府当局与各级党部，在训政时期中，设施民生主义、农工政策、民众运动时，特别注意青年职业，俾党国事业，日有发展，以达"无业者有业，有业者乐业"之目的。①

6月10日，美国登礼胜大学赠与刘湛恩荣誉法学博士学位。

7月8日，刘湛恩由美赴欧，出席世界教育会议。此前在美讲演中国之教育，及办理职业指导之状况，颇得美邦人士欢迎。

7月25日，代表中华职业教育社出席在日内瓦召开的第三届世界教育会议，此次会议共有48个国家的1500余名代表参加，大会"每日除开大会及讲演会外，并分十九组，讨论各种教育问题"，其中，职业教育为一组。在会上，刘湛恩报告了中国职业教育的进步状况和中华职业教育社的情况，"颇蒙各国代表称许"②。

8月2日，刘湛恩和张伯苓等自日内瓦致电王正廷：

取销不平等条约事，苓等已努力宣传，各国教育界，对我国极表同情，公为国勤苦，劳怨不畏，苓等在外，誓为后盾。③

8月4日，第三届世界教育会议闭幕。

---

① 中华职业教育社辑行：《职业指导实施概览》，中华职业教育社1929年版，第103－106页。
② 刘湛恩：《参观欧美职业学校与其专家讨论职业教育问题后之感想》，《教育与职业》第108期，1929年10月1日。
③ 《张伯苓致电王正廷》，《申报》1929年8月3日，第7版。

8 月 10 日，据《申报》，刘湛恩将于日内回国：

沪江大学校长刘湛恩博士，前以调查欧美教育，并代表中华职业教育社等各团体出席日内瓦世界教育大会，远涉重洋，倏垂半载，昨接电讯，现因会期已毕，任务告终，准于日内首途回国，惟因中俄交涉，国际列车停阻，改经海道，须展期至九月中旬，方可抵沪。并闻有美邦名教授多人偕来，为沪大推进教学之助。[①]

8 月 14 日，刘湛恩和出席世界教育会议的其他中方代表张伯苓、何尚平、郭秉文以及严鹤龄由日内瓦电京，报告离国后之情形。

8 月 22 日，据《申报》：接刘湛恩昨日来电，取道地中海、红海回国，约 9 月 12 日抵沪。

9 月 10 日，刘湛恩电告友人，将于本月 13 日早上抵沪。同船回沪的，还有万国商会代表寿毅成。

9 月 13 日，上午九时半，刘湛恩和张伯苓及出席万国商会的代表寿毅成乘"声克斯"号抵达上海，教育部次长马叙伦、全国体育协进会郝伯阳、中华职业教育社江恒源、上海职业指导所潘文安等 100 余人到埠迎接欢迎。在船上，刘湛恩接受记者采访，就世界教育会议发表了看法。他说，"世界教育大会，乃各国教育会联合组织，我国会员为中华职业教育社及中华教育改进社，每二年开大会一次，本届系属第四次举行，以教育事业提倡世界和平为宗旨，共到四十八国，计代表一千五百人，我国出席代表为张伯苓、何尚平、郭秉文、何艾龄、高士英、葛益炽、严鹤龄、韩玉珊、陈荣捷、杨为桢、夏奇峰及余，每日除大会议及演讲外，共分十九组讨论：（1）家庭与学校，（2）卫生教育，（3）职业教育，（4）教育研究团体，（5）国际亲善（普通的），（6）训练教育，（7）国际亲善（学校的），（8）乡村教育，（9）特别儿童教育，（10）婴儿教训，（11）教育与适应环境，（12）教育与出版事业，

---

① 《刘湛恩回国有期》，《申报》1929 年 8 月 10 日，第 17 版。

（13）国际图书馆事业，（14）学校与劳工，（15）小学教育，（16）中等教育，（17）高等教育，（18）成人教育，（19）文盲问题。各组议决案都三百余件，其宗旨均不外以各种教育方法、提倡世界和平。"① 刘湛恩最后称，在会上，我国代表团提出意见，认为力求和平，应先废除国际不平等条约及领事裁判权等，颇引起各国代表注意与同情，会议议决各国代表返国后，尽力宣传，期求世界和平之实现。

9 月 14 日，刘湛恩接受记者采访，就中外职教发表了看法，其中除介绍第三届世界教育会议情形外，并谈到：（1）职业教育为促进和平之捷径，欲求世界和平，必先推广职业教育。例如，某国工商农各种职业均极发达，则地无废地，野无闲民，社会安宁，盗贼无由发生，一国之和平可期，退而至于全世界各国，倘均能如此，则世界自能和平，职业教育关系于世界和平既如此其大，宜乎此次各国代表在会议席上皆注意于职业教育也。（2）当讨论职业教育时，欧洲教育家斤斤于职业与文化之争，此殆以职教为狭义，而以文化为广义之故，于是，自己乃以中国广义的职业教育，竭力在大会上解释，并努力宣传，促使各国代表赞同。（3）美国对于职业指导，进展甚速，各城各市，无不设有职业机关；欧洲则不如美，对于测验问题，认为偏于机械，尚在研究改进之中。（4）欧美各国对于中国中华职业教育社一切办法，极表赞同。请求自己回国后，将该社章程及组织法寄欧，以便各国仿行。（5）欧美失业者日多一日，现在办理职业指导，尤注重于职业之选择、职业之介绍，冀以政法及教育之力量，救济失业者。②

9 月 16 日，下午四时，中华职业教育社、中华职业学校全体职员在中华职业学校校友会举行联欢会，欢迎参加世界教育会议归来的刘湛恩、张伯苓等，江恒源、潘文安、杨卫玉、邹韬奋、金道一、徐伯昕、黄炎培等 80 余人与会，江恒源首先致欢迎词，之后，张伯苓和刘湛恩

---

① 《刘湛恩谈世界教育会议》，《申报》1929 年 9 月 14 日，第 14 版。
② 《刘湛恩谈中外职教》，《申报》1929 年 9 月 15 日，第 12 版。

先后在会上演讲。刘湛恩的致词大意谓:

此次承本社委托,调查欧美职业教育与乡村教育,出国后随处注意,不过走马看花,挂一漏万,今略为诸君言之。(1)职业平等。大凡有职业平等观念之国家,其国必富强。美国人多应社会之需要,拿自己特长干事去,大小事总是如此,即煤油大王之孙,不可谓不富矣,而仍努力去做,这种职业平等的精神,实在令人可佩。英德二国也同具此种精神,绝无升官发财观念。(2)先职业而后教育。欧美诸国办理职业教育情形,多先求有职业,然后从而教育之,收效甚宏,较之先教育而后职业者,自不可同日而语,先进国社会上之种种设备,处处表现其职业化、机械化,以中国现时状况例之,尚不及其什一。(3)职业与教育打成一片。欧美诸国现正患不能达此目的,已积极设法联合进行,结果如何,已成今日世界最大问题,盖二者同时并进,收效乃大,偏重于任何方面,皆非职业教育前途之福。(4)出路问题,亦甚重要。各工业机关办学校,其目的在收用毕业生为职员,于是出路不生问题,此种办法最好。(5)职业教育与文化教育。此次世界教育会议中职业教育组,职业教育与文化教育争得不了,鄙人乃报告中国职业教育与文化教育是调和的,二者并行的,各国代表多表同情。(6)职业学校要打破课程制,有试验精神,与职业修养工夫,……并且要有专业精神,中国专门教育家太少,中华职校向来注重试验,今后应更进一步实行;至于乡村教育,欧美也甚发达;并望本社同人努力于职业指导,将来定有好结果。①

9月20日,写成《参观欧美职业学校与其专家讨论职业教育问题后之感想》一文。文中对欧美职业教育发达国家就"关于普通的职业教育问题"和"关于专门的职业教育问题"作了具体介绍,并就中华职业教育社的事业问题作了分析。

———————

① 《职教社校联欢会欢迎张伯苓、刘湛恩记》,《申报》1929年9月18日,第10版。

按：10月1日，该文在《教育与职业》第108期刊出。

9月22日，在《申报》上发表《出席世界教育会议与欧美职业教育之鸟瞰》：

世界教育会议于七月二十五日在瑞士日内瓦国际联盟会事务所所在地开会，共到四十八国，出席代表一千五百二十余人，每日除举行大会及讲演以外，分十九组讨论问题，各组问题，以力谋世界和平文化进展为目标，中以公民教育、农村教育、职业教育、文盲教育各组尤为重要。职业教育组，出席者有五十五人，欧美各国及中国、日本暨南洋各邦，均有代表参加，湛恩列席时，曾报告我国职业教育之最近状况，及中华职业教育社所办之工作，极为列席各国代表所注意，东欧及印度各国，并拟仿照我国办法，组织职业教育社及职业指导机关。本组讨论问题至多，关于文化教育与实用教育之争点，辩论甚详，湛恩告以广义之职业教育，已将文雅教育与职业教育打成一片，职业教育非复仅以解决生计便认为满足，我国之实施职业教育者，同时均注意于公民教育，即其明证，颇荷各代表所采纳。至手工教育之价值，女子职业之讨论，亦极重要而有趣味。此行除出席会议外，辄参观各国教育，与其专家讨论职业教育问题，所得感想至多，略述大概。

（一）职业观念之平等

欧美教育之发达，于其职业平等观念之发达，即可知之。欧美各国之教育，以注重发展个性与服务社会为主旨，以故对于职业认为人类在社会应有之工作，无所谓高下尊卑，美国前总统柯立芝之子，现在铁路服务，此外政府官吏实业巨子，问其子女之职业，均以躬亲劳作、出入工厂为常事；英国政治竞争，工党竟占胜利，即其明证。欧美职业与教育同臻发达，亦由于此。至于欧东各国，如奥塞芬兰土耳其以及埃及印度各国，其青年多有"领袖欲"，多倾向于做官观念，只知自便私图，恰与我国青年之做官欲望相似。在世界教育会议中，与各代表谈及此点，认为职业阶级观念一日不打破，此后青年必难泯、除轻视职业之心理，此职业训练与公民训练之重要，所以公认为会中切要之问题也。

（二）新职业之勃兴

欧美各国，以最新科学方法改良旧职业，发明新职业，日新月异，即与前三年湛恩在外参观时比较，已迥乎不同，所有旧时之手工业，莫不代以机器，而效率之增进，又出人意外；工商业人才以均受过科学之洗礼，其手脑之工作，更非东方人望尘莫及。最新职业，如航空、无线电以及衣食住行上之新器物，几无日不在改进之中。反视我国科学尚在幼稚时期，事事落后，言之滋愧。

（三）殖民事业之锐进

欧美各国最近各业，俱患人满，以故失业问题，极为紧张。一般教育家谈到职业指导，几有无业可指之痛苦，故全国上下，急思发现新市场，并推广殖民地，竭力奖励南北极探险，并海外移民，开辟国民之新生路。美以富甲天下闻于世界，亦积极努力发展殖民事业；反视我国各业，憔悴困顿，都乏振刷精神，殖边事业，尚未积极进行，办理职业指导，益感困难。

（四）先发达职业而后普遍教育

欧美各国，实施职业教育，既得职业界极大之帮助，又感学校毕业人才之适用，以故职业教育之推行，如水之就下，极感便利，盖欧美诸邦，先发展职业，而后办理职业学校。如农村之十分发达，农民之需要教育极殷，于是设立农村学校，自然易得农人之信仰；我国则欲设立职业学校以发达职业，进行自感困难。鄙意目下应鼓励企业家延揽各项专家，先发展各种工业，一面办理专业训练机关，养成必需之技术人才，如有学识经验兼长之工头之类。如果各种实业发展，以后职业教育之实施，当然可以事半功倍。

（五）教育与职业之合一

职业界与教育界之沟通，为世界教育家一致之论调，盖教育与职业，如果呼成一气，合作进行，效力当然甚巨。欧美诸国，能实行此主义者必成功，否则必失败。我国在此过渡时代，更应积极联络，设法沟通。一面劝导职业界均设专业学校，以期造就专材，如美国汽车大王福特，于工厂内设立福特专门学校以应需要。我国今日各业，亦不乏自办学校，如上海银行之传习所，实为最良方法；一面鼓励职业界合办职业学校，如瑞士钟表业联合办钟表学校，丹麦合作业合办合作社人员养成所，均为扩张职业教育上应有之工作。

（六）手脑并重之训练

欧美教育家，对于文化教育与职业教育之争辩，虽未止息，但此次会议以后，或有统一之希望，以后之趋势，职业学校，应多添文化课程，普通学校，亦应有实用学理，及注重工业陶冶。欧美教育家中有"进步教育派"一般人物，主张手脑并重，头心手同时训练，所谓大职业教育主义者，庶几近之，故学校中对于职业陶冶、手工教育特别注意，而普通学校课程之职业化，亦已有此种倾向之表示。

（七）试验精神

各国教育家，对于职业教育不以现状为满足，故皆积极从事试验，以求改进，此种不厌不倦之精神，在英德又到处表现，可敬可佩，吾国此后似应多办各种试验学校。

（八）课程与教学法之改进

欧美职业教育之改进，最近尤为努力，如美国普通职业学校，均已减少理论，增多实习；德之徒弟补习学校，注重公民训练，并力求理论之能用于实际。至教学方法，美国大概注重设计教学法，"教学做"同时进行，并有采用工学及商学合作制，如生生提拉之工业学院，采用半工半读制；瑞典建筑工程学校学生，以大半时间与工作师，在各地实行工作，于各季闲暇时，研究学理。

（九）职业指导之趋势

美国多注重学校的指导，欧洲多注重社会的工人之救济。美国之方法多注重职业智识，以便发现个性之特长；欧洲多用机械测验，以供职业选择之参考。至于应用智力测验，以作职业指导之参考者亦颇发达，惟均以纯恃测验，不免偏于机械性质，此亦一大可研究之一问题也。

（十）农村教育之注意

（1）美国乡村学校，多采取联合制，以汽车轮送儿童，我国不易办到；但其西北部省立大学之扩充教育部，对于农村文化事业，积极提倡，我国似又酌量仿行。私人团体所组织之 Charlogsbgcuu 颇似我国通俗演讲团，亦可仿行。（2）丹麦除合作运动著名外，于冬季多举行高等民众学校，People's High School 多由私人创办，政府予以津贴。（3）芬兰国在乡村中组织"马大会"，即家庭工艺俱乐部，以提倡家庭工艺，为农人之副业。（4）印度乡村，多有组织合作借贷社，以轻利贷款于社员，使之经营农业，但所有社员，必须继续求学。我国以农立国，农业教育之重要，既为国人所公认，此后似应以科学方法，灌输于一般农民脑筋中，而后农业方有改进之望。①

按：9 月 30 日，该文又在《湖南教育》第 11 期上刊登。

10 月 10 日，上午九时，中华职业教育社举行国庆纪念庆祝大会，80 余人出席，由江恒源任主席。在会上，刘湛恩报告了此次赴欧美之感想。

10 月 14 日，由教育部组织的全国教育方案编制委员会开会编制《改进全国教育方案》，决议分初等教育组、中等教育组、高等教育组、义务教育组、党义教育组、社会教育组、成年补习教育组、师范教育组、教育行政组、蒙藏教育组、华侨教育组共十一个组进行起草，刘湛恩和陈泮藻、汤茂如、傅若愚、朱懋澄、高阳被聘为社会教育组委员，该组主任是陈剑脩。

按：全国教育方案编制委员会组织后，经十数次开会讨论，于 1930 年 3 月编制完成《改进全国教育方案》，该"方案"计分十章：实

---

① 刘湛恩：《出席世界教育会议与欧美职业教育之鸟瞰》，《申报》1929 年 9 月 22 日，第 11 版。

施义务教育计划，实施成年补习教育计划，筹设各级各种师资训练机关计划，改进初等教育计划，改进中等教育计划，改进高等教育计划，改进社会教育计划，改进并发展华侨教育计划，实施蒙藏教育计划，确定教育经费计划及各方案经费概算。在是年 4 月 15 日至 23 日召开的第二次全国教育会议上修正通过。

10 月 27 日，在《生活》第 4 卷第 48 期上发表《最近旅行欧美的感想》一文。文中提出中国落后的病源在于"穷""私""愚""弱""乱"，为此提出要"提倡实业教育，栽植企业人材"；"提倡公民教育，实行一般人民的人格训练"；"提倡体育，注重卫生"等等建议。①

按：1932 年 6 月，由《生活》周刊社编辑、上海生活书店出版的《深刻的印象》一书，也收入刘湛恩《最近旅行欧美的感想》一文。

10 月，由马崇淦编辑的《学生指南》一书由上海勤奋书局出版，该书由蔡元培题写书名，并题词："诚可谓爱学生以德，而成学生之美者也。"全书分上、下卷，共收有刘湛恩的《职业指南》和欧元怀《大学生指南》、廖世承《中学生指南》、贾观仁《女学生指南》、郑洪年《华侨学生指南》、朱少屏《出洋学生指南》、胡叔异《师范学生指南》、江恒源《职业教育指南》、王琎《科学指南》、高阳《民众教育指南》、杨卫玉《升学指南》等文章 30 余篇。刘湛恩在《职业指南》一文中，就"职业的意义""职业的分类""青年失业和没有正当职业的现状""青年和职业指导"及"青年的通病"等问题作了论述。

11 月 8 日，中华职业教育社召集职业教育专家于江湾立达学园组织职业教育讨论会，刘湛恩和潘文安、杨卫玉等 10 余人与会，会议议决了《职业学校学生修养标准》和《推广职业教育科目办法》。

11 月 11 日，应邀到江苏省立民众教育院讲演《成人教育》。

11 月 18 日，下午三时，沪江大学沪东公社因社址狭隘，决定扩

---

① 刘湛恩：《最近旅行欧美的感想》，《生活》第 4 卷第 48 期，1929 年 10 月 27 日。

充，特在社内举行募捐开幕礼，刘湛恩、潘公展、钱振亚等出席。会上，刘湛恩作了演说。

11月19日，晚八时，工商部驻沪办事处处长赵晋卿在上海银行公会设宴欢迎出席第三届太平洋国交讨论会的中国代表团，余日章、刘湛恩及来自美国、加拿大的代表共20余人出席。会上，中国代表团主席余日章报告了出席会议的经过。

11月24日，下午二时，暨南新村村委员会在上海市江西路潘序伦会计师事务所内，召集村友大会，刘湛恩、潘序伦、蒋维乔、任鸿隽、胡朴安、张轶欧、汪伯轩、张颂周、王云五等70余人出席。

11月28日，应交通大学之邀，在该校演讲《欧游感想》，演讲由该校副校长黎照寰主持。讲演中，刘湛恩总结了"中国的优点"：地大、物博、人多，同时，也提出了"中国的缺点"：穷、愚、弱、乱、私。

按：11月30日，刘湛恩演讲词以《旅行欧美之种种感想》为名在《交大三日刊》第18号上刊登。

12月初，致函岭南大学副校长李应林：

应林吾兄大鉴：日昨接奉大柬，欣悉贵校举行建校康乐二十五周年纪念典礼，恩以远道未能躬贺，敬祝发扬学术，培植人才，远大成功，益增灿烂。特函奉布，敬希惠察。顺颂

筹祺

弟　刘湛恩谨启①

按：岭南大学将于12月6、7两日举行庆祝建校康乐25周年纪念盛会。

12月3日，致各地浸礼会函：

---

① 《私立岭南大学校报》第1卷第40期，1929年12月16日。

全国浸礼宗教会诸弟兄姊妹台鉴：敬启者，恩自去岁受本校校董会之委托，谬肩重任，倏已年余，缱短汲深，时虞陨越，幸在我主指导之下，切要进展，如立案、如建筑新图书馆等，均得次第实现。本年春季，恩因校事远涉重洋，专诚赴美，历访南北美浸礼宗差会，讲演接洽，相见欢然，殆无虚日。美国各地教会对于我国之教会事业，极表同情，并嘱返国后分别致其殷勤。是皆我浸会历年努力工作，成绩照（昭）著，故能得海外同工、同声之应，宠及行人，殊为欣悦。既恩复由美赴英，顺道赴世界教育会议，在伦敦遇世界浸礼会主任干事罗仕博博士，言及我国教会设施，拟于一九三一年来华游历，届时必有相当建议匡助我国人士。惟恩窃有进言者：国内各教会多有全国之组织，我浸礼宗犹待绸缪，似应急起直追，联合各地浸礼会，互举代表，择定适宜地点，招集全国大会议，厚集群力，声气互通，以发展布道工作，并当参加世界浸礼宗联合会，期求时获借镜，庶圣道因我努力，益显光明，而社会亦蒙无疆之庥。刍荛之献，还祈采纳。至沪大为我浸会之最高学府，人才消长，关系至巨，尚希时加鞭策，俾知奋勉，为幸良多。专肃布臆，敬请铎安。

刘湛恩谨启

民国十八年十二月三日①

12 月 6 日，应教育部全国教育方案编制委员会之邀，刘湛恩和潘文安草拟了《中学职业指导方案》，本日送教育部。"方案"对职业指导的意义、指导选择职业的方法、中学职业指导的重要性和方法作了分析说明。其中曰：职业指导乃是"根据青年之特性、兴趣、志愿、环境，应用心理学、社会学、哲学等等科学的解剖，指导青年选择、预备实际及从事于适当之职业，并继续考察服务时之状况，予以长时间之指

---

① 《沪江大学校长刘湛恩博士致各地浸礼会函》，《真光杂志》第 28 卷第 12 期，1929 年 12 月 15 日。

导"；指导选择职业时必须注意：个性的差异、兴趣的深浅、环境的需求，明了社会上各种职业内容的大概，须有试验的态度和充分的准备，须有继续不断的精神。中学职业指导的方法包括：组织职业指导委员会、个别谈话、置备考查表、参观各种职业、联络家庭、专家讲演、升学指导、教材之联络、特设职业指导课程、职业调查、职业修养、介绍毕业生服务、服务指导、女子职业指导、填《择业自审表》、举行智力测验、设立各项委员会等。其中，特别认为"中学生升学就业，其有赖于职业指导之工作，俾矫正其观念，补助其阙失，尤为今日办中学教育者当务之急"。[①]

12 月 10 日，《申报》刊登刘湛恩和潘文安的《中学职业指导方案》一文。

按：1930 年 4 月 1 日，该文在《教育与职业》第 113 期再次刊出。

12 月 14 日，下午，出席圣约翰大学建校五十周年纪念活动。

12 月 25 日，陪同美国著名教育家马丁博士参观上海市教育局、中华职业教育社、上海职业指导所等，并举行谈话会。

12 月 29 日，陪同何东爵士的女公子何艾生参观上海市教育局、中华职业教育社、上海职业指导所、沪东公社等。本日，何艾生在沪江大学讲演。

1930 年（民国十九年 庚午） 三十四岁

1 月 1 日，在《上海教育》第 8 期上发表《世界教育会议报告》：

本年春间，恩因校事赴美，顺便调查欧美教育，并唧（衔）中华职业教育社及中华教育改进社使命，代表出席日内瓦世界教育大会，于三月二十九日放洋，迄今秋会毕归沪。虽奔驰半载，走马看花，毫无心

---

① 刘湛恩、潘文安：《中学职业指导方案》，《教育与职业》第 113 期，1930 年 4 月 1 日。

得，而大会情形，实关心教育者所注意。爰就经历，略为敷陈，并附管见，幸赐教焉。

一、缘起世界教育会乃各国教育会联合组织而成，我国会员为中华职业教育社及中华教育改进社两团体。该会每二年举行会议一次，第一次在美之旧金山，第二次在英国之爱丁堡，第三次在加拿大之投让士。本届为第四次，于本年七月二十五日至八月四日止，在瑞士日内瓦国际联盟会事务所所在地，会期十天。

二、宗旨　以教育事业提倡世界和平。

三、代表人数　本届共一千五百余人，代表四十八国。我国出席代表为张伯苓、何尚平、郭秉文、何艾龄、高士英、葛益炽、严鹤龄、韩玉珊、陈荣捷、杨为桢、夏奇峰、刘湛恩。

四、分组讨论　每日除举行大会议及演讲外，共分十九组讨论，问题如下：（一）家庭与学校，（二）卫生教育，（三）职业教育，（四）教育研究团体，（五）国际亲善（普通的），（六）训练教员，（七）国际亲善（学校的），（八）特殊儿童教育，（九）乡村教育，（十）婴儿教育，（十一）教育与适应环境，（十二）教育与出版事业，（十三）国际图书馆事业，（十四）由学校以至劳工，（十五）小学教育，（十六）中等教育，（十七）高等教育，（十八）成人教育，（十九）文盲问题。

五、议案　各组议决案共二百余件。其大旨均以战争为人类大患，应以各种教育方法，提倡世界和平，永弭战祸。至我国代表团于各组之提案，大意如下：（一）中国最爱和平，对于利用教育提倡世界和平极表赞同。（二）但中国为力求和平应先革除和平之障碍，其最重要者，如（甲）领事裁判权及其他不平等条约，（乙）列强各国教育家应极力提倡废除对于我国不平等待遇，树世界和平之基础。除上述提案外，我国湖南教育厅直接寄来大会议案二件，（一）禁止应用科学制一切杀人利器，（二）世界各国中学校历史课程，须注重世界史。以上我国代表团提出意见，各国代表对之均大致赞成，并决议各于返国后，尽力宣传，俾世界和平早日实现。

六、展览会　会场楼上有大规模之教育展览，图表仪器，琳琅满目，美不胜收，与会各国，均有相当陈列，惟我国独付缺如。下届开会，似应及早注意，预为之备，毋使他人占美。

七、感想（甲）外国对于我国之感想，经同人之解释，各国代表多明瞭我国之革命乃求民族之自由平等。列强非废除其侵略政策，并取消一切不平等条约及领事裁判权，远东和平未易实现；并深悉我国注重教育事业，虽在革命过程中，未尝中辍，且积极进行。（乙）余个人所得之感想：（一）各国教育家既努力倡导和平，环顾我国境内，尚未完全达到此目的。惟愿国民从速打破家族观念、封建思想，恢复国权，建设新中国，以谋中国和平者，谋举世和平，而全国一致积极提倡三民主义化公民教育：盖此乃期求世界和平惟一途径。（二）各国农工商业发明进步，莫不日新月异，反顾我国，百业退化，事事落伍，当此世界经济战争日烈，较枪炮尤为利害，我人亟应猛省，赶快努力提倡职业教育、职业指导，打破升官发财等思想，实行职业平等，发展各种企业，以谋全国民众福利。（三）文明各国，文盲甚少，惟我国有百分之八十以上人民不识字，是诚我开化最早大中华之奇耻大辱。近来国民感受不识字之痛苦，知识字之重要，惟在设法提倡民众教育，余甚希望将来日益发达，庶不识字人日少，国民知识日高，物质文明都有进步。（四）各国咸以教育为发展个性、改造社会之利器，但对于现行方法，皆有不满意处，故努力提倡实验学校，以辟新途径。时代情形有不同，教育历程亦有不同，此种主张，极有见地。我国办学数十年，非无成效可睹，但应努力实验新方法，以适合国情。（五）近来我国大学林立，足见国民对于人才教育之注意，顾察阅欧美著名大学之设备完美及教员之专业精神，终觉我一切简陋，不如实多；闭门造车，难期合辙，是在努力取人之长，补我之短，处处借镜，多办名实相符之大学。①

1月6日，下午二时，上海各大学联合会举行1929年度会员大会，共有13所学校的代表与会，会议通过了修改组织大纲及组织各种研究委员会的议案；晚七时，举行聚餐，刘湛恩、胡庶华、褚辅成、廖世承、褚民谊、沈钧儒、鲁继曾等五、六十人参加，席间，讨论了教育改进问题。

1月11日，晚八时，上海青年会举行公开党义竞赛决赛，刘湛恩和潘公展等担任评判。

1月20日，上海职业指导所举行指导顾问会议，刘湛恩和欧元怀、郑通和、廖世承、陈选善、董任坚、邹秉文、何炳松、朱少屏、赵师复、江恒源、杨卫玉、潘序伦、周开森、潘文安、沈亦珍等出席，并任会议主席。

1月22日，刘湛恩和李登辉、朱成章、邝富灼被增添为外交部外交讨论委员会委员。

2月7日，下午三时，外交部长王正廷召集外交讨论委员会全体委员在上海霞飞路该会办公处开会讨论外交方针，刘湛恩参加。

2月7日，下午六时，外交讨论委员会在该会办公处召开本年度第一次常会，刘湛恩和李登辉、刘鸿生、汪伯奇、朱成章、贝祖诒、邝富灼、史量才、林康侯、虞洽卿、王晓籁、赵晋卿等17人出席，公推史量才任主席。会议讨论修改了该会章程。

2月9日，刘湛恩和江恒源、胡庶华、高阳、廖世承、赵师复、陈选善、沈恩孚、邹韬奋、黄炎培、潘吟阁、雷沛鸿、黄竹铭、顾树森等计34人于嘉定南翔参加中华职业教育社第四次专家会议，并和廖世承、顾树森被推为主席团成员。在会上，刘湛恩、杨卫玉、廖世承、高阳、陈选善、顾树森、雷沛鸿、胡庶华发表意见。刘湛恩说：中国现在状

---

① 刘湛恩：《世界教育会议报告》，《上海教育》第8期，1930年1月1日。

况，第一病在不能认识职业两字，第二缺乏专业精神；可借鉴美国以效能专家指导各业以增进效能的做法，进行试办；沪江大学可以仿行欧美国家"学生自助"的办法，实行半工半读。会议讨论了《应否并怎样施行精神训练案》，议决改为《职业教育上精神训练的标准和方法案》；关于职业指导问题，议决：以沪江大学职业学校"自助生"办法，报告各学校，请其仿办，并提倡筹设夜大学；由上海职业指导所聘请各大学教授组织分科职业指导委员会；职业指导仍当提倡测验，先局部试验有得，再贡献于社会。

2月11日，致信祝贺上海市银行举行开幕典礼：

敬启者：接奉台柬。欣悉二月十七日贵行举行开幕典礼，从此发展市民经济，调济全沪金融，利及民生，百业攸赖，他日成功，当无限量。敬先奉贺。维希惠察。敬颂

筹祺！

刘湛恩

二月十一日①

2月18日，上午十时，沪江大学开会欢迎该校前副校长李锦纶。会上，李锦纶作了演讲，希望同学们在刘湛恩校长的指导之下，努力学业，期能学成致用。

按：李锦纶为中国驻墨西哥公使，新被国民政府任命为外交部次长，2月17日晨，搭"约翰生"号抵沪。

2月21日，外交部长王正廷在其私寓内宴请新任外交部次长李锦纶，刘湛恩夫妇和陈世光、刘云舫等应邀作陪。

2月22日，刘湛恩和吴稚晖、吴雷川、李权时、史维焕、汪懋祖、孟宪承、俞庆棠、马寅初、陶玄、陈鹤琴、陶行知、孙贵定、张伯苓、

① 《沪江大学校长刘湛恩关于上海市银行开幕典礼的祝贺信》，上海市档案馆藏，档案号：Q61－1－3－42。

廖世承、俞子夷、庄泽宣、汤茂如、杨杏佛、赵元任、欧元怀、卫挺生、谭熙鸿、戴修骏共24人被教育部遴聘为第二次全国教育会议专家。

2月，在《民众教育季刊》1卷1期上发表《注音识字运动》一文。

3月3日，和张亦镜、鲍哲庆以中华基督教全国浸礼教会联合会筹备委员会筹备委员的名义，发布"启事"：

中华浸礼宗教会诸位同道公鉴：二月八日，美华浸会书局在沪举行年会，到会各地代表共二十三人，金以团结全国浸礼教会，事至切要，爰于散会后，另再召集会议讨论办法。议决一案，文曰：同人等代表浸礼教会及美华浸会书局之董事职员等人，对于组织全国浸礼教会联合会事，均表赞同，请刘湛恩、鲍哲庆、张亦镜三君，从速进行，与各省议会及其他浸礼教会或浸会机关分头接洽，请派遣代表共商办法，以期全国浸礼教会联合会，早日正式成立。当时并由各代表签字，以昭郑重。湛恩等被委为筹备委员，受命之余，即召集会议，商议进行步骤，并设筹备处于杭州新民路一三三号浙沪浸礼议会办公处内。然湛恩等自维才浅识薄，虽竭棉力，仍恐事倍功半。还希各处同道，不吝珠玉，时锡教言，以匡不逮，不胜翘企之至。嵩此布闻，统希垂鉴。

筹备委员　刘湛恩　张亦镜　鲍哲庆　仝启
三月三日①

3月12日，上午九时，上海市执委会召集民众在河南路举行纪念孙中山逝世五周年纪念大会，国民党上海市各级党部、各团体、各机关和各学校等千余人参加，刘湛恩和潘公展、曾义等出席并演说。

3月12日，代表中华职业教育社出席各机关团体国际招待会招待德国实业考察团。

① 《中华基督教全国浸礼教会联合会筹备委员会启事》，《真光杂志》第29卷第3号，1930年3月15日。

3月15日，午后，上海市市长张群、外交部驻沪办事处处长陈世光、工商部驻沪办事处处长赵晋卿及全国商会会长林康侯，在上海海格路543号雪园举行盛大茶话会，欢迎为发展中加商务来华视察的驻日加拿大公使玛勒夫妇，刘湛恩、任光宇、陈希曾、俞鸿钧、刘云舫、郭标、邹秉文、李登辉、王晓籁、叶惠钧等应邀和玛勒夫妇共数百人出席。

3月18日，下午，应国立劳动大学之邀，讲演《公民教育与职业教育》。演讲中，刘湛恩主张，要解决中国的"穷""愚""弱"三大问题，"最应提倡公民教育、职业教育"。就公民教育言，要实施家庭的、学校的、社会的公民教育；就职业教育言，则应发展农业教育、工业教育和商业教育。①

3月19日，率学人六人到中华职业教育社参观，由潘文安指导一切。

3月26日，晚，上海青年会举行第三十届年会，刘湛恩和颜福庆、徐可陞、寿毅成等7人被选为董事。

3月29日，上午九时，上海市执委会在国民党上海市党部大礼堂举行黄花岗七十二烈士殉国十九周年纪念大会，国民党上海市各级党部、各机关、各团体、各学校、各工会等代表千余人参加，刘湛恩和潘公展、王延松、杨清源、张群等出席。

4月12日，代表上海职业指导所出席各机关团体招待会招待德国实业考察团。

4月15日，上午，至南京，参加第二次全国教育会议。下午，会议在南京开幕，出席人员有：刘湛恩、陈鹤琴、史维焕、萧文熙、李石曾、张默君、杨振声、马寅初、顾树森、朱经农、雷沛鸿、陈布雷、吴稚晖、汪懋祖、孟宪承、俞子夷、俞庆棠、庄泽宣、廖世承、杨杏佛、

① 刘湛恩：《公民教育与职业教育》，《劳大周刊》第3卷第6、7期合刊，1930年4月12日。

汤茂如、卫挺生、陶玄、欧元怀、谭熙鸿、郑洪年、陆殿扬、李登辉、俞庆棠、许寿裳、胡庶华、钟荣光、金曾澄等，共 92 人，其中，刘湛恩和孟宪承、陶行知、陈鹤琴、赵元任、廖世承、杨杏佛、欧元怀、张伯苓、庄泽宣、卫挺生、谭熙鸿等作为教育部遴聘专家出席。

4 月 15 日，刘湛恩和李蒸、顾树森、俞庆棠、汤茂如、雷沛鸿、陈剑脩、宋德濂、蒋笈、孙作肃、吴稚晖、钟灵秀、宋禀恭、陈和铣等列于第二次全国教育会议成年补习教育组，由俞庆棠任主任。

4 月 15 日，和张亦镜、鲍哲庆发表《一封致全国基督教浸礼宗的重要信函》：

各地浸礼会年议会暨浸礼会机关诸君公鉴：谨启者，溯自浸礼宗传入我国，宣扬教义，迄今已近百年，各地浸宗教会次第成立，亦有数十年之历史，各省虽有局部团结，而全国联合之组织，尚付阙如，深以为憾。近今各地中西领袖有鉴于此，爰于二月八日美华浸会印书局在沪举行年会时，由各地出席代表召集会议，议决发起组织全国浸礼教会联合会，并委张、刘、鲍三人为筹备委员，设筹备处于杭州新民路一三三号。兹经筹备委员会议，决定于本年十月间在沪召集第一次全国浸礼会代表大会，凡我浸宗之年议会，得派代表四人，全国机关得派二人，代表资格不拘中西男女，往来川资，由各教会或机关自备，在沪集会时，一切招待事宜，则概由敝委员会负责。然兹事体大，同人等自维才浅识薄，深虞陨越，除虔心祈祷求神灵之启示外，用特布达，敬祈赐教，并请于贵会大会中，提出报告。倘蒙赞许，还希惠示好音，不胜翘企之至。尚肃祗颂道祺，诸维霭照不宣。

中华基督教全国浸礼教会联合会筹备委员 刘湛恩 张亦镜 鲍哲庆 仝启[①]

[①] 《一封致全国基督教浸礼宗的重要信函》，《真光杂志》第 29 卷第 4 号，1930 年 4 月 15 日。

4月16日，上午九时，刘湛恩和蒋梦麟、周鲠生、陈布雷、杨振声、蔡元培、杨杏佛、胡庶华、陈鹤琴、黄建中、谭熙鸿、张默君、钟荣光、廖世承、俞子夷、顾树森、欧元怀、俞庆棠、朱经农、郑洪年、李蒸、庄泽宣等共91人出席第二次全国教育会议第一次大会。

4月16日，下午二时至六时，刘湛恩和吴稚晖、李蒸、雷沛鸿、汤茂如、陈剑翛、顾树森、俞庆棠、钟灵秀、孙作肃参加第二次全国教育会议成年补习教育组审查会议。

4月17日，上午九时，刘湛恩和蔡元培、雷沛鸿、端木恺、俞庆棠、蒋笈、汤茂如、陈和铣等参加第二次全国教育会议社会教育组第一次审查会。

4月17日，下午二时，刘湛恩和蔡元培、杨振声、王汝翼、李石曾、黄建中、何思源、黎照寰、陈鹤琴、郑洪年、雷沛鸿、金曾澄、李蒸、俞庆棠等参加第二次全国教育会议第二次大会。会上，刘湛恩和吴稚晖等提议《拟请教部在最短期内积极的提倡注音识字运动案》，主张在全国实施大规模注音字母运动，要求无论曾受教育与否，均须先学注音字母。

按：《拟请教部在最短期内积极的提倡注音识字运动案》：

理由：注音符号简而易学，费力少收效大，乃辅助识字最好的方法办法。

一、全国人民不论识字与不识字，都应一律采用注音符号；

二、注音符号专为国音而设，但于必要时，不妨附注土音，以利推行；

三、所有民众读物，都应加注音符号；

四、所有教育机关及民众教育团体应组织注音识字设计委员会，并委任专员负责推行。

提案人：敬恒、德徵、顾树森、刘湛恩、陈鹤琴、经农、曾澄、欧元怀、刘法曾、李权时、胡庶华、冯烈奎、陈荣锦、黄士衡、陈正谟、熊梦飞、蒋笈、孙世仁、俞庆棠、杨中明、王建中、翁德、陆殿扬、孙惠庆、杨振声、赵迺抟、李蒸、宋穫恭、曾广铭、何思源、曹雷、元培、煜瀛、和铣、陈剑翛、雷沛鸿等二十六人。①

4月17日，刘湛恩和蔡元培、杨杏佛、邵斐子、欧元怀、李权时、戴修骏、黄士衡、郭有守、黄建中等参加第二次全国教育会议高等教育组第二次审查会。

4月18日，上午八时半，刘湛恩和朱经农、陈和铣、陈剑翛、汪懋祖、孙贵定、陈鹤琴、陈布雷、廖世承、李权时、许守之、蒋笈、孙惠庆等赴小营操场参加中国童子军全国第一次大检阅。

4月19日，下午，刘湛恩和金曾澄、廖世承、雷沛鸿、李蒸、戴修骏、邵斐子、顾树森、侯鸿鉴、杨振声、蒋梦麟、汪懋祖、陈鹤琴、庄泽宣、汤茂如、钟荣光、许寿裳、张默君、陆殿扬、欧元怀、吴稚晖、杨杏佛、李权时、何思源、陶玄、朱经农、孟宪承、陈布雷、孙贵定等计90人出席第二次全国教育会议第三次大会。

4月21日，上午九时，刘湛恩和胡庶华、端木恺、谢树英、孙贵定、周鲠生、戴超、徐季杰、熊梦飞、黄建中、黄士衡、杨振声等出席第二次全国教育会议高等教育组第五次审查会。

4月21日，下午二时，出席第二次全国教育会议第四次大会。会议讨论通过了刘湛恩和吴稚晖、顾树森等提出的《拟请教部在最短期内积极的提倡注音识字运动案》。

4月21日，在第二次全国教育会议第四次大会上，刘湛恩就关于高中普通科和农工科设校的比率发言，并和欧元怀、许寿裳、汪懋祖、汤茂如、庄泽宣、俞庆棠、蒋立、孙作肃、陈鹤琴、金宝善、邱振中、徐季杰、侯鸿鉴等联合向大会提出《救济闽教育案》。

4月22日，上午，刘湛恩和朱经农、孙世仁、陆殿扬、钟荣光、

---

① 《注音识字案》，《申报》1930年4月19日，第17版。

赵春庆、陈布雷、孙惠庆、李蒸、郑洪年、蒋笈、孟宪承、侯鸿鉴、庄泽宣、戴超、雷沛鸿、陈剑翛、卫挺生、俞子夷、陈鹤琴、欧元怀、孙贵定、杨杏佛、许守之、李权时、廖世承、黄建中、蒋梦麟、顾树森、张鸿烈、刘法曾、许寿裳、汤茂如、汪懋祖、黎照寰、张默君、吴稚晖等计87人参加第二次全国教育会议第五次大会。

4月22日，在第二次全国教育会议高等教育组讨论中，刘湛恩就《提高大学及专科学校学生程度并谋毕业生出路办法》提议"加全国各大学应有职业指导"，将原文"职业访问所"改为"职业指导所"；对《整理私立大学及专科学校办法》提议，不应仅有整理私立大学和专科学校办法，应一视同仁，包括国立和省立大学；另外，对《充实国立大学办法》也提出了意见，认为"国立各大学应极力裁减职员，增加教员以专任为原则，并兼任教员不得超过总数三分之一，甲校教授同时复任乙校教授或重要职务者，须绝对禁止"。①

4月23日，上午，刘湛恩和胡庶华、孙贵定、金曾澄、黄士衡、陈布雷、徐季杰、陈鹤琴、黎照寰、朱经农、汪懋祖、邱振中、戴超、侯鸿鉴、顾树森、邵斐子、俞子夷、许寿裳、钟荣光、黄建中、张鸿烈、孟宪承、陆殿扬、金宝善、欧元怀、汤茂如、廖世承、李蒸、庄泽宣、陶玄、俞庆棠、杨杏佛等计88人出席第二次全国教育会议第六次大会。

4月23日，下午，出席第二次全国教育会议闭幕式。在闭幕式上，刘湛恩和黄建中、欧元怀、胡庶华、廖世承、郑洪年等提议在《改进高等教育计划》中，应于"筹设专科学校"之后增加"改进大学及专科学校训育办法"的临时提案，因为"培养为国家社会之健全品格"乃教育宗旨及其实施方针的重要内容，故大学和专门学校的目标，不可无训育标准；且"改进初等教育计划"已经有训育一节，"改进中等教育

---

① 《全国教育会议第八日》，《申报》1930年4月23日，第11版。

计划"也议决添列训育一项，高等教育也应相同。会议表决通过了该临时案。

按：在第二次全国教育会议期间，刘湛恩并和张默君、许寿裳、郑洪年、陈布雷、钟荣光、黄建中、汪懋祖、俞庆棠、胡庶华、廖世承、顾树森、陆殿扬等，临时动议《请教育部速编定学校适当之乐歌课本，以纠正青年思想发扬其志气，俾养成乐观的人生精神案》。

4月，为《日本研究》杂志题词："中日一衣带水，微论猜忌亲善真象何如，彼此关系，将来必更愈切。而近年日本政治经济科学文艺突飞猛进，并堪师法，我人为应付外交困难，固须了解日本而截人之长，补我之短，借镜邻封，尤应研究日本。"①

5月10日，下午六时，上海市教育局、沪江大学、暨南大学、交通大学、持志大学、大夏大学在上海东亚酒楼欢宴参加全国运动会的上海市选手，刘湛恩出席并致辞。在致辞中，刘湛恩说："去年参事世界教育会议，在归途中与同行者讨论，中国之病有五：一弱，二穷，三愚，四懒，五私，而最要为弱。诸位已成体育家，希望能努力提倡，使国人皆鉴于诸君之强，而知体育之应注意，此其一；体育与道德有关，此点亦应注意者也。"②

5月19日，在浙江省举行的识字运动宣传周中就识字教育发表演讲。在演讲中提出"民主国家的国民应该明白公民的义务、公民的责任，要明白这种义务和责任，不得不做基本的识字工作"。③

按：该演讲稿又以《消除文盲以雪国耻》收入浙江省识字运动宣传委员会编印的《十八年度浙江省识字运动年报》中。

5月22日，晚七时，上海职业指导所举行职业指导顾问会议，刘湛恩、何炳松、钱新之、李权时、倪文亚、廖世承、陈选善、沈公健、

① 《刘湛恩先生日本研究谈》，《日本研究》第1卷第4号，1930年4月。
② 《市教局及五大学欢宴全运会沪选手》，《申报》1930年5月11日，第11版。
③ 《刘湛恩先生演讲》，《浙江教育行政周刊》第38期，1930年5月24日。

邹秉文、陈鹤琴、潘序伦、杨卫玉、江恒源、潘文安等出席，由江恒源任主席。会上，刘湛恩报告了国内职业指导的最近状况。

5月26日，下午四时，工商部部长孔祥熙在上海银行公会俱乐部召集沪上实业家、经济学家等举行茶会，讨论组织中国工商管理协会，刘湛恩、穆藕初、李权时、胡庶华、童季通、徐佩琨、王延松、钱新之、王一亭、李宣龚、杨杏佛、陆费逵、贝祖诒、赵晋卿、徐寄庼、叶惠钧、邹秉文、方椒伯、江恒源、潘文安等出席。会上，刘湛恩和潘公展、童季通、穆藕初、潘序伦、徐寄庼、刘鸿生、杨杏佛、徐佩琨、李权时、陆费逵等共29人被推举为筹备委员。

5月28日，上海公共租界工部局举行董事会议，聘请刘湛恩、欧元怀为本局教育处华委员。

6月2日，下午四时，工商部部长孔祥熙邀请中国工商管理协会筹备委员在银行公会俱乐部举行第一次筹备委员会议，刘湛恩、荣宗敬、刘鸿生、夏鹏、陆费逵、潘序伦、穆藕初、童季通、杨杏佛、胡庶华、徐佩琨、徐寄庼、邹秉文、李权时等出席，由穆藕初任主席。会议公决将"中国工商管理协会"改名为"中国科学管理协会"，以期唤起社会对于科学管理化及合理化的重要性的认识，并议决6月29日举行成立大会。

6月5日，晚七时，东方文化学会为联络各界感情，预备将来讨论东方文化问题，交换意见，在上海梵王宫大厅举行公宴，刘湛恩和王一亭、蔡元培、杨杏佛、李登辉、胡庶华、何尚平、朱少屏等数十人出席。

6月11日，蔡元培复函刘湛恩：

湛恩先生大鉴：

手书诵悉。廿一日莅贵校演讲，至深欣幸。其题目拟用《大学生当于假期中尽力民众教育》。此题前曾面告，承询，再奉闻，希察照。

复颂

台绥

蔡元培敬启　六月十一日①

6月14日，在《学海周刊》第2期上发表《我们对于爱国运动应取的态度》：

（一）要积极的，非消极的。（二）要建设的，非破坏的。（三）要负责的，非旁观的。（四）要乐观的，非悲观的。（五）要团结的，非涣散的。（六）要实行的，非空谈的。（七）要持久的，非五分钟的。（八）要始终如一的，非虎头蛇尾的。（九）要知行合一的，非口是心非的。（十）要大公无我的，非假公济私的。②

6月15日，下午三时三十分，刘湛恩和胡端行、樊正康、金通尹、章益等出席在新新酒楼举行的上海各大学联合会第三届第二次大会。会议议决了《各校校历问题案》《专任教员兼课问题案》《世界著名学者及文化团体过沪时本会应如何招待案》等。

6月18日，上海公共租界工部局教育委员会成立，刘湛恩和欧元怀、袁履登、林康侯任中国委员。

6月19日，下午，上海各大学联合会在新新酒楼举行本学期全体大会；晚，举行会员聚餐，席间，刘湛恩演讲《此次游历欧美考察教育之种种感想》。

6月28日，上午九时，江苏省立上海中学校举行毕业典礼，刘湛恩和蔡元培、张乃燕、欧元怀、江恒源、何炳松等莅临。

按：本届共毕业学生127人。

6月28日，下午六时，中国工商管理协会举行中国科学管理协会筹备大会，刘鸿生、陆费逵、潘序伦等与会。会议议决将刘湛恩、胡庶

① 中国蔡元培研究会编：《蔡元培全集》（第十二卷），浙江教育出版社1998年版，第188页。
② 《我们对于爱国运动应取的态度》，《学海周刊》第2期，1930年6月14日。

华提议的"请将本会会名定为中国科学管理协会"一件提交大会决定；修正、议决、通过了《筹备经过报告书》。

6月29日，下午二时，中国科学管理协会成立大会于在上海香港路银行公会举行，会议讨论通过了《中国科学管理协会章程草案》，选举孔祥熙、穆藕初、刘鸿生、潘序伦、杨杏佛、胡庶华、陆费逵、李权时、荣宗敬、王云五、潘公展等共15人为理事。

6月，和潘文安编辑的《升学指南》一书由中华职业教育社上海职业指导所印行出版，该书由蔡元培题写书名，江恒源作序，其中收有刘湛恩和潘文安合写的《青年升学问题的一得》一文，文章首先认为，升学是人生一件大事，"应该知己知彼，出以审慎。知己，则当知个人的智力、才能、兴趣何如？知彼，则当知社会的趋势、职业的内容，和学校的真相"，而"尤应注意现社会的职业大概"。其次，就学习各业的条件提出了自己的看法。认为，学农，要"眼光远大"，"能耐劳"，"淡于名利"，"宁静爱好自然"；学工，"须具精密的思想"，"须养成不怕污秽的习惯"，"须对事忠实"，"须有坚忍的力量"；学商，要有"敏捷的手腕"，"信实的美德"，"流利的口才"，"谦和的态度"，"致密的思想"，"有秩序的行为"；学教育，要有"专业的信仰"，"坚定的志愿"，"勤恳的精神"，"不计酬报"，"用热烈的情感去爱好儿童"；学医，"应有慈祥和善的品性，不畏风雨晨昏的劳苦，不计报酬的美德，和胆大心细的精神"；学法律，"应有公正严明的态度，透彻明白的头脑，清晰流利的口才，廉洁纯粹的节操"；学经济，"应有致密谨慎的思想，研究不倦的精神，和统计调查的兴味"，学文学，"应有搜罗采集的精神，整理分析的工夫，和瑰奇伟大的胸襟，卓荦不群的思想"；学美术，"应有极优美的内性生活，极热烈的情感，极恬澹的襟怀，极高洁的思想"；学体育，"应有活泼的精神，强壮的体魄，富有丰富的内性生活，和伟大健全的人格，一气贯注的力量"。①

7月7日，中午，和廖世承、沈公健应中华职业教育社之邀，在功德林就餐。②

7月9日，上午九时，沪江大学附属中学童子军团计41人搭"长崎丸"赴日本神户、大阪、西京、东京、横滨等地旅行，临行前，刘湛恩亲致训词勉励，希望同学们离国后，务须随时注意修养锻炼，保持沪大新青年纪律精神。③

7月上旬，刘湛恩和杨杏佛、顾树森、欧元怀、廖世承、姜琦、钟道赞等被聘为上海市教育局筹设的暑期学校特别讲师。

按：本届暑期学校定于7月15日正式上课。

7月18日，下午三时，应上海市教育局暑期学校之邀，演讲《职业教育问题》。

7月18日，中华职业教育社选举评议员揭晓，刘湛恩和朱经农、蔡元培、王志莘、廖世承、顾树森、蒋梦麟、张嘉璈、胡庶华、何炳松当选。

7月20日，上午九时，中华职业教育社第十一届社员大会暨全国职业教育机关联合会第七届年会在上海华龙路法国小学举行，刘湛恩和李石曾、郑通和、高阳、胡庶华、汪懋祖、马相伯、蔡元培、顾树森、钮永建、杨杏佛、林康侯、徐佩璜、钱新之、何玉书、孙祖基等600余人与会，由蔡元培任主席。下午二时，刘湛恩和杨卫玉、江恒源、汪懋祖、郑通和等出席在法工部局大礼堂举行的第一次全体会议，并和王尧丞被推定为主席。

---

① 刘湛恩、潘文安编辑：《升学指南》，中华职业教育社上海职业指导所1930年印行，第1-4页。
② 黄炎培著，中国社会科学院近代史研究所整理：《黄炎培日记》（第3卷），华文出版社2008年版，第244页。
③ 《沪大附中童军赴日旅行》，《申报》1930年7月11日，第10版。

7月22日，上午九时，刘湛恩和钟道赞、顾旭侯、王佐才、何炳松、潘文安、杨卫玉、黄炎培、李邦和、姚惠泉、胡庶华、江恒源、胡庶华、吴粹伦、周开森、沈恩孚等出席于中华职业教育社大礼堂举行的该社第十一届社员大会暨全国职业教育机关联合会第七届年会闭幕会，由胡庶华任主席。

8月2日，刘湛恩和陈时等访黄炎培。①

9月上旬，齿科医学院在上海成立，校址位于四川路45号，院长为徐少明，教务长为黄炳基，刘湛恩和颜福庆、伍连德、胡鸿基、邝富灼、李元信等六人为校董。

按：齿科医学院定于10月1日开学。

9月13日，下午三时，沪江大学夜商学院举行破土礼，刘湛恩和赵晋卿、寿毅成等出席，并就开办夜商学院的重要性作了演说。

9月14日，和潘文安被确定为参加中华职业指导机关联合会成立大会代表，将代表中华职业教育社上海职业指导所与会。

9月20日，作为上海青年会民众教育运动委员会委员的刘湛恩、蔡元培、吴稚晖、欧元怀、何炳松、戈公振、傅若愚等12人，参加在上海青年会召开第一次委员会会议，会议决定民众教育运动先在虹口和闸北试办，第一期招收男女学生一千人，课目有：平民千字课、注音符号、公民常识等，定于十月一日开始招生。

按：上海青年会为普及教育，促进民众教育，特发起民众教育运动，并组织民众教育运动委员会。

9月21日，下午二时，中华职业指导机关联合会成立大会在中华职业教育社社所召开，共有50余个团体的60余名代表与会，包括刘湛恩、江恒源、杨卫玉、潘文安、沈有乾、何清儒、陈选善等，由刘湛恩任会议主席。会上，刘湛恩致"开会词"。他说："指导职业，要破除

① 黄炎培著，中国社会科学院近代史研究所整理：《黄炎培日记》（第3卷），华文出版社2008年版，第249页。

情面，倘讲情面，即用不着职业指导。中国现在大半无业，即使有业亦多不能安居乐业。同人有鉴于此，所以有上海职业指导所之组织。全国教育会议对于职业指导，有重要议案议决，现在各大学中学及各地教育机关，正先后成立职业指导机关，惟今后如何联络研究，切实进行，则有待于各地同志共同努力，此今日会议之所由召集也。上海职业指导所成立二年，所负使命非常重大，其成绩如何，教育界不难评断，然总要以科学化为原则。兄弟曾两次往欧美调查，觉得他们对于职业指导，非常注重，办法亦甚适国情。不过西洋与中国情形不同，我们谋职业指导之发展，似非另用科学方法切实研究不为功。职业指导之推行，调查统计最为重要，故欧美职指机关，皆附设中央统计局下，我们要一方改良旧职业，一方介绍新职业，不尚空谈，必须使社会与教育合一。"① 会议推吴县职业指导研究所、无锡职业指导研究所、南京职业指导研究所、嘉定职业指导研究所、大夏大学、同济大学、镇江县教育局、沪江大学、江苏省立教育学院、国立中央大学、青年协会职业介绍所、中国工程学会职业介绍所、上海职业指导所等 13 个机关为执行委员机关，确定永久通讯地址是中华职业教育社。会上，江恒源致欢迎词，杨卫玉报告职教社最近事业，潘文安报告本会筹备情形。

9 月 29 日，中华职业教育社召开董事、评议员联席会议，刘湛恩和钱新之、何玉书、潘序伦、穆藕初、蔡元培、王云五、王一亭、王志莘、黄炎培、赵师复、胡庶华、朱经农、顾树森、沈恩孚、廖世承、杨卫玉、徐静仁、朱吟江等 20 余人出席，由钱新之任主席。会议议决推刘湛恩、陈鹤琴审查《新社员资格案》，并改选了评议员会主席，蔡元培当选。

9 月 30 日，下午四时，上海青年会民众教育运动委员会在该会会议室举行第二次会议，刘湛恩、吴稚晖、蔡元培、江鸿起、何炳松、戈

① 《中国职业指导机关联合会昨日成立》，《申报》1930 年 9 月 22 日，第 10 版。

公振、欧元怀、陈鹤琴、傅若愚、陈立廷等出席，会议公推蔡元培为委员会主席，刘湛恩、何炳松为副主席，戈公振为秘书。会议讨论了选择课本问题，议决拟收聚各大书局所出版的千字课，经审查后再行定夺；学校暂定 25 校，开学约在 10 月中旬。

9 月下旬，刘湛恩和熊式辉、穆藕初、方椒伯、朱少屏、闻兰亭、徐永祚、劳敬修、刘鸿生、吴蕴初、张嘉璈、徐寄庼、郭顺、徐佩璜、杨杏佛等被敦聘为中华国货维持会名誉会董。

10 月 1 日，由盛泽商会和群育会组织的盛泽职业指导所举行开幕典礼，函请刘湛恩和潘文安为该所指导委员。

10 月 5 日，下午一时，驻比公使王景岐在上海戈登路大华饭店举行宴会，宴请比利时前外长樊迪文夫妇，刘湛恩和蔡元培、钱新之、朱少屏、章益、张竹平、林语堂、刘云舫、俞鸿钧、胡孟嘉等百余人出席。

10 月 7 日，下午四时，刘湛恩和陈选善、沈公健、杨卫玉、江恒源、潘文安出席中华全国职业指导机关联合会第一次专门委员会会议，并任主席。会议议决了《规定职业指导所实施指导标准手续案》《规定学校实施指导标准手续案》《规定职业指导应有标准表格案》《公推刘湛恩先生赴广州香港汕头厦门各地推行职业指导事业》等七项议案。

10 月 8 日，在《上海青年》第 30 卷第 34 期上发表《中国教育之将来》一文。文中提出"在一切救国方案中，振兴教育，当为首要"；未来中国的教育，应注重识字运动、生计教育和公民教育。①

10 月 14 日，下午四时，上海市政府等十机关在上海海格路雪庐茶会招待暹罗亲王白加脱，刘湛恩和虞洽卿、王晓籁、赵晋卿、劳敬修、简玉阶、袁履登、王一亭、陈世光、陈炳谦等中外来宾百余人出席。

10 月 17 日，下午二时，复旦大学举行成立 25 周年纪念庆祝典礼，

---

① 刘湛恩：《中国教育之将来》，《上海青年》第 30 卷第 34 期，1930 年 10 月 8 日。

刘湛恩、欧元怀、朱炳炎、于右任、邵力子、胡敦复、马相伯、金通尹、章益及该校校长李登辉等共百余人出席。会上，刘湛恩作了演说。

按：刘湛恩在复旦大学建校 25 周年纪念庆祝典礼上发表的演说中，盛赞复旦："上海有许多大学，学而不大，大而不学，惟有复旦，名实相符。我们知道，大学是有二个目的：第一，造就人才；第二，研究学术。中国现在极需要人才及需要从事于学术的探讨。复旦负这个使命，已有廿五年的历史，可以做国内的私立大学的大姊。"①

10 月中旬，刘湛恩和欧元怀、袁履登等被上海公共租界工部局敦请为教育委员会委员，计划公共租界内一切教育进行事宜。

10 月 25 日，上午十一时，刘湛恩参加在沪江大学大礼堂举行的该校褒荣礼，并致训词。

按：沪江大学每学年择各级成绩优良的学生，列为荣誉生，并规定褒荣日，举行褒荣礼，旨在鼓励学生努力学业，互资观感。

10 月 28 日，刘湛恩和鲍哲庆赴汕头参加将于下月初举行的浸会全国大会，并趁便赴香港、广州、厦门等地应各学校之邀进行讲演，另代表中华职业教育社以促进调查职业教育，提倡注音识字运动。

11 月 2 日，上午十时，在岭南大学礼堂讲演《为世之光为地之盐》，主张处事忠诚，努力改良社会，清除一切自私自利之行为。

11 月 2 日，上海公共租界各级学校校长在天后宫第三区国民党党部召开联席会议，20 余所学校校长与会，会议议决通过了《组织收回租界教育权运动委员会，为政府交涉后盾案》《劝告刘湛恩袁履登等不加入该非法教育部委员案》等。

11 月 9 日，刘湛恩与蔡元培、吴稚晖、欧元怀、陈鹤琴、何炳松等发起组织的注音符号促进会发布宣言和简章，简章规定注音符号促进会"以研究注音，推行注音符号为宗旨"，会员二人以上之介绍得为会

---

① 《复旦五日刊》第 65 期，1930 年 10 月 20 日。

员；设执行委员九人，推三人为常务委员。

11 月 13 日，上午，刘湛恩和余日章到厦门大学参观；午刻，出席林文庆校长在该校生物院校长会客室举行的宴请；下午三时，和余日章在群贤楼大礼堂分别作《注音字母、职业教育、公民教育诸问题》《太平洋国民外交国际会议》的演讲。

11 月 18 日，下午四时，刘湛恩和陈选善、沈公健、江恒源、杨卫玉、潘文安等参加上海职业指导所第二次专门委员会会议，会议由杨卫玉任主席。会议议决了《职业指导所实施指导标准手续草案》《职业指导机关最低之组织草案》《大学中学小学实施职业指导办法草案》《编制应用标准表格案》等。

11 月 19 日，返抵上海。

11 月 25 日，到黄炎培住处访黄炎培。

11 月 26 日，印度教员联合会致函刘湛恩，请其出席将于 12 月 26 日至 30 日在印度贝纳城举行的亚洲教育会议，因沪大校事，刘湛恩不能前往。

11 月 26 日，和袁履登、欧元怀在《申报》上就上海公共租界工部局以该部教育部名义发函调查租界内学校一事发表启事：

谨启者：上海租界工部局，近以该局教育部名义，发函调查界内学校，本埠人士，对于此举，宣言反对，迭见报端，本月十三日，国民党第三区执行委员会且刊登广告，质问湛恩等，其间容有误会之处，兹将经过情形，略述如下：查上海公共租界工部局根据上海租界纳税华人会民国十七年三月二十六日函中一款，在此现状之下，应重视租界内华人教育扩充之责任，因于本年组织设计机关曰教育委员会，英名 Board of Education，委员华人三，西人四，日人一，并有华董华委，推湛恩等参加该委员会。湛恩等以为界内教育，在此现状之下，失学者过多，非急行推进，俾界内华人教育与全国教育，渐趋于一致不可，惟欲求推进，非先明界内教育现状，即无依据，此发表调查之举，所由来也。至于工部局以教育部名义发函调查，并非教育委员会之议决案，尤非湛恩等所曾与闻，因工部局原设有 Education Department，译华文者，以工部局之警务卫生等机关，华文均以部名，因遂译作为部。此事发见后，湛恩等本以为未妥，即提议更改，不久当可变易。乃承各界指导，且见关怀界内教育，与正名之至意，合即据实奉布，请希谅察。①

11 月，刘湛恩和汪懋祖、江恒源、吴稚晖、朱经农、孟宪承、郑晓沧、顾树森、王云五、袁希涛等任江苏各县筹备义务教育联合会办事处指导委员。

12 月 1 日，在《民众教育季刊》第 1 卷第 1 号上发表《注音识字运动》一文。

按：《民众教育季刊》由浙江省立民众教育实验学校主办。

12 月 14 日，上午九时，中华全国职业指导机关联合会于南京市政府大礼堂举行第一届年会，刘湛恩和教育部代表杨廉以及江恒源、潘文安、陈选善、周开森、郑通和、高阳、钮永建、顾树森等与会，并在开幕式上作报告。下午，继续参加会议。

按：刘湛恩《在中华全国职业指导机关联合会第一届年会开幕式上的报告》：

诸位，职业指导运动，在中国有十多年的历史，最初提倡举办的，只是各地的学校和社会机关，自从社会发生革命以来，政府当局以及社会人士都已觉得职业是很重要的，是维持生活、服务社会所必不可少的。在三年以前，上海职业指导所首先组织成立，以后南京、苏州、无锡、嘉定、镇江各地陆续成立，现在辽宁、天津、香港、汕头等地，也皆在筹备，其他有好多学校，都在预备设立职业指导机关。在去年大家已经觉得有联合的必要，过去的第一二次全国教育会议和第一次全国工商会议，对于职业指导皆曾加以讨论，认为必须推进。本会于今年九月

---

① 《工部局教育部名义不久即改》，《申报》1930 年 11 月 26 日，第 14 版。

二十一日在上海开成立会，会员达六十七人，当时议决在十二月中齐集南京举行第一次年会，现在果然能如期举行，是很可快慰的。这次年会的筹备，全由上海职业指导所潘仰尧先生和南京职业指导所谢以成先生负责主持，我们也应乘此志谢。本会的希望很大，使命重要，此次年会又在首都举行，希望在首都登高一呼，全国各地都能起而响应，职业指导机关的成立，可以发达，使无业者有业，有业者乐业，各人都能有业乐业，社会自然能够进步，国家自然能够强盛了。要想达到这个目标，固然不很容易，但也全看我们的努力如何而定。职业指导的功用，消极的在于打破升官发财的旧观念，我固然并不反对人做官，因为它有它的功能，但也并不是要人人都去做官，如果人人都想做官，结果一定做不成，一定要失业；积极的在于使人人都明瞭职业是维持自己生活，造福社会，服务人群的。全国的人都应该自己去造饭碗，发明饭碗，不要只顾同别人抢饭来吃，不要都想向城市集中，而应努力向边疆各地发展。我们觉得今天开的会，不论说是教育机关，或社会运动都可以，虽然不敢说和那全国教育会议、全国工商会议相同，然而确是一样的重要。我们把职业和教育打成一片，也就是把教育运动和社会改革打成一片。总望能因为我们今天登高一呼，全国青年闻风而起，无业者能有业，有业者能乐业。①

12 月 20 日，下午四时，刘湛恩和胡端行、盛振为、胡其炳、马公愚、杨裕芬等于上海银行公会俱乐部出席上海各大学联合会第四届第一次大会，由胡端行任主席。会议除报告会务及经费外，详细讨论了有关大学的各项重要问题，议决通过了《定期欢迎新教育当局并讨论整顿学风案》等。

12 月 31 日，下午四时，已故银行家朱成章大殓在上海万国殡仪馆举行，刘湛恩、黄炎培、钱新之、沈恩孚、杨敦甫、杨先芬、傅若愚、

---

① 《职业指导第一届年会专刊》，中华全国职业指导机关联合会 1931 年印行。

颜福庆、胡宣明、邹秉文、刘鸿生、徐寄顾、林康侯、宋子文（宋子良代）等千余人前往吊唁及执绋。

12月，为《职业指导——中华全国职业指导机关联合会专刊》作"弁言"。

按：《职业指导——中华全国职业指导机关联合会专刊》于中华全国职业指导机关联合会第一届年会间印行出版，其中收有刘湛恩、潘文安合拟的《中学职业指导方案》一文。

1931 年（民国二十年　辛未）　三十五岁

1月9日，晚六时半，外交部外交讨论委员会在上海香港路银行公会开第 33 次常会，刘湛恩、吴宗濂、林康侯、赵晋卿、王晓籁、褚辅成等委员与会，由林康侯任主席。会议讨论了《租界自来水加价问题善后案》《拟请外部对荷属地增加华侨入境税严重抗议案》等。

1月11日，下午六时，中华职业教育社举行评议员春季会议，刘湛恩和蔡元培、胡庶华、何炳松、王志莘、江恒源、王云五、黄炎培等共15人与会，由蔡元培任主席。会议听取了江恒源的社务报告，并就职教社拟设高等补习学校进行了讨论。

1月12日，致函邹韬奋，介绍沪江大学夜商学院：

韬奋吾兄惠鉴：献岁履端，敬维笔政贤劳，清誉日著，为颂无量。敝校筹办中之夜商学院，前承阁下极力宣传，督促鼓吹，裨益进行，至深感激。现在圆明园路该院建筑工程已早开始，一俟落成，即可实现。募捐一节，收到三万圆左右，荷社会一致赞助，当亦不难募足五万之数。刻正草拟规章，厘订课程，暂时拟分三科：（一）大学科，（甲）凡系高中毕业升学者，毕业后给予大学文凭，得称商学士；（乙）凡系高中毕业同等程度来学者，毕业后给予大学文凭，不称学士。（二）专修科分银行、会计、保险、文书、普通商业等学科，凡初中毕业或有相当程度者均可入学。（三）特科，不限入学资格，按照程度，得随意选修。授课时间每日下午五时半至九时半，纳费按学分计算，务从低廉。以上诸端，均属草创规划，是否适合需要，尚希详为指导，俾有准循。其他一切方法，尤乞匡助，期能尽善。倘荷代在《生活》披露，集思广益，更为感激不尽。

专此奉布。敬颂

道祺

弟　刘湛恩谨启　一月十二日①

1 月 13 日，到黄炎培住处访黄炎培。

1 月 14 日，下午，国际联盟秘书吴秀峰偕同莅华代表徐利克应刘湛恩之邀参观沪江大学，刘湛恩在住宅和他们进行茶叙。

1 月 18 日，下午一时，中国边疆学会、江苏省立上海中学、友声旅行团、沪江大学、边疆研究会、中华职业教育社边业促进会等，于陆家浜上海中学大礼堂联合开会欢迎西康学生参观团，刘湛恩出席并讲演《青年亟宜研究边疆问题》。

1 月 27 日，上午十时，和沪江大学政治教授余日宣率领该校国际问题研究社学生 500 余人到大夏大学和圣约翰大学参观；下午，又参观上海市公用局、市政府和外交部驻沪办事处。

1 月 27 日，带领沪江大学学生 30 余人，参观中华职业教育社。

2 月 4 日，上午十时，上海市教育局长徐佩璜在上海市教育局补行宣誓就职典礼，刘湛恩、胡庶华、黎照寰、王景岐、褚辅成、欧元怀等大学校长和教育部特派代表顾树森、上海市市长张群、国民党上海市党部代表童行白、上海市府秘书长俞鸿钧以及褚民谊等共四百余人出席，

---

① 刘湛恩：《即可实现的夜商学院》，《生活》第 6 卷第 9 期，1931 年 2 月 21 日。

由张群任主席。

2月11日，下午四时，国民新闻社驻纽约代表莫爱君夫妇，在上海华懋饭店举行盛大茶会，欢迎美国电影明星范朋克，刘湛恩、杜锡珪、赵晋卿、吴经熊、刘云舫等百余名中外人士出席。

按：范朋克于2月10日晚抵沪。

2月15日，晚七时，上海市教育局、中华儿童教育社、沪江大学、寰球中国学生会、大夏大学、光华大学、大同大学、中法工专、江苏省立上海中学、《申报》《新闻报》、商务印书馆、中华书局、世界书局、开明书店、北新书局、中华慈幼协进社、华东教育会等22个团体，于香港路银行公会宴请来华的美国教育家华虚朋，刘湛恩、刘王立明、蔡元培、朱少屏、邰爽秋、沈百英、郑通和、鲁继曾、董任坚等计60余人与会。在宴会上，上海市教育局局长徐佩璜致欢迎词，蔡元培和华虚朋发表了演说。

按：华虚朋于2月14日晚抵沪，2月15日上午曾在复旦大学、沪江大学演讲。

2月21日，刘湛恩和蔡元培、顾树森、黄炎培、杨卫玉、姚惠泉、潘文安、江恒源、汪懋祖、冷遹、王志莘、黄齐生、雷沛鸿、沈公健、陈选善、赵霭吴、黄竹铭、潘吟阁等计42人于苏州参加中华职业教育社第五次专家会议（又称苏州会议）。会议主要讨论职业指导、补习教育、职业教育的推行、女子职业问题等。

2月21日，苏州各团体欢迎并公宴出席职教社第五次专家会议的蔡元培、刘湛恩等，刘湛恩和蔡元培发表演讲。刘湛恩在演讲中说，如今的教育"非但不能救国，而且将误国了"，因为，在教育界，学生绝大多数抱着升官发财的"志向"；学生的生活贵族化，缺少平民化；学生毕业后，不思创造。所以，必须努力改革教育上的这些弊端，"那末社会国家才有望"。①

2月22日，上午，继续参加中华职业教育社第五次专家会议，并任主席。

2月23日，刘湛恩和黄炎培、姚惠泉、杨卫玉、蔡元培、胡庶华、王志莘、潘文安等一行29人，继续参加中华职业教育社第五次专家会议，讨论有关议案。

按：据《时事新报》：

中华职业教育社本届在苏州开专家会议。二十三日该社社员黄任之、姚惠泉、王星驰、吴粹伦、黄齐生、杨卫玉、黄竹铭、潘建卿、刘湛恩、蔡元培、胡庶华、王志莘、潘文安、顾名、胡春藻等一行二十九人，依照原定计划乘道探梅邓尉，于舟中讨论各案。名人逸趣，尽多珍闻。此行结果并决定在县善人桥组设农村教育改进社。议决各案，则即提请国府会议通过施行。当舟经木渎时，登陆至民教馆参观，后遂开始讨论议案，对于工商教育、农村教育、职业指导、补习教育、职业教育推行等五项三十九案，一一分别议有办法。议案中尚有关于女子职教一项，因在场会员中均系男子，情形未免隔阂，故决定留待再议。②

2月下旬，刘湛恩和蔡元培、胡庶华等42人联名发表《中华职业教育社宣言》，提出国家社会问题日趋严重的五个"刻不容缓之严重问题"，并就解决这些社会问题，希望政府就职业教育方面，在最短期内，从十四个方面进行努力实现。

按：该"宣言"首登在本年3月1日出版的《教育与职业》第122期上，3月10日，《申报》再次刊出。

2月下旬，华美协进社中国委员会成立，由张嘉璈任会长，刘湛恩和褚民谊为副会长，孔祥熙、蒋梦麟、胡适、余日章、陈光甫、宋子文、王正廷、晏阳初、张伯苓、钟荣光、颜惠庆、李锦纶、邹秉文、吴

① 《刘湛恩先生演讲》，《苏州振华女学校刊》，1931年12月1日。
② 《时事新报》1931年2月24日。

贻芳、任鸿隽、孙洪芬等为委员。

按：华美协进社为1926年中华教育文化基金董事会第一届常会时议决创设，1927年成立，社址设在美国纽约；该社董事长为美国孟禄，名誉董事长为驻美公使伍朝枢，名誉社长为郭秉文。其事业范围有四：交换中美教育文化之消息，增进中美教育机关之关系，辅导在美中国学生为谋教育上及职业上之便利，奖励美国人士研究中国文化之兴趣。

3月1日，中国经济学社上海分社在上海香港路银行俱乐部开成立大会，公推寿毅成任主席。会上，寿毅成报告了开会宗旨等，总社马寅初社长代表李权时演说《在沪设立分社之旨趣》，刘湛恩报告了沪江大学夜商学院与该社经济图书馆合作办法；会议并讨论通过了社章，选举何德奎为理事长，何德奎、盛俊、寿毅成等五人为理事。

3月2日，上午十时，新任上海市公安局长陈希曾在该局补行宣誓就职典礼，市长张群监誓并致训辞，刘湛恩、褚民谊、俞鸿钧、吴蕴斋、张寿镛、王一亭、叶惠钧、闻兰亭、朱吟江、黄金荣、杨虎、赵晋卿、陆伯鸿、黄伯樵等共四百余人出席观礼。

3月7日，中午十二时，刘湛恩和欧元怀、褚民谊、王景岐、金通尹、张寿镛、郑毓琇、黎照寰、朱经农、沈钧儒、盛振为、胡庶华、程振基、萧友梅等参加由大同大学、中央大学商学院和大夏大学三校主办的上海各大学及学院第一次叙餐会。

按：上海各大学及学院叙餐会由中法国立工业专科学校校长褚民谊等发起，按月举行一次，每次由三个学校轮值为东道主。

3月12日，上午八时，沪江大学在校大礼堂召集全体师生举行"总理逝世纪念大会"，在会上，刘湛恩讲解了孙中山的努力服务精神，并勉励同学们奉为师法。

按：3月12日为孙中山逝世六周年忌辰。

3月12日，下午二时，上海市第四届植树式举行，共约两万余人到现场，刘湛恩和潘公展、胡庶华、王延松、蔡无忌等出席，市长张群致辞。

3月14日，晚六时半，外交部外交讨论委员会在上海香港路银行公会开第35次常会，刘湛恩、叶惠钧、吴宗濂、褚辅成、李英石、黄瑞生、沈仲俊、史量才、赵晋卿等20余人与会。会议讨论了《取消领事裁判权建议案》和《创办国际通讯社及报馆》的临时动议。

3月20日，晚七时，上海汇众银公司协理杨润德在大东酒楼宴请上海绅商学各界人士，刘湛恩、赵晋卿、王晓籁、寿毅成、吴经熊、刘锡基、劳敬修等60余人出席。

3月21日，上午，应沪江大学之请，程沧波到校参观新建筑及国际政治研究会、边地研究会，并在大礼堂演讲《专家政治与凡人政治》，演讲毕，刘湛恩在家设宴招待。

3月，在刘湛恩的规划下，决定在上海圆明园路真光大楼成立沪江城中区商学院，由沪江大学校友、前中心银行总经理朱博泉任院长，孔祥熙、王志莘、史量才、张嘉璈、王晓籁、王云五等25人组成顾问委员会。

3月，在《女青年月刊》第10卷第3期上发表《中国教育问题》：

我国自革新以来，政府人民大家都感觉到人才缺乏和民气未申，都由于教育不振。鉴往知非，因此纵值此多事困难的时代，对于教育事业，还是矢志不懈，积极提倡，先借镜于日本，继效法于欧美，一变从前故步自封的积习。迨国民政府定都南京，乃召集第一次全国教育会议，认清三民主义为中国的教育宗旨。及至北伐完成，训政开始，大家一方面欢迎鼓舞的感觉到一种更始振作的新生机；一方面更深切的认识关系民族文化根本的教育，愈觉有顺应这个新机加紧推进的必要。去年教育部复召集第二次全国教育会议，首先制成实行整顿及发展全国之教育方案，以便将第一次全教会议所得之果实，作更进一步之研究，不仅是讨论应当如何做，乃是注重怎样做才做得通，可以发生效力。此项方案共分十章：（一）义务教育（二）成年补习教育（三）师资训练

（四）初等教育（五）中等教育（六）高等教育（七）社会教育（八）华侨教育（九）蒙藏教育（十）教育经费。方案的编制，是就全国教育作一个通盘打算，规定对于义务教育和成年补习教育主尽量推进，而对于中等教育和高等教育以及其他，先求质量的提高，不作数量的增进，这都是本届教育会议的精神。然教育的范围很广，政府固应积极进行，但在我民众方面亦应努力提倡，乃可于最短期内，达到全民教育之目的。兹略述我民众文化团体，应即努力于教育问题者于后：

（一）识字教育　我国民众号为四万万，但不识字的人，要占百分之八十左右。较诸英美德法日五国识字的人，都在百分之八十以上，则瞠乎其后，相差殊远。我们应在这样最短时间，使一般民众识字，实为教育上第一步的紧要工作。不要说研究学术文艺须求识字为梯阶，即如最平淡的写信看报，寻常阅读，亦非识字不可。年来民众识字运动，虽觉甚嚣尘上，因为吾国汉字繁复艰深，由古变篆，由篆变隶，本来面目早失，故指事象形会意之字，既不能从形体上识其义；形声之字，又不能从偏旁上得其音；终觉学会太难。即如平民千字课而论，言其功用本来甚大，以在数月内，民众可以学习千余日常应用的文字，解决民众不识字的痛苦。现在又有注音符号辅助识字，只须切记四十个符号，学会并音的方法，便得由音会意，由意识字，费时既少，收效又宏。这个注音符号，实在是教人识字、普及教育的最好的利器。近年来关于推行符号的办法各方拟议很多，我极希望大家都起来多为传授，积而久之，许多不识字的同胞，必能从利用注音符号进而认识文字，以达到全国人人识字的目的。

（二）职业教育　职业教育乃统指一切职业而言，凡各种含有学术性的专门职业（即西语所称为 Profession）以及农工商业、家庭工业等，皆在职业教育范围以内。其目的就是要使一般无业者有业，有业者乐业，如何改良旧职业，如何介绍新职业。晚近各国职业教育的运动，日益发达，不特教育界努力提倡，即国家及地方行政的当局亦莫不加意振兴，多方奖励与资助。良以科学愈进步，工业愈繁复，青年之投身职业界者，非于某种学术艺能有所素养，即有不得其门而入的苦楚，故注重职业教育，实为近代社会最紧迫之要图。中国职业教育，自提倡以来，已历十年，惟考其实际，多有与吾人期望造成相反之处，大都因为我国国内多数青年对于职业的目的，全在做官发财，大都看轻职业，重视政治方面的工作，所以人才既充塞仕途，而各种职业亦鲜有发达的希望；且失业的日多一日，小之影响个人生活，大之妨害国家经济之发展，关系极大。为今之计，惟有职业与教育合一。职业界与教育界打成一片，联络进行，共同努力。或在职业内办职业教育，如美国汽车大王福特于工厂内设立福特专门学校；或由职业界合办职业学校，如瑞士各种表业联合创办之钟表学校，又如丹麦合作社，办合作社。此外各地亦应广设职业学校，就当地情形，对于职业陶冶，特别注重。如重农之区，提倡农业教育；重工之区，提倡工业教育；重商之区，提倡商业教育等。顾在今日，以内地户口稠密，边陲国防空虚，移民殖边，尤关重要。倘果能适应社会变化而有活动之意志及能力的人才，造就日众，则学生毕业既不患无出路，而各种职业，亦因其富有生产改良而创造力自亦日趋发展。至按照职业技能的均等原则而言，女子职业教育，亦应积极提倡。社会上固有一部分的女子职业，如看护、手工、家政等等均属女子之专职，然而非有相当之训练与培养，亦难期其胜任与愉快。

（三）公民教育　自辛亥革命以来，连年战争，政治纷乱，虽然挂了民国招牌，可是离民治的境界甚远。推原祸始，皆由国民不行使主人翁的职权，不但任主人翁的责任，太阿倒持，无怪军阀政客等种种作祟，故救国之道，无过于提倡公民教育。求公民教育之普及，这是正本清源之计。公民教育的目的，是用教育的方法，使一般人民怎样做一个中华民国的良好公民，如提倡广义的建设的纯正爱国心，振醒公民服务的责任，训练公民的高尚人格，以促进社会公共的福利，并唤起团体间互助的觉悟，宣传民治的精神和立国大道。凡足以养成公民习惯，启发公民智识，助长公民精神的都属于公民教育的范围之内、亟应努力的事情。至如何提倡公民教育，则公开讲演，组织研究团、宣讲队，或养成团等，都属紧要步骤。当此时局多艰，国事蜩塘，实地培养公民教育，正是刻不容缓之图。希望全国人民，亟应认识他的重要。

以上三项教育，都是我国的社会里环境上和需要上，应当分外注重，首先提倡而中华基督教女青年会以妇女运动的先锋，固已认清目标，早著先鞭，其成就各种事业如开办平民学校、妇女学校、补习班、职业训练班、职业介绍所、公民训练团、少女前导团等等，都是与提倡识字运动教育、职业教育、公民教育息息相关。余甚愿其本基督牺牲服务社会之精神，积极光大贯彻，始终树立女教之基础，风声所播，观靡知感，斯有远大的成功呢!①

3月，由中华全国职业指导机关联合会印行的《职业指导第一届年会专刊》出版，收有刘湛恩和潘文安合写的"弁言"，以及中华全国职业指导机关联合会第一届年会的基本情况。

按：刘湛恩、潘文安《中华全国职业指导机关联合会第一届年会弁言》：

本会成立后，既编《职业指导》专刊行世，谬荷各省区教育行政与教育机关之赞许。贻书商榷关于设施职业指导之进行，深用自慰。在此失业失学之呼声，弥漫于全世界全国全社会，惟一救济之方法，无过于厉行职业指导；在此中学制度革命声中，惟一解决之问题，无过于厉行职业指导。计自本会成立以还，不过半年，此半年中，世界大势之递嬗，可谓瞬息万变，而中国社会之穷形极相，亦既暴露无遗。本会产生于此际，责艰任巨，未敢稍自驰缓，而因于经济人力，致不能充分发展，至为歉然。兹就南京年会所纪录，辑成汇录一小册，以报告会员，并谂国内关心职业指导之同志，书中讲词及议案，足供研究及参考之价

① 刘湛恩：《中国教育问题》，《女青年月刊》第10卷第3期，1931年3月。

值者甚多，不但可作本会之实录，且足为办理职业指导之南针也。

中华民国二十年三月　刘湛恩、潘文安识于中华职业教育社上海职业指导所①

4月16日，刘湛恩和熊式辉、吴开先、童行白、陶百川、黄旭初、潘公展、黄伯樵、黎照寰、胡庶华、郑洪年、王景岐、褚民谊、程振基、张寿镛、史量才、邵力子、王晓籁、李登辉、何世桢、郑毓秀、褚辅成、颜福庆、汪伯奇、张竹平等被确定为上海市中等学校联合运动会名誉指导。

4月17日，晚七时，刘湛恩和林康侯、吴宗濂、虞洽卿、王伊文、沈仲俊、褚辅成、黄瑞生、屈映光、欧元怀、王晓籁等30余人于香港路银行公会出席外交部外交讨论委员会事务处长唐榴举办的宴会。

4月19日，下午六时，由寰球中国学生会、暨南大学、光华大学、沪江大学、劳动大学、世界书局、开明书店、北新书局、江苏省立上海中学、中华慈幼协济会、中华职业教育社、华东教育会等15个团体所邀请参加中华儿童教育社第二届年会的人员在东亚酒楼欢宴，刘湛恩和欧元怀、谢循初、罗运炎、朱经农、董任坚、郑晓沧等三百余人出席，并致欢迎词。

按：4月19日为中华儿童教育社在上海举行的第二届年会的第二日。

4月20日，下午六时，刘湛恩和周伯琴、鲍哲庆、缪秋笙、程守愚等出席于上海四川路大中华酒楼举行的基督教浸会中华全国联合会执行委员会。会议讨论了有关议案。

4月25日，下午，刘湛恩和蔡元培、朱经农、何炳松、张嘉璈、潘序伦、汪懋祖、欧元怀、廖世承、王志莘、庄俞、黄炎培、江恒源、杨卫玉、潘文安等19人出席于中华职业教育社会所召开的该社评议会。

① 《职业指导第一届年会专刊》，中华全国职业指导机关联合会1931年印行。

据《时事新报》：

中华职业教育社于昨日下午举行评议会于该社。出席者蔡元培、朱经农、何炳松、张公权、潘序伦、汪懋祖、欧元怀、廖世承、王志莘、刘湛恩、庄俞、黄任之、江问渔、杨卫玉、潘仰尧等十九人。蔡元培主席。行礼如仪后，由杨君报告三个月来社务情形及董事会议通过下半年预算情形。……欧元怀、朱经农、潘序伦三君临时动议，教部明令各省区限制普通中学，添设职业中学，其意甚佩。但职业教育不限于中学，而办理职业教育，尤须有整个的计划与标本。本社宜邀集专家编制方案，向政府建议。此案提出后，经列席诸君反复讨论，议决继苏州会议宣言之后，续发第二次宣言，于办理职业教育方针方法，列举明白，以促各方注意……①

4月27日，为沪江大学改校名事，致函上海市教育局局长徐佩璜：

案查职校英文校名原系 Shanghai College，与华文校名"沪江大学"四字意义殊有未符，且前年职校呈请教育部立案时所有组织已悉合大学组织法规定，奉准以私立大学立案在案，因此尤有更正英文名称之必要。兹经本届校董会年会将上项问题提出慎重讨论，由全体校董决议通过，改英文校名 Shanghai College 为 University of Shanghai，除呈教育部外，理合备文，呈请钧局鉴核备案，毋任公感。

　　谨呈

　上海市教育局局长徐

　　　　　　　　　　　　私立沪江大学校长　刘湛恩
　　　　　　　　　　　　中华民国二十年四月二十七日②

4月30日，下午四时，上海筹募陕灾临时急赈会柬邀上海各界经

---

① 《时事新报》1931年4月26日。
② 《上海市教育局关于私立沪江大学立案问题（一）》，上海市档案馆藏，档案号：Q235-1-627。

募捐款者开茶会，刘湛恩和朱庆澜、黄涵之、王晓籁、邬志豪、袁履登、闻兰亭、王培元、徐永祚、张一麐等百余人出席，由王晓籁任主席。会上，朱庆澜报告了陕西灾情近况。

5月2日，在《沪大周刊》第6卷第8号上发表《欢迎校友》：

我校素主大家庭化，故学校与同学间之情感，亲若家人，惟是念余年来，离校校友散处四方，虽得音问互通，常毋相忘，而晤言一室，再聚家人之乐，机会甚难。本年春间，校中决定以五月二日为校友日，同时并举行田径赛运动以欢迎我校友回校畅叙。今承诸君眷怀母校，联袂莅临，值修禊之良辰，序友生之乐事，其为欣幸宁有既极！而湛恩轻才任重，三载于兹，绠短汲深，时虞陨越，因得借此聚晤，备聆教益。深期诸君念学校已往经营之艰辛，与未来努力之重大，剀切指导，匡予不逮，俾得奉为圭臬，谋一切之推进，曷胜感荷。至今日连翩莅止，有此盛会，有赖同学会委员长虞秉镛君，暨诸执行委员之不惮烦劳筹备匡襄，铭谢尤殷。爰就《沪大周刊》"欢迎校友专号"谨缀数言，同申欢迎。①

5月5日，参加沪江大学同学会校友日的聚餐活动，并致辞。

5月9日，上午十一时半，沪江大学举行"五九"国耻纪念，刘湛恩出席并致词。他说，"我人年年今日，不忘国耻开会纪念，极所应当，惟雪耻方法，在群众努力，积极建设，致国富强，以御外侮，而边疆问题，尤关重要，故本校提倡研究，俾引起国人启发边省事业"②。

5月13日，刘湛恩和黄炎培、潘文安、柳士英、王舜成、黄朴奇、赵霭吴、陈选善、姚惠泉、江恒源、吴粹伦、杨卫玉等出席中华职业教育社推行设计委员会第一次会议，并任主席。会议议决：提议《修订中华职业教育社出版之〈职业教育实施要览〉案》《中华职业学校添设师资科计划案》《江都县立初级中学请指导改组案》《组织职业教育旅行

---

① 刘湛恩：《欢迎校友》，《沪大周刊》第6卷第8号，1931年5月2日。
② 《学界纪念五九》，《申报》1931年5月10日，第17版。

研究团案》等等。

5月16日，中华妇女节制协会全国代表大会举行，在中午的欢宴会上，刘湛恩和李登辉、余日章等出席并演说。

5月20日，晚，刘湛恩和钱新之、余日章、黄炎培、赵晋卿、王云五、周作民、阎宝航、陈立廷等10余人出席太平洋国际学会在香港路银行俱乐部召开的会议，会议讨论举出了第四届大会出席代表人选，包括颜惠庆、胡适、余日章、王云五、丁文江、马寅初、刘大钧、张嘉璈、陈光甫、汤尔和、郑毓秀等共41人。

5月22日，下午四时，第三届华东四大学田径运动会在沪江大学开幕，刘湛恩任名誉会长。

5月24日，上午，上海生物学会年会在沪江大学举行，百余人出席；下午一时，沪江大学举行邀请宴会，刘湛恩出席，并致欢迎辞，蔡元培作了讲演。

5月24日，下午，上海商务印书馆在上海市商会举行1930年度股东常会，会上，刘湛恩和夏鹏、高凤池、丁榕、鲍庆林、黄汉梁、李宣龚、王云五、郭秉文、叶景葵、张元济、高凤谦、鲍庆甲等当选为新一届董事会董事。

6月2日，晚，上海市商会、上海公共租界纳税华人会在市商会欢宴新膺聘任的上海公共租界工部局市政顾问吴经熊和会办何德奎，刘湛恩、欧元怀、黄今吾、王云五等应邀出席作陪。

6月4日，晚，交通大学校长黎照寰在上海银行公会欢宴圣约翰大学校长卜舫济，刘湛恩和复旦大学校长李登辉、前清华学校校长曹云祥、同济大学校长胡庶华、上海市教育局局长徐佩璜及交通大学、圣约翰大学各院长、教授等数十人出席，黎照寰致欢迎词，卜舫济、李登辉等作了演说。

6月4日，华美协进社中国委员会在上海香港路银行公会俱乐部举行常会，由副会长刘湛恩任主席。会议讨论了社务，决定请求中国文化基金委员会继续予以补助,藉谋业务进展。

6月6日,上午十一时,应刘湛恩之邀,前年赴藏调查归来的刘曼卿女士在沪江大学礼堂演讲,800余名学生听讲,刘湛恩、黄警顽等出席。

6月6日,下午二时,上海市教育局在该局举行注音符号传习班毕业典礼,刘湛恩出席并致词。

按:本期共有40名学员毕业。

6月10日,下午二时,刘湛恩和陈选善、沈公健、姚惠泉、王志莘、江恒源、黄炎培、杨卫玉、潘文安、吴粹伦出席中华职业教育社推行设计委员会第二次会议,并任主席。会议讨论了职业教育的定义(决定加入"发展个人之智能"之意义)、职业学校设置标准、职业学校之定义、职业教育机关之种类和职业训育标准等。

6月16日,沪江大学各学院暨附属中学举行毕业周,是日为第三日,下午四时,刘湛恩参加"校长欢送大学毕业茶话会"。

6月19日,刘湛恩参加沪江大学附属中学学生毕业典礼,向学生颁发文凭。在毕业礼上,邀请王云五讲演。

6月20日,为沪江大学各学院暨附属中学举行的毕业周的第七日,下午五时,刘湛恩参加"校长欢迎来宾茶话会"。

6月中旬,刘湛恩和马相伯、蔡元培、吴铁城、穆藕初、王云五、胡庶华、史量才、阎宝航、杜重远等人在上海发起组织东北文化编译社,以唤起国人,使国人知东北之富,亟起开发,并知东北之危,共谋抗御。

6月23日,晚八时,中华慈幼协会儿童卫生运动举行会议,刘湛恩和上海市卫生局局长胡鸿基、《慈幼月刊》主笔陈征帆等出席。

按:中华慈幼协会举行儿童卫生运动,6月22日晚在上海东杨树浦开幕。

6月28日,上午九时,刘湛恩和潘文安、甘纯权、吴宗文、江恒源、周开森、高阳、杨拙夫、陈选善等出席中华全国职业指导机关联合会在嘉定职业指导所举行的第二届执行委员会会议。会议讨论通过了《本会呈请备案案》等。

6月30日，晚，国际贸易协会、上海银行公会、上海市商会、国际商会中国分会、太平洋国际学会中国分会及华美协进社中国委员会六团体，以美国参议员毕德门在华考察一月将于7月1日晨离沪返国，特在上海香港路银行公会俱乐部举行公宴，刘湛恩和王晓籁、陈光甫、钱新之、徐新六、胡尚嘉、郭秉文、黎照寰、袁履登、陈立廷、杨念祖、吴蕴斋、欧元怀、邹秉文、刘大钧、林康侯、宋子良、王延松、何德奎等数十人与会，由郭秉文致欢迎辞。

7月19日，太平洋国际学会中国分会在上海沧州饭店举行会员年会，刘湛恩和黄炎培、苏上达、鲍明钤、赵晋卿、寿毅成等30余人与会。会议确定刘湛恩和颜惠庆、陈立夫、张伯苓、胡适、王世杰、丁文江、徐新六、马寅初、刘大钧、张嘉璈、陈光甫、周作民、王云五、董显光、夏晋麟、陶孟和、吴经熊、曾宝荪、徐淑希、刘鸿生、陈衡哲、鲍明钤、吴大钧、林文庆、宁恩承、吴贻芳、蒋梦麟、阎宝航、钟荣光、王卓然、李纶三、何廉、王国秀、陈达、周诒春、刘竹君、杨杏佛、李熙谋等为出席将于10月21日于杭州举行的太平洋国际学会第四届大会中国代表。

7月30日，中华麻疯救济会在中华基督教青年会全国协会举行第五届年会，刘湛恩、陈春生、吴维德、蒋培华、丁先诚等百余人与会，由该会董事朱少屏任主席。会上，刘湛恩演说道："中国麻疯人，现已有一百万之多，我们救济工作，应十分努力于积极的预防，希望以后癫病绝迹，不致再有无量数之患者，为麻疯恶疾蹂躏。"①

7月下旬，刘湛恩和廖世承、裴迪克、孙鹤年等被聘为上海惠中中

---

① 《麻疯会第五届年会纪》，《申报》1931年8月3日，第14版。

学校董。

8月2日，全国职业指导讨论会在镇江江伯先公园开幕，刘湛恩和黄炎培、江恒源、杨卫玉、高阳、潘吟阁、周开森、李权时、潘文安、杨崇皋等60余人出席，刘湛恩和高阳、江恒源为主席团成员。会上，刘湛恩致开会词，他说，"职业指导之范围甚广，通常以职业介绍代表职业指导事业之全部，殊属错误，盖以职业指导，系职业研究、职业调查、职业介绍、职业修养、职业改进等之综合名辞，不可单以职业介绍之一端概之。职业指导之倡行，在欧美仅只有二十五年之历史，中国之提倡约在十年前，……近年来……实施职业指导时发生数大问题：第一要实施职业指导而无职业可指导；第二用何种方法实施职业指导；第三职业指导之时期问题，应就中学生施行抑就小学生施行；第四何种人材去实施指导；第五经济问题如何解决。此五点为近来实施指导之困难问题。"①

8月5日，刘湛恩和虞洽卿、杜月笙、林康侯、陈光甫、吴蕴斋、许世英、朱庆澜、闻兰亭、邬志豪、张群、钮永建、史量才、王一亭、张嘉璈、王延松、王晓籁、汪伯奇、张啸林等以上海筹募各省水灾急赈会的名义，在《申报》上发表召开筹募各省水灾急赈会成立大会的通告。

按：筹募各省水灾急赈会成立大会将于8月6日下午在上海总商会召开。

8月16日，上午九时，全国国语教育促进会在上海大戏院举行该会1931年会员大会暨全国国语教育讨论会开幕式，蔡元培任主席。刘湛恩和张一麟等与会，并演说。

8月29日，中午十二时，作为沪江大学代表，刘湛恩和大夏大学代表马公愚、同济大学代表陈运晟、复旦大学代表金通尹、交通大学代

① 《全国职教讨论会之第二日》，《申报》1931年8月3日，第10版。

表胡端行出席于大中华酒楼举行的本年度上海各大学联合会第二次执行委员会会议，会议讨论议决了《赈济水灾案》《建议教育部规定大学课程原则案》等。

8月31日，中华职业教育社等六团体发起的改良服装展览会举行第二次筹备会议，刘湛恩（代表刘王立明）和黄炎培、杨卫玉、潘文安、杨崇皋、周开森、彭望芬、沈九成、王家驹等20余人出席，由沈九成任主席。会上，沈九成报告了筹备经过情形。会议并决定9月6日举行审查委员会议暨第三次筹备会议。

9月8日，教育家水灾助振联合会召开第二次会议，刘湛恩、黄炎培、杨卫玉、金通尹、贾观仁等出席，公推胡庶华为主席。会上，刘湛恩报告了上海市教育局教育讨论会情形。

9月12日，下午一时，上海第二届全市运动会在中华田径场开幕，上海市市长张群任会长，刘湛恩和潘公展、陈希曾、朱炎之、黄伯樵、沈君怡、蔡增基、胡鸿基、黎照寰、褚民谊、郑洪年、王景岐、胡庶华、萧友梅、徐佩琨、颜福庆、王伯群、杨英、李登辉、张寿镛、邵力子、郑毓秀、褚辅成、何世桢、曹惠群、熊式辉、王晓籁、叶惠钧、秦润卿、史量才、汪伯奇、黄伯惠、张效良、吴开先、陈良毅、陈克成、杨清源、童行白、王延松等任名誉指导。

9月21日，身为华美协进社中国委员会成员的刘湛恩、陈光甫、郭秉文、寿毅成等，以日本蹂躏东北，特召集临时紧急会议，议决致电美国国务卿、参众两议院、外交委员会委员长及各界领袖，声明主张国际正义，维持和平公约。

9月22日，上午九时，上海市各界反日援侨委员会召集的各界代表大会，在天后宫桥市商会大厅举行，会议扩大组织规定委员为60人，除原有委员37人外，另增加刘湛恩、史量才、汪伯奇、吴迈、邬志豪、林康侯、朱学范、褚辅成、谢福生、董显光、胡庶华、顾若峰、龚雨亭等24人为委员。

9月22日，下午四时，作为沪江大学代表，刘湛恩和大夏大学代表马公愚、同济大学代表陆希言、复旦大学代表金通尹、交通大学代表胡端行、暨南大学代表杨裕芬出席于大中华酒楼举行的本年度上海各大学联合会第三次执行委员会会议。会议讨论《各校对于学生救国运动如何指导案》，议决在不荒学业范围内应尽量指导学生努力救国运动；讨论《本会对于时局应如何表示案》，议决以上海各大学全体教职员名义电请宁粤当局和平合作一致对外，由各大学以校长名义分电英美德法各大学校长并转各该国学术团体宣布日本暴行请求主持公道。

9月22日，刘湛恩和张嘉璈、胡适、顾维钧、颜惠庆、陈光甫、郭秉文、张伯苓、余日章、晏阳初、史量才等在上海召集会议，联名通电美国政府及人民，谴责日本破坏世界和平，要求美国主持正义：

吾人为世界和平正义起见，电请美政府及人民，注意日本之公然破坏凯洛非战公约，满洲日军，无端启衅，十九日占据沈阳，旋复轰击占领沈西，以达鲜境之各城市，毁坏生命财产，残害无辜居民，损失详情，现尚未明，或将永久不明。盖日军已将一切电讯机关捣毁矣。日方初则藉口国军毁断南满铁轨，突向我军袭击，继复改变前说，谓南满铁路桥，被我军炸毁。最近东京电讯，又称，日军进据东省，系因一般激烈下级军官不满政府对华之"懦弱"政策，致敢自由行动，然吾人深信日本此次行动，与一九一五年日政府之行动，同出一辙，是时日本乘欧战之机会，迫使中国承认残酷之二十一条件。此时西方各国，正因于经济问题，中国复忙于拯灾剿共，日本乘人之危，谋图加害友邦，占据土地，中国领土被占者甚广，日军行动，事前显有筹备，无可讳饰。至于事件爆发原因，日方于两日之间，三易其辞，其不足信可知矣。日本之无端袭击中国，实属违反凯洛克非战公约，倘该约不能制止强国侵略弱邻，则无保障世界和平之效能，如此，则世界人类永久沦于战祸，同归灭亡。非战公约，已经世界各国签字生效，日政府甘心破坏公约条文与精神，不啻对于各签字国之信义，加以藐视，吾辈盼望赞助该约之美政府及人民，为世界和平主持公道。张嘉璈、胡适之、顾维钧、颜惠庆、陈光甫、郭秉文、张伯苓、刘湛恩、余日章、晏阳初、史量才、张竹平、董显光、刘鸿生、夏晋麟、郭德华等。①

9月23日，由上海市各界反日援侨委员会更名的抗日救国会，在市商会举行第一次委员会议，王晓籁、王延松、胡庶华、陆京士等40余人出席，会议议决设立救国义勇团委员会和国际宣传委员会，以负专责，推定由刘湛恩、胡庶华、吴迈、史量才、汪伯奇、谢福生、董显光、李才、卓隆依等17人组织国际宣传委员会。

9月24日，蔡元培函复刘湛恩：

湛恩先生大鉴：

手书奉悉。承询陈伯康君是否在敝院服务。敝院各研究所中，并未聘请陈君担任工作。特此奉复，希察照。顺颂

台绥

蔡元培敬启　九月二十四日②

9月25日，上海光华大学、复旦大学、沪江大学等十大学举行会议，讨论抗日救国，刘湛恩、胡其炳、褚辅成、金通尹、潘公展、欧元怀等与会，会议议决：本星期六各校停课，使学生参加市民大会；推东吴法学院起草电文，电告美国各大学请督促政府主持正义，维持世界和平，该电文最后由吴经熊起草，日内即以吴经熊和刘湛恩等联名发出。电文大意为："此次日本出兵，霸占东三省，实系违背国际公约，我中华举国愤激，近国际联盟会及贵国政府，已有公道的主张，执事等为尚代等智识界领袖，务请极力宣扬兹事真相，并主持正义，俾武力侵略者

---

① 《张嘉璈等电请美国主持公道》，《申报》1931年9月24日，第13版。
② 中国蔡元培研究会编：《蔡元培全集》（第十二卷），浙江教育出版社1998年版，第372页。

知所警惕，世界和平，得以维持。"①

9月26日，上午十时，上海市民大会在公共体育场举行，国民党上海市党部、上海市教育会筹备会、上海市各区教育会、大夏大学、大同大学、暨南大学、沪江大学、复旦大学、上海法学院、劳动大学、同济大学等八百余机构团体计二十万余人与会，由王晓籁任主席。会上，包括刘湛恩、陆京士、王晓籁、方椒伯、王延松、陶百川、史量才、童行白、陈霆锐、林康侯、褚辅成、徐寄庼、朱学范等在内的全体执行委员会委员宣誓："余等誓以至诚接受全市各团体代表大会之付讬，本三民主义之精神，努力抗日救国之工作，决不贪生怕死，或营私舞弊，如敢违背誓言，愿受最严厉之处分。"②

9月26日，下午三时，上海市教育局局长徐佩璜召集上海各大学校长至教育局召开会议，刘湛恩和暨南大学校长郑洪年、中国公学副校长潘公展、上海法学院校长褚辅成、交通大学校长黎照寰、大夏大学副校长欧元怀、复旦大学秘书长金通尹、大同大学校长曹惠群、劳动大学训育主任范争波、暨南大学训育主任汤德民等20余人与会。会上，各校代表报告了各该校学生爱国运动的近况，就各校应如何指导学生，使抗日救国运动有效而有秩序进行了讨论。

9日28日，中午十二时，上海各大学校长在中国科学社开谈话会，刘湛恩、褚民谊、张寿镛、黎照寰、郑洪年、颜福庆、褚辅成、何世枚、欧元怀、萧友梅、金通尹等16所大学校长与会。会上，大家对日本侵略暴行异常愤慨，踊跃发言，主张上海教育界宜加强团结和组织，以为政府后盾。

9月30日，下午，刘湛恩和褚民谊、褚辅成、欧元怀、谢循初、潘公展、樊正康、黎照寰、金通尹、陆希言、盛振为、曹惠群等参加上海各大学联合会第29次谈话会。会议议决发表宣言，号召政府捍卫

---

① 《各大学请政府公布方针》，《申报》1931年9月26日，第10版。
② 《八百余团体二十万群众举行抗日救国大会》，《申报》1931年9月27日，第13版。

疆土。

10月1日，下午二时，刘湛恩和郑洪年、潘公展、李登辉、褚辅成、黎照寰、颜福庆等参加上海市市长张群邀集的本埠各大学校长谈话后，会上，对学生爱国运动表示极诚恳之敬意。

10月5日，中午十二时，上海各大学及学院开第七次叙餐会，刘湛恩和褚民谊、盛振为、黎照寰、潘公展、欧元怀、金通尹、萧友梅、张寿镛等出席。会议讨论议决了《东北及留日失学学生若来沪，向各校请求转学，应如何办理案》《吾教育界应自动将日货教育用品、并可用国货替代者，详细调查，以谋彻底不用日货案》等。

10月8日，下午二时，上海市各大学学生抗日救国会在小南门少年宣传团开第13次干事会议，刘湛恩、褚辅成、陶百川、欧元怀等出席。会上，刘湛恩发表讲话说，目前需同时注意经济绝交与国际宣传。

10月16日，由上海商界巨子乐振葆等发起创办的宁绍人寿保险公司，在上海银行公会举行成立大会，会议讨论了章程，并选举乐振葆、胡孟嘉、刘聘三、刘湛恩、朱懋澄、袁履登等11人为董事。

10月17日，下午二时，作为沪江大学代表，刘湛恩和同济大学代表陈少峰、复旦大学代表金通尹、交通大学代表胡端行、光华大学代表胡其炳、暨南大学代表杨裕芬等出席于大中华楼举行的本年度上海各大学联合会第四次执行委员会会议，会议讨论了《各大学及学院聚餐会时议发之电费应如何拟派案》，议决所发三电：致欧美各大学、致施肇基代表和致南开张伯苓校长。

10月19日，上午，太平洋国际学会召开第四届年会预备会，刘湛恩和徐新六、胡适、张竹平、虞洽卿、陈立廷、董显光、吴经熊、王云五作为中国代表，和日本、新西兰、菲律宾、美国、荷兰等八国的代表出席，会议商定了第一日即21日的开会秩序。晚，太平洋国际学会委员会特派刘湛恩和徐新六、陈立廷等中外委员共35人乘车赴南京，谒孙中山陵。

10 月 20 日，白天，在南京谒孙中山陵；晚，回上海。

10 月 21 日，上午九时，太平洋国际学会在上海静安寺路万国体育会举行第四届年会，来自中、英、日、新西兰、美、菲律宾、荷兰、澳大利亚的代表 131 人和各国代表团书记 45 人出席，刘湛恩、丁文江、潘光旦、曾宝荪、何廉、陈立廷、胡适、张伯苓、刘王立明、陶孟和、张竹平、阎宝航等出席。

11 月 4 日，中华妇女节制协会附设上海妇孺教养院建筑的慈母宿舍，在上海江湾翔殷路该院礼堂举行落成典礼，刘湛恩和复旦大学校长李登辉、劝业女学校长朱剑霞、该会干事长刘王立明等 200 余人出席。

11 月 6 日，上午，宁粤和谈双方代表开谈话会，刘湛恩作为沪江大学代表和全国学生抗日救国会十四省市的学生代表及上海大同、复旦、大夏等大学的代表共 50 余人到伍朝枢住宅请愿。刘湛恩、盛振为、沈钧儒、王毓祥、金通尹、曹惠群、章益、胡其炳、容启兆等代表各自服务的大学出席。刘湛恩在讲话中，声述"东三省事起后，全沪青年学生，愤慨已极，和平会议，至今日而尚未定有办法，青年学生，莫不欲哭无泪，本人等亦忝为师表，鉴此情形，实无法以领导青年"；"当前次太平洋国际学会在沪举行之日，本人亦为中国代表之一，当讨论之际，对日本暴行，亦曾集议，深觉国内和平团结，尚属如此不能接近，欲求外力，如何可得，故深盼宁粤代表，即日捐除成见，共赴国难"。[①]

11 月 7 日，上午九时，中央训练总监派定的上海青年义勇军训练处主任王柏龄，在江湾劳动大学举行宣誓就职典礼。刘湛恩和张群、陶百川、张道藩、潘公展、徐佩璜、黎照寰等出席。

11 月 7 日，下午二时，作为沪江大学代表，刘湛恩和大夏大学代表欧元怀、同济大学代表陆希言、复旦大学代表金通尹、光华大学代表胡其炳、交通大学代表黎照寰及胡端行、暨南大学代表杨裕芬等出席于

① 《京粤和会代表昨日续开六次预备会》，《申报》1931 年 11 月 7 日，第 13 版。

功德林举行的本年度上海各大学联合会第五次执行委员会会议，会议讨论议决了《东亚体育专科学校声请入会案》《本会款项应妥为存放案》等。

11月7日，蒋介石为"征询民众"对于"和平""外交"和"建设"等问题的意见，特派黄仁霖到沪邀请上海各界领袖赴南京。晚，刘湛恩和虞洽卿、王晓籁、李观森、刘鸿生、郭标、王云五、史量才、钱新之、陈光甫、林康侯、汪伯奇、戈公振、黄炎培、余日章等上海各界领袖及东北民众代表阎宝航即赴南京。

11月8日，晨，到南京。上午十时，蒋介石为"征求对日外交之意见，及讨论有关时局之各问题"，邀请刘湛恩、史量才、虞洽卿、王晓籁、钱新之、黄炎培、郭标、李观森、王云五、汪伯奇、林康侯、余日章、刘鸿生、戈公振、穆藕初、陈光甫及东北民众请愿代表阎宝航等17人在南京"励志社"召开谈话会，特别"对于东北问题，讨论甚详，并合摄一影"。下午，刘湛恩和王晓籁、虞洽卿、黄炎培、林康侯、余日章、戈公振等由黄仁霖招待，分乘汽车谒孙中山陵墓。晚，蒋介石于总司令部设宴款待，席间谈及改良币制、发展交通及舆论公开等。宴毕当晚，离开南京。

11月9日，晨，抵达上海。

11月12日，上海市教育救国联合会召开第十一次执委会议，议决编制"十年教育计划"，其中，决定"高等教育计划"部分由刘湛恩和欧元怀、章益、褚辅成、褚民谊、何炳松、胡庶华等拟订。

11月15日，晚，中华口琴会举办的全沪首次口琴锦标赛决赛，在上海北京大剧院举行，刘湛恩、潘文安等出席并演讲。

11月16日，代理黑龙江省主席马占山率部孤军奋勇杀敌有功，刘湛恩和朱庆澜、江恒源、杜月笙、穆藕初、黄炎培、史量才、张啸林、王晓籁、林康侯、江恒源、汪伯奇、秦润卿、叶惠钧、褚辅成、袁履登、邬志豪、陈彬龢、谢福生、查良钊等代表本埠各公团由中国银行汇款万元接济，并致电慰问。电文曰：

　　齐齐哈尔马代主席勋鉴：绝塞孤军，奋勇杀敌，为国家争回人格，为民众唤起忠魂。遥听义声，喜极感涕，先由中国银行汇奉国币万元，聊作三军之气，以后源源接济，藉壮声援。愿继续奋斗，作最后胜利。①

　　11月18日，中午十二时，刘湛恩和黄炎培、欧元怀、廖世承、胡庶华、郑通和、王云五、江恒源、杨卫玉等在大中华酒楼用餐。②

　　11月20日，下午二时，作为沪江大学代表，刘湛恩和大夏大学代表欧元怀、同济大学代表陈运晟、复旦大学代表金通尹、交通大学代表胡端行、光华大学代表胡其炳、暨南大学代表杨裕芬出席于大中华楼举行的本年度上海各大学联合会第六次执行委员会会议。会议讨论了《本会对于国难应如何表示案》，议决召集临时大会共同讨论，并定于11月22日下午三时举行；讨论了《大会讨论问题纲要案》，议决发表宣言，电施肇基公使，指导青年抗日救国，并推定复旦大学起草宣言等。

　　11月20日，在《民众教育季刊》第2卷第1号上发表《民众教育与职业教育》一文。

　　11月22日，下午三时，刘湛恩和童行白、黎照寰、陈运晟、杨裕芬、王造时、胡其炳、李登辉、金通尹、章益、欧元怀、樊正康、盛振为、褚辅成、沈钧儒等出席于大中华楼举行的上海各大学联合会本年度第一次临时大会。会议议决了《电施公使案》《指导青年救国运动案》等。

　　11月29日，上午八时半，刘湛恩和刘良模、刘王立明等参加沪江大学于本校大礼堂举行的纪念孙中山诞辰65周年纪念大会。

① 《各团体昨日续有巨款汇黑：各公团汇款接济》，《申报》1931年11月16日，第9版。
② 黄炎培著，中华社会科学院近代史研究所整理：《黄炎培日记》（第4卷），华文出版社2008年版，第39页。

11月30日，晚，刘湛恩和黄炎培、王云五、廖世承、郑通和、胡庶华等在上海功德林聚餐。①

11月，在《时事年刊（民国十九年—二十年）》第1期上发表《最近一年之注音识字运动》一文。文中认为，全国识字运动乃是启发民治惟一的补救方法。

按：《时事年刊（民国十九年—二十年）》第1期由南京《时事月报》社编辑，上海大东书局1931年11月初版。1932年3月，《最近一年之注音识字运动》又刊于《教育与民众》第3卷第7期。

12月8日，晚，刘湛恩和黄炎培、褚辅成、穆藕初、虞洽卿、王晓籁、王延松、汪伯奇、王云五、黎照寰、李登辉、何世桢（劳铿修代）、郑毓琇、胡庶华、史量才（张蕴和代）、汪伯奇、张竹平、戈公振、徐寄庼、叶惠钧、郑洪年（汤德民代）、沈恩孚（沈本强代）、董显光、徐新六、周作民、姚文楠、余日章、徐寄庼、马相伯、朱少屏、杜月笙、张嘉璈、李馥荪、陈光甫、林康侯、陈蔗青、朱吟江等共49人，应国民党中央特种外交委员会正副委员长戴季陶、宋子文之邀赴南京，报告外交问题。

12月9日，晨，抵达南京。上午，戴季陶、宋子文、于右任、陈布雷等于国民党中央党部接见刘湛恩、黄炎培、虞洽卿、王晓籁、汪伯奇、王云五、戈公振、徐寄庼、叶惠钧、董显光等，报告外交情况，顾维钧列席。下午，举行茶话会，沪上诸人发表意见，并就国联调查、日本是否撤兵等问题提出询问。戴季陶、宋子文、顾维钧分别解答。"末又论及政治公开、人才集中"和"成立国难会议"等事。当晚离开南京返沪。②

12月12日，下午二时，刘湛恩和欧元怀、黎照寰、胡端行、褚辅

① 黄炎培著，中国社会科学院近代史研究所整理：《黄炎培日记》（第4卷），华文出版社2008年版，第42页。
② 《特外委会接见虞洽卿等》，《申报》1931年12月10日，第7版。

成、盛振为、颜福庆、胡庶华、徐佩琨、胡其炳、郑洪年、杨裕芬、刘海粟等出席于大中华楼举行的上海各大学联合会本年度第二次临时大会。会上，由主席黎照寰报告了开会宗旨，褚辅成报告了上海市学潮情形。

12月13日，蔡元培自京致电上海电报局局长荣宝澧，请转告上海各大学校长刘湛恩、王伯群等，劝阻学生赴京，原电云：

电报局荣局长，请即分转王伯群、张泳霓、李登辉、郑洪年、王景岐、黎照寰、胡庶华、何世桢、郑毓秀、褚辅成、刘湛恩、曹梁厦、刘海粟、潘公展诸先生公鉴：报载上海学生三分之一定寒日入京，现在外交自接受国联决议案后，暂告一段落，内容及政府之苦衷，均已公布，内政则四届中委，不日集京，即产生统一政府，此后救国大计，统由国难会议统筹，此时来京，必无结果可言，京中天气骤寒，在零点以下，居行各感困难，务望即邀集各校校长教授，设法劝阻诸同学来京，并希以接洽经过电告弟蔡元培。①

按：刘湛恩暨各校校长得此电后，即于13日晚、14日晨向学生劝阻，但学生去意坚决，毅然赴京，劝阻卒无效果。

12月14日，下午三时，虞洽卿、史量才、王晓籁、秦润卿、袁履登、张嘉璈、张啸林、杜月笙、刘鸿生、陆伯鸿、林康侯、徐新六、陈光甫等，在绍兴旅沪同乡会邀集本埠大中各学校校长及上海各大学学生抗日救国联合会、各校学生抗日救国联合会暨大中各学校学生代表各两人开谈话会，刘湛恩和胡庶华、何世桢、褚民谊、徐佩璜、王景岐、褚辅成等与会。

12月14日，为《沪江大学丛刊》第6期撰写《报告书》：

敬启者：韶华如驶，倏将卒岁。本校在二十年度中以恩轮才任重，举凡设施容有未当，而迥想过程。如建筑男女生新膳厅暨健身房，改造

① 《各大学第一批示威团昨晋京：劝阻无效》，《申报》1931年12月15日，第13版。

东堂男生宿舍，购置新基地成立商学院、日夜校，开办音乐、师范专修
科，及与《时事新报》合办新闻学训练班等事项，尚能勉应需要，差
免陨越，此则胥赖社会之匡襄，教职员之努力，暨同学之一德一心，乃
克臻此。感谢之余，兹特将本年度内学校概况，条分缕析，编为报告，
供众览教。至教育事业，日新月异，丁兹国难，指导青年，将事尤艰，
并希爱护本校者随时建议，督其不逮，庶几校政推行于改善演进之中，
有积极发展机会，而导引学生努力救国，亦得遵循有自。企祷曷既。

专颂

台绥。

沪江大学校长刘湛恩谨启

二十年月十二月十四日①

12 月 21 日，刘湛恩和黄炎培、王云五招餐于功德林，杨卫玉、郑
通和、胡庶华、欧元怀等出席。②

12 月 22 日，刘湛恩和王晓籁、林康侯等上海政商学界人士电请国
民政府及行政院，挽留市长张群：

国民政府林主席、行政院陈院长勋鉴：顷闻本市张市长，近忽分电
中央，呈请辞职，闻讯之下，无任惶惑。伏念张市长自莅任以来，抚辑
得宜，群情翕服，当此外侮未戢，内政绝续之交，遽萌退志，似非其
时。况本市为花样绾毂之区，中外观瞻所系，尤赖得人而治。用敢电请
钧府院以地方为重，迅令打销辞意，勿任高蹈，地方幸甚，人民幸甚。
虞和德、张公权、胡孟嘉、王晓籁、林康侯、李馥荪、袁履登、陆伯
鸿、史量才、秦润卿、徐新六、李次三、谭毅公、刘湛恩、刘鸿生、徐

① 《沪江大学丛讯》第 6 期，1931 年 12 月，沪江大学编译部印行。
② 黄炎培著，中国社会科学院近代史研究所整理：《黄炎培日记》（第 4 卷），华
　文出版社 2008 年版，第 47 页。

寄廎、欧元怀、杜月笙、张啸林、陆京士、魏廷荣，仝叩。①

12 月 22 日，刘湛恩和王晓籁、林康侯等上海政商学界人士电贺熊式辉升任江西省政府主席：

天翼司令鉴：报载执事新被荣命，开府江右，赣人治赣，可谓得人地之宜，遥企旌旃，曷胜欣贺。迴念执事自警备淞沪以来，荣载严明，亡爸不惊，宽猛相济，遗爱在人，和德等借寇无从，攀辕莫及，立苟勔之祠，赋甘棠之诗，追溯德政，不尽依依，驰电奉贺，并志去思，敬希垂照不宣。虞和德、张公权、胡孟嘉、王晓籁、林康侯、李馥荪、袁履登、陆伯鸿、史量才、秦润卿、徐新六、李次三、谭毅公、刘湛恩、刘鸿生、徐寄廎、欧元怀、杜月笙、张啸林、陆京士、魏廷荣。②

12 月 26 日，下午三时，上海青年会民众学校在该会殉道堂举行第三届联合休业典礼，刘湛恩和学生及来宾计七百余人参加。仪式上，刘湛恩作了演说，并向学生颁发文凭。

按：上海青年会创办的第三届民众学校共有 74 处之多，有学生 475 人（男生 149 人，女生 326 人）。

本年，为沪江大学 1931 年级刊（毕业生纪念册）作序。

1932 年（民国二十一年　壬申）　三十六岁

1 月 9 日，刘湛恩和张寿镛、胡庶华、萧友梅、褚民谊、郑洪年、黎照寰、盛振为、欧元怀、金通尹、曹惠群等 20 余人参加上海各大学校长第十次聚餐会。

1 月中旬，赴江苏参加苏地抗日救国工作。

1 月 28 日，下午，中华妇女节制协会举行本年第一届董事会议，王瑞琳、潘秀清、刘王立明等 10 余人出席。会议议决出版《节制生

① 《本埠各界挽留张市长，并贺熊司令升迁》，《申报》1931 年 12 月 23 日，第 13 版。
② 《本埠各界挽留张市长，并贺熊司令升迁》，《申报》1931 年 12 月 23 日，第 13 版。

活》，加紧抵制日货及国际宣传，组织上海全市救丐促成会，推举郭美德、李冠芳、李耀贞、何香凝等为委员，并请李登辉、吴经熊、虞洽卿、王晓籁、黄炎培、王一亭、颜福庆、邝富灼、刘湛恩等为顾问。

3月15日，正午，外交部次长郭泰祺在上海西摩路何东爵士私邸欢宴国际联盟会调查团，刘湛恩和顾维钧、宋子文、吴铁城、杨永清、徐新六、虞洽卿、杜月笙、张竹平及国际联盟会调查团主席李顿、美代表麦考益、法代表克劳特、意代表史高蒂、德代表希尼、秘书长哈斯等出席。

按：国际联盟会调查团于3月14日晚抵沪。

3月16日，中午，上海各大学联合会在上海华安饭店设宴欢迎国际联盟会调查团主席李顿、美代表麦考益、意代表史高蒂、德代表希尼、秘书长哈斯，刘湛恩、黎照寰、李登辉、胡庶华、何世桢、曹惠群、欧元怀、王景岐、颜福庆、吴经熊等出席，由黎照寰任主席，并致欢迎词。

3月18日，晚八时，上海市商会在外滩华懋饭店宴请国际联盟会调查团，刘湛恩和顾维钧、郭泰祺、吴铁城、虞洽卿、俞鸿钧、黄伯樵、张嘉璈、潘公弼、徐新六、史量才、陈光甫、黎照寰、胡庶华、马相伯、汪伯奇、张竹平、董显光、林康侯、朱庆澜、王晓籁等出席，由王晓籁任主席并致辞。

3月24日，和曹云祥、聂潞生、萧继荣、陈立廷联合发表《我们对于时局的意见》：

国家频年内乱，元气衰弱，今更水灾迭告，外侮侵凌，诚所谓危急存亡之秋也。同人等以为救国之术，千头万绪，而摄其大要，不外内部组织及对外运用两端。必须内部坚实，方有对外之可言，必须外交方针一致，方能规定程序，千弩一的，集全力以共赴。昔人云："从前种种譬如昨日死，以后种种譬如今日生。"所盼海内外同胞咸抱牺牲之决心，各本良心之主张，捐除成见，合力御侮，则多难兴邦，今日之危亡，未始非促进团结、令我中华民族恢复历史上光荣之机会。兹就同人意见所及，略陈对于该两项大纲之趣旨。

一、对外

（甲）中日整个问题

本问题自张学良取不抵抗主义以来，令日人不遗一矢攫去我东三省二十万方英里之土地。彼得之既易，贪心乃愈炽，逐渐而侵扰天津青岛，今则直派大军攻我经济中心点，全国精华所聚之上海。是我方愈表示怯弱，敌方愈益枭张。政府虽迭次宣言"不失国土，不丧主权"，最近并已表示"抵抗到底"，然何为不失国土，何为不失主权，并未有详细说明，究觉言词空泛，不足以表示积极之政策，而对各友邦调停之方案，国际联合会之建议，亦未定有容纳采取之标准，以致遇事迟疑，无明果决断之态度。甚且事实上中部与日激战，东北乃按兵不动，令敌人得集全力以击。我前方流血抵抗，而中央乃有退让之谣，令将士丧气，全国灰心。事事矛盾，莫甚乎此。而敌人见我举棋不定，乃可给和实战，声东击西，极其欺诈诳骗挑拨离间之能事矣。前日本政府向国际联合会提出基本原则五条，以为解决中日问题之根据，同人认为若与日本妥协，亦有基本原则如下：

（一）日本在侵占或扰乱中国之各地，必须将军队撤尽，恢复二十年九月十八日以前之原状；

（二）日本必须承认充分赔偿我国政府及人民在被占及被扰乱各地所受生命财产之损失；

（三）如日本对于上列第一项已切实履行，对于第二项已为书面之承诺，我可承诺与日本直接交涉谈判其他之各中日悬案；

（四）在未开议之先，日本须承诺遵守国际联盟规约、非战公约及九国公约，即如谈判决裂，应取仲裁方法，向国际法庭申诉，交国际联盟处理，或召集九国会议公同讨论，不得再诉诸武力；

（五）如日本不容纳我上述原则，我当用武力抵抗，收复失地，并一面要求国联与日本经济绝交，并切商美国采取尊重九国公约及非战公约之切实办法。

（乙）上海事件

上海事件，吾人虽绝对不能容纳日本主张，视为局部问题，但以租界关系，各国人民麇集，于彼等利害关系甚重，颇欲速了，日人乃利用此心理，以为局部解决上海之创导。故吾人决不可不表明白态度，令敌方无所施其计，而英美各国亦知我民意之所在，不致提出我不能容纳之调解案也。

（一）绝对不承认租界周围不许驻兵之议。不许驻兵即系限制我主权之行使，丧权辱国，莫斯为甚。我之不能承认，理由至为明显，惟有少数欧美旅沪商人心理，以为此乃为上海人民生命财产安全计者，其理由似是而非，不可不辩也。查上海租界自辟为商埠以来，迄今八十余年，并未有任何危险，可见租界外之华军于租界之安全毫无妨碍。今日上海之有绝大危险者，乃缘于日军之以租界为根据地，进攻我军，其咎在日，并不在我。若曰，苟使租界外无华军驻扎，则中日军队无由冲突，则不知日军抱侵略主义，华军无论退至若干地点以外，日军仍可进攻，冲突之事，终不能免，除非令中国全国均不驻扎军队。可见此等办法，苟使吾非日本之属国，当无此理也。故一言以蔽之曰，欲保持上海租界之安全，当由关系各国强制日本不得违约轻用武力，尤不得以租界为根据地，进攻我国之军队。

（二）中立之区说。如为停战起见，中日两军各划出相等之地点，由第三国防守，且明白规定该区可暂时的，一俟日本军队撤至事变以前地点，仍由我军接防，我可承诺之。

（三）绝端反对扩充租界。此项要求，无论出诸日本或其他各国，我均绝端反对。盖关系租界各国容或根据设立冲缓地段保全租界为理由，而有本项之提议，故吾人不可不预筹应付之办法也。吾人须知虹口及杨树浦何尝不为租界，何尝不为冲缓地，而日人乃以为进攻之根据地，令租界全部陷于危险，各国除空言抗议外，毫无制止之办法，则他日之新租界，性质形势，岂能异是，不过予野心之国家益得宽广之土地，以为进攻我军之根据地，于租界本身，固无丝毫之利益也。

二、内部准备

综观五月来日本之实行侵略政策，有加无已，所有公约之规定，国际联合会之决案，列强之劝告，以及世界之舆论，均置诸不理，盖彼之军阀派决计以强权战胜公理也。处此情状之下，我国惟一对付方法，厥为武力抵抗，以促敌人之觉悟，否则，我益让步，彼益以为我无能力御侮，非达到完全征服我国之欲望不止。今我守上海将士已表示其确有抵抗日军之实力，惟日人军备充足，源源而来，我若对于抵抗方法不加以整个之筹划，殊难持久。昔基尺纳尔于欧战半年后始从事英国陆军伟大之组织，表面颇似迂缓，而以毅力不懈，卒成强大之军队，获最后之胜利，则我国现将军备根本造起，正为未晚。同人以为应付此局势，应举办下列之三则：

（一）组织国难政府，以资团结；

（二）下二百万兵士之动员令，以厚兵力；

（三）发行二万万之国难公债，以充饷械。

谨分述其理由，并详细办法如下：

查欧战时，各国多组织战时内阁，放弃习惯之党治办法，而改为混合内阁，盖以国事紧张，非策群力不足以资应付，而战时人民之负担尤重，牺牲尤大，尤不可不令共同担负共同牺牲之各党各派，均有参加政治之可能也。中国国民党秉政迄今四载，其成绩之不能令人满意，当为不可掩之事实，际兹国难当前，正宜以政权还诸国民，以明责任，惟同人等以为国民党内贤才辈出，并无摒诸政府以外之意，不过欲国内贤达会同国民党优秀分子共同治理耳。

国难政府应由国难会议产生，国难会议即适用现政府所颁行之组织法，即日集合开会，从事组织新政府。

为避免更迭纠纷起见，同人主张国难会议对于现政府不过加以任命，并不更动，惟国难会议及国难政府成立后，所有国民党各机关对政府即不发生任何关系。

在国难期间内，国难会议对于国民负责，国难政府对于国难会议负责。惟国难会议须制定国民大会召集法，训令政府于停战三个月内，召集国民会议，制定宪法，组织正式政府。

下动员令时，将全国军队妥为分配，不足者从速招募，即日励行武力抵抗，并出兵收复失地。

国难公债条例由财政部立法院各派专员二员，商会银行公会各推代表二员，会同拟定，并由持券人公选代表团，直接监督用途及偿本付息诸务。①

3 月 25 日，刘湛恩和黄炎培、江恒源、杨卫玉、王云五等在上海华社聚餐。②

3 月底，美国哥伦比亚大学师范学院教授罗格博士电告刘湛恩、陈鹤琴、郑通和等，准于 4 月 3 日和夫人乘"太古"号轮船抵沪，拟在沪勾留两星期，与中国学术界相互研讨教育及社会问题。

3 月，沪江大学城中区商学院夜校正式开学。

4 月 6 日，下午三时，刘湛恩和胡其炳、胡庶华、欧元怀、杨裕芬、黎照寰、金通尹出席于大中华楼举行的上海各大学联合会本年度第十次执行委员会会议。

4 月 10 日，下午三时，中华妇女节制协会在上海女子公寓举行开幕典礼，该公寓主任杨美真致开会辞，刘湛恩、杨卫玉出席并演讲。刘湛恩在演讲中说，上海女子公寓完全是社会化的家庭，服务于社会或求

① 曹云祥、聂潞生、萧继荣、陈立廷、刘湛恩：《我们对于时局的意见》，《上海青年》第 32 卷第 7 期，1932 年 3 月 24 日。
② 黄炎培著，中国社会科学院近代史研究所整理：《黄炎培日记》（第 4 卷），华文出版社 2008 年版，第 71 页。

学的女子，将家庭、社会、职业打成一片，这是难能可贵的事情。

4月10日，沪江大学城中区在上海青年会礼堂举行大学开学礼，刘湛恩出席并讲话，教务长樊正康作报告。

4月11日，晚八时，各团体救国联合会所组织的纪念萧德烈士筹备会在上海爱文义路517号举行第一次会议，冯少山、殷芝龄等10余人出席，会议讨论了纪念萧德筹备事宜，并欢迎萧德母亲来沪，议决添聘刘湛恩、张荣溥、张子廉、陈伯权等为本会委员。

按：美籍航空上尉萧德此前在苏州为支援中国抗日殉难，萧德母亲定于4月19日由美到沪。

4月14日，下午五时，中国经济学社上海分社在银行俱乐部开会，刘湛恩和刘大钧、李权时、黎照寰、潘序伦、刘秉麟、马崇淦、蔡正雅等30余人与会，由何德奎任主席。会议讨论了目前的重要经济问题。

4月15日，晨，"萧德义士旌表委员会"举行会议，议妥了欢迎萧德母亲程序。

按："萧德义士旌表委员会"为国民政府派员与各团体代表共同组织，以欢迎即将到华的萧德母亲，委员会由刘湛恩、胡筠秋、胡筠庄、梁士纯、殷芝龄、冯少山等团体代表和航空界、财政部、外交部、上海市政府等的代表共同组成。

4月21日，在《时事新报》上发表《国内非战建设运动》一文：

民国成立以来，兵连祸结，自相残杀，循环不已，迄无宁岁，以致分崩离析，建设难期，人民困苦日深，失业愈众，坐长内乱，招致外侮，空穴来风，物腐虫生，念兹阽危，至堪痛心。注重外交，藉谋解决。国际联盟九国公约固可利用，但根本补救，仍应反求诸己，力图自强。凡属国人，应捐除自私自利之见，一致团结，努力永息内战，并积极推行各种建设事业，务使社会安定，人民乐业，国基巩固，内乱不作，外侮自无由乘隙而入。所谓国必自伐，而后人伐。证诸历史，班班可考。近来屡接欧美友邦电讯，颇多询问中国内战情形，虽远道传闻，未免失实，然而阋墙之争，难免不再发生。思患预防，釜底抽薪，似应赶紧发起国内非战建设运动，利用全国民众渴望和平之心理，厚集群力，消融放纵贪婪，甘为戎首。一切未来之隐忧，庶几修明内政，即所以捍御外侮。不揣昧愚，敷陈办法如左：

（一）订立国内非战建设公约　由全国领袖相约发起订立，务以诚恳精神，切实遵守，并宣誓如下："余誓努力新中国建设事业，绝不参加或赞助国内任何战争，并尽力设法制止之。"

（二）对于破坏国内和平参加内战者采取不合作主义　全国人民既深受频年内战之痛苦，感觉长期破坏，建设无望，应誓不与捣乱分子合作，实行掾属辞职，工商界不协济，亲友不往来。

（三）奖励建设领袖　年来各界领袖提倡建设事业者，颇不乏人，因势利导，国人似可仿瑞典罗贝和平奖金办法，妥筹的款，以褒奖每年国内努力和平建设事业者若干人，庶几闻风兴起，百废俱兴。

（四）注重和平建设宣传　全国教育界及舆论界，应用各种方法，应极宣传内战暴行，给与吾人之痛苦，与建设事业之重要，使国人趋利避害，一切努力，咸获正当途径。在学校尤当用教育方法，以注重和平统一及努力建设事业之精神，时向学生训导，令其印象既深，将来学成致用，自可积极建设新中国。

右项管见，虽未必能即弭今日中国之内乱，但亦国人企望和平建设，似宜有其一种觉悟与努力。所冀邦人君子，注意研究，群起提倡，全国风从，种今日之因，收他日之果。并希于进行之先，切加研究，务求详细具体之方，庶几和平可卜，治理斯臻，民国幸甚。①

按：6月1日，该文删略后在《中华归主》第127期上再次同名刊出。

4月22日，为反对书籍邮费加价，刘湛恩和欧元怀、吴经熊、曹

_____

① 刘湛恩：《国内非战建设运动》，《时事新报》1932年4月21日。

惠群、胡敦复、陈鹤琴、黄炎培、黎照寰、江恒源、王璡等，联合致电国民政府行政院。

4月27日，上海公共租界工部局各委员会委员人选确定，刘湛恩和欧元怀、林康侯、袁履登等为学务委员会委员。

5月6日，上午，刘湛恩和蔡元培、江恒源、黄炎培、朱庆澜、杨卫玉、贾观仁、史量才、沈恩孚、黄伯樵、穆藕初、潘序伦、钱新之、郑通和、何玉书、胡庶华、沈怡及职教社各附属机关职员、学生共近二千人，参加在中华职业学校职工教育馆举行的中华职业教育社成立15周年纪念式。

5月8日，下午二时，刘湛恩和朱懋澄、李登辉、应书贵、胡庶华、黎照寰、钟可讬、黄警顽、俞庆棠、陈彬龢、郑文汉等数十人于上海博物院路20号参加民生改进社成立大会，公推朱懋澄任主席。会议通过了该社社章。

按：民生改进社成立后主张：国家社会之一切设施，应以民众幸福为目标；国家与国民经济建设，应有整个合理之计划与组织；生产与分配事业，应社会化、合作化；国民教育应限期普及并指定教育经费不得挪作他用；中央与地方教育经费，至少应与军费相等；中央与地方政府应尽力举办民众福利设施，并扶助各种有益民生之事业。

5月16日，刘湛恩和黎照寰、吴贻芳、陈荣捷、李书田、杨永清、李迪云、罗忠忱、魏学仁、方叔轩、胡经甫当选为中国斐陶斐励学会第二届董事会委员。张伯苓当选为会长，陈裕光、司徒雷登当选为副会长，钱存典当选为总干事。①

5月17日，刘湛恩和李登辉、朱懋澄、应书贵、黄警顽、潘济时、胡庶华、俞庆棠、潘文安、黎照寰、钱振亚、沈体兰、史六芸等15人被选为民生改进社理事。

---

① 梁吉生撰著：《张伯苓年谱长编》（中卷），人民教育出版社2009年版，第224页。

5月22日，在《申报》上发表《国内非战建设运动释疑》一文：

最近一般酷爱和平、爱国同志，为遏止内战，实行建设，曾提出国内非战建设运动办法四项：（1）订立国内非战建设公约。（2）对于破坏国内和平参加内战者采取不合作主义。（3）奖励和平建设领袖。（4）注重和平建设宣传。奉商国人，希望共起实行。发表之后，社会人士，不乏声应，可见嫉恶战争，爱好和平，实为举国一致之心理。第尚不免有对于国内非战建设运动，怀抱疑虑者，敬申管见，愿与国人一商榷之。

或曰：政府丧权辱国，与军阀割据，每不幸引起内战，在民众方面，应如何对付。按现在吾人第一希望，即在唤起民众，感化政府，竭力振作，自强不息，与民更始，并感化军阀。戡除野心，为国干城。政府如果不愿国家运命，民族生存，倒行逆施，丧权辱国，则覆亡堪虞。在我民众，自不得不以整个力量，为积极有效举动。军阀如果持兵以逞，争杀不已，务在割据，则在民众方面，尤当揭发其隐私，提醒国人，采取适当手段。惟二者之制裁，吾人须用非武力方法解决，无论任何一方，有此嫌疑，应由民意机关（在正式国民代表机关未成立前，法定民间职业团体可替代之。）裁判曲直，加以制止。设或未能有效，不幸内战发生，则吾民众惟有坚壁清野，拒绝与内战者合作。盖民众既无兵力，不能置身其间，谋进一步解决；即有兵力可以利用，试问谁能担保新军阀不再出现。且今日中国，饱经忧患，危亡已迫，无论制裁何种纠纷，均不应诉诸武力，自增痛苦，陷国家民族于万劫不复之境。

或曰：内战之因已种，政治社会经济生计各种问题不解决，内战不能免。此言固甚扼要，但自经一度内战，往往政治愈益败坏，社会愈益不安，经济愈益恐慌，生计愈益艰难。可见频年内战不已，虽其原因综错复杂，至非一端，实亦互为因果。愚以为非先制止内战，不能谈社会改造与国家建设。而历年内战，变本加厉，无裨于国，无益于民，尤为不可掩之事实。先谋内战之阻遏，正所以消除政治社会经济生计以及其他进步之障碍。

或曰：口头非战，纸上弭兵，少数人之主动，亦复何用？窃谓：事在人为。只要动机纯正，持久奋斗，终有成功之一日。从前一切革命事业，当其发端伊始，宁非艰难万倍？特以精诚所至，金石为开，故卒能以少数人之努力，唤醒全国民众。今日吾人提倡国内非战运动，诚能痛下决心，自愿为和平牺牲，定能感化国内领袖人物，激起民众相约参加。以此坚强力量，遏止内战，纵未能收目前之效果，积日既久，必可消灭将来内战祸根，确立永久和平。惟其能否成功，全在吾人能否长期努力。

总之，今日中国，水旱天灾，刀兵匪盗，既已历尽艰险，而强敌蹂躏，空前国难，亦复方兴未艾。国运民命，殆已不绝如缕。到此境地，无论如何，不得再有内战。愿吾同胞，抱定宗旨，斩除荆棘，万众一心，消弭内战，奋发自强，努力建设，以大公无我之精神，推进国内非战建设运动，不达目的不止。①

5月26日，刘湛恩和吴鼎昌、张嘉璈、陈光甫、李馥荪、钱新之、徐新六、林康侯、王晓籁、秦润卿、卢涧泉、冯幼伟、贝祖诒、吴蕴斋、胡笔江、黄溯初、陈叔通、徐寄顾为发起废止内战大同盟会致电胡适、张伯苓等：

北平胡适之先生转蒋梦龄、沈尹默、梅贻琦、吴雷川、熊秉三、冷燏卿、周作民、丁在君、陶孟和、张君劢暨各知友诸先生，天津张伯苓、卞伯眉先生转各知友诸先生，武昌武汉大学王校长转各知友诸先生，南京中央大学任校长转各知友诸先生，广州中山大学邹校长转各知友诸先生，上海马湘伯、赵竹君、唐蔚芝、虞洽卿、张啸林、杜月笙、史量才、黄任之、汪伯奇、穆藕初、张澹如、俞寰澄、刘鸿生、聂潞生、荣宗敬、郭顺、郭乐、劳敬修、胡庶华、欧元怀、黎照寰先生转各

---

① 刘湛恩：《国内非战建设运动释疑》，《申报》1932年5月22日，第14版。

知友诸先生公鉴：

全国商会联合会、上海市商会、银行业同业公会、钱业同业公会，鉴于内忧外患之严重，特发起废止内战大同盟会，以期安内对外。其章程已另有公电发表，想荷鉴及。除各团体发起外，希望各界名人共同加入。如荷赞同，即希广为接洽，将加入人名，汇集电示，不胜盼祷之至！吴鼎昌、刘湛恩、张公权、陈光甫、李馥荪、钱新之、徐新六、林康侯、王晓籁、秦润卿、卢涧泉、冯幼伟、贝淞荪、吴蕴斋、胡笔江、黄溯初、陈叔通、徐寄庼同叩，宥。①

5月27日，上海市民地方维持会交际组此前鉴于改组工作业已结束，而又急需深入研究未来的国际问题，于是发起组织国际问题研究会，推刘湛恩、陈光甫、邹秉文为筹备委员，着手组织，本日，国际问题研究会在银行公会举行成立大会，刘湛恩、陈光甫、刘鸿生、郭秉文、邹秉文、徐新六、钱新之、陈立廷、胡庶华、胡筠秋、张嘉璈、陈蔗青、冯炳南、史量才、聂潞生被推选为理事。

5月28日，晚七时，上海市南市各中等学校举行的学生国语演说竞赛会在基督教普益社举行决赛，刘湛恩和黄炎培、徐佩璜、陈鹤琴、钱剑秋担任评判。是次决赛讲题为《学生救国运动之具体办法》。

5月30日，国际问题研究会召开第一次理事会，刘湛恩、张嘉璈、钱新之、胡庶华、胡筠秋、聂潞生、邹秉文、徐新六、陈立廷、郭秉文等出席，会议公推陈光甫为理事长，徐新六、聂潞生、刘湛恩、陈立廷、郭秉文为常务理事；王正廷、顾维钧、黄郛、颜惠庆、伍朝枢为名誉理事；通过预算及工作计划，并推定郭秉文为执行部主任。

5月，中华妇女节制协会为纪念世界母亲节，以发扬该会主张，倡导孝道，辟《节制》第11卷第1、2、3期为"母亲节专号"，其中刊有刘湛恩《我的母亲》一文。

---

① 《吴鼎昌等征求加入废止内战大同盟》，《申报》1932年5月27日，第6版。

按：5月8日为世界母亲节纪念日，中华妇女节制协会于是日在上海青年会举行母亲节纪念会；本月，《布道杂志》第5卷第3期也刊登了《我的母亲》一文。

6月3日，下午四时，梵王渡俱乐部举行新会所开幕典礼，刘湛恩、刘鸿生、卜舫济、袁履登及圣约翰大学师生会员百余人出席。典礼仪式上，刘湛恩作了演说，刘鸿生和卜舫济分别演说"俱乐部经过"和"俱乐部之功用"。

按：梵王渡俱乐部系由圣约翰大学同学会设立，由刘鸿生等创设，已有十余年历史。新会所位于上海南京路大陆商场四楼。

6月4日，下午二时，刘湛恩和欧元怀、杨裕芬、张寿镛、黎照寰、胡端行、金通尹等出席于功德林举行的上海各大学联合会本年度第十二次执行委员会会议。

6月12日，下午二时半，在上海青年会第五届学术讲演上讲《非战与建设》。

按：上海青年会为灌输知识起见，特发起学术讲演，于每周日下午二时半举行，已举办四期，主讲者均为当代名人。本应在1932年春季举行的第五届，因沪战发生延搁定于6月12日至8月7日举行，总题为"国内和平"，共分九讲。

6月20日，下午一时，发起废止内战大同盟会的全国商会联合会、上海总商会、上海银行公会、钱业公会，在上海香港路四号集议进行办法，刘湛恩、徐寄庼、林康侯、陈蔗青、钱新之、严谔声等出席。会议决定设立废止内战大同盟会筹备会，即日起开始办公；筹备会地址暂定上海香港路四号三楼；筹备会每星期集议一次。

6月22日，下午一时，刘湛恩和林康侯、王晓籁、徐寄庼、陈蔗青、陈立廷、钱新之等，出席废止内战大同盟会第二次筹备会议。会议通过成立公告，即日发表，并决定积极宣传废止内战，推刘湛恩、陈立廷负责办理。

6月29日，刘湛恩和李耀邦、赵晋卿、董景安、于寿椿、胡咏骐、徐振东、戚正成、洪宗元等计20余人在沪江大学参加该校校董会年会，并报告一年来学校状况。会议决议下年举行建校25周年纪念；筹募基金百万元，发展各学院与扩充奖学金学生名额。

6月30日，中午，国际问题研究会因北平国际联盟同志会会长熊希龄因公来沪，特在银行俱乐部设宴欢迎，刘湛恩、熊希龄、史量才、胡庶华、胡筠秋、邹秉文、陈立廷、钱新之、郭秉文、聂璐生、冯炳南等与会。郭秉文致欢迎词，熊希龄报告了国际联盟同志会的经过。下午四时，国际问题研究会又召集研究组委员会议，研究当前国际重要问题，并请新自日本返国的马伯援莅临，刘湛恩、胡庶华及该会人士共40余人出席，会议由胡庶华任主席，刘湛恩致介绍词。会上，马伯援报告了日本国内情状及其对华态度。

6月，为《弘道二十周纪念刊》题词："弘道女子中学二十周纪念：女教昌明。"

7月1日，上午九时，中华职业教育社改选评议员，由董事钱新之、沈恩孚监察开票，结果，刘湛恩和蔡元培、朱经农、陶行知、王志莘、陈彬龢、杜重远、邹秉文、张嘉璈、贾观仁十人当选。冷遹、廖世承、顾树森、黄郛、欧元怀五人为候补评议员。

按：依中华职业教育社社章之规定，每年改选评议员半数。

7月2日，中午，刘湛恩和王晓籁、陈蔗青、严谔声、钱新之、徐寄庼、林康侯等参加废止内战大同盟会第四次筹备会议，会议并特请熊希龄、朱庆澜、查良钊出席。会议对有关进行办法讨论甚为详尽，其中，对于制止广东内战问题，决定推代表赴粤请愿停战。

7月4日，上午，刘湛恩和陈选善、杨卫玉、郑通和、倪文亚、俞寄凡等参加上海南汇县立女子初级中学校于南汇城内东门举行的成立五周年纪念会仪式。

7月4日，出席废止内战大同盟会第五次筹备会议。

7月6日，出席废止内战大同盟会第六次筹备会议。

7月9日，在中华基督教青年会全国协会暑期学术演讲中演讲《废止内战问题》。

7月10日，下午，商务印书馆在上海市商会议事厅举行股东常会，会议选举了董事和监察人，刘湛恩和夏鹏、高凤池、鲍庆林、张元济、王云五、李宣龚、张蟾芬、丁榕、高凤谦、叶景葵、郭秉文、黄汉梁等当选为董事，徐善祥、徐寄庼、周辛伯当选为监察人。

7月12日，晚，中华航空救国会筹备会成立大会在上海银行俱乐部举行，市长吴铁城参加并发表沉痛演词，会议讨论了会章，并推定刘湛恩和吴铁城、黄秉衡、王晓籁、林康侯、邹秉文、杜月笙、史量才、温宗尧、虞洽卿、蔡元培、宋子靖、许世英、胡筠庄、熊希龄、王正廷、余日章、李登辉、朱博泉、贝祖诒、张啸林、胡笔江、韩希琦、郭秉文、黄溯初、胡孟嘉、秦润卿等36人为筹备委员。

7月15日，上午，刘湛恩和陈时、萧友梅、胡庶华、胡敦复、欧元怀、董任坚、颜福庆、吴贻芳、孟宪承、刘海粟、郑洪年、孙贵定、陈选善、王景岐、郭一岑、杨永清、吴经熊、钱基博、张寿镛、褚辅成、沈钧儒、廖世承、黎照寰、胡端行、李登辉、金通尹、章益等六七十人，参加由上海各大学联合会于八仙桥上海青年会举行的全国高等教育问题讨论会。在会上，刘湛恩代表上海各大学联合会致欢迎词：

今天上海各大学联合会，极诚恳的欢迎外埠各大学的代表，天气这样热，我们的心更热，我们很抱歉，因为本来主张，在去年就开会的，但因九一八、一二八，国难相继发生，没有做到，我们对于高等教育要切实的改革，有许多大学是大而不学，还有是不大不学，现在我们研究已往的情形，到底用什么方法来改革高等教育，现就把我个人的意见，向各位领教。（1）学生的出路问题。大学的使命是什么，现在学生学非所用，用非所学，不学不用，我们对这问题怎样来解决。（2）课程与教材问题。现在国内课本，合实用的很少，我们怎样教材及课本实用。（3）教授法的问题。即现在的学分制、学年制的研究。（4）训育问题。关于这个问题，不可不切实的研究，因为许多学潮的兴起，都与训育有关系。（5）经费问题。国立大学，还比较有办法，私立大学则不然，我的意思只要停止内战，就有办法；又现在大学生的费用，都仰给于农村，现拿十八世纪的农村经济，怎可供给二十世纪的大学的消费。（6）教员问题。现在真能为教育而办教育的很少，我们要真为教育而办教育。我提出这许多问题，绝不是两三天就可以解决，是要长期团结才好，我们当用显微镜和望远镜式的眼光来看，那末这个问题，自然容易解决了。①

7月15日，晚六时，因本日为《申报月刊》创刊号出版之期，《申报月刊》社特举行聚谈会，刘湛恩和章乃器、高君珊、左舜生、王志莘、刘大钧、戈公振、殷汝耕、张肖梅、俞寰澄、何德奎、周宪文、祝百英、张志让、朱懋澄、徐新六、穆藕初及《申报》馆总经理史量才、《申报月刊》社俞颂华等20余人出席，会上，讨论了"日本军阀在我东北之种种暴行，是否有引起世界第二次大战之可能，如果第二次大战发生，中国将处于何种情况，国人对此应有何种准备"。②

7月16日，全国高等教育问题讨论会在上海青年会继续举行，刘湛恩与会，会议间，并征求到会代表加入由上海市商会、银行公会、钱业公会发起的废止内战大同盟会，藉表民意而增力量。

7月17日，上午，全国高等教育问题讨论会在上海青年会继续举行，由吴贻芳任主席，刘湛恩出席。会议讨论了《中国各大学联合会案》，修正通过了《中国各大学联合会筹备会简章》，并由全体票选交通大学、大夏大学、金陵女子文理学院、沪江大学、东吴大学、燕京大学、光华大学、中华大学、厦门大学为筹备会执行委员。下午，刘湛恩出席闭幕式。

---

① 《全国高等教育问题讨论会第一日》，《申报》1932年7月16日，第12版。
② 《本报月刊社聚谈会记》，《申报》1932年7月16日，第13版。

7月17日，晚六时，全国高等教育问题讨论会后组织的中国各大学联合会筹备委员会，在上海银行俱乐部举行第一次执委会，刘湛恩和杨永清、吴贻芳、陈时、马文绰、欧元怀、张寿镛、孙贵定、黎照寰等出席。

7月20日，下午，废止内战大同盟会筹备会在上海香港路四号举行第八次筹备会议，刘湛恩、徐寄庼、王晓籁、陈蔗青、钱新之、严谔声等出席，会议讨论了加入发起的分省数目，并决定原定8月6日举行的代表大会，延期至8月27日举行。

7月20日，《申报》刊登刘湛恩《学生应如何利用暑假》一文：

暑假将届，全国学校都在准备放假，作一结束了，可是就过去的历程看来，每年暑假期内，多数学生，总免不了任情游戏，恣意口腹，因此精神疲乏，酿成疾病，这都是不能明瞭暑假意义、善用暑假的缘故。

暑假时的学生，仍须爱惜光阴，努力品格，修养锻炼身体，并且多与社会接触研究，平常无暇研究的学术，在此假期，不可饱食终日，无所用心，专作无益有害之事。

今年的暑假，环境更与往年不同，内则水灾未复，外则强敌压境，东北之河山变色，淞沪之创痕犹新，值此国难当前，已临生死关头，学生既为国家将来中坚份子，卧薪尝胆，积极求知，培养奋斗实力，且不暇给，宁有假期可言？所以除普通暑假工作外，更应利用暑假，作救国事业，如（1）实施民众教育，（2）提倡国货，（3）参加社会改良事业，（4）宣传废止内战、积极建设、一致对外，均可为其努力范势。

现在《申报》因为指导学生，利用暑假举行悬奖征文，题目重在实践，并规定无论大中小学学生，都可应征，此种鼓励青年方法，实含重大教育意义，深盼全国学校当局及学生家长，一致勉励子弟参加，俾从此全国青年，晓然于暑假的利用。①

---

① 刘湛恩：《学生应如何利用暑假》，《申报》1932年7月20日，第11版。

7月20日，《玲珑》第2卷第59期刊登刘湛恩数日前在培成女校毕业典礼上所作的演讲《女生毕业后之去路》，认为女学生毕业后的出路有三条：

（一）升学去。有大志向的人，想求点比自己学到的更高深的学问便可以升学去。初中毕业的可以入高中，中学毕业的可以入大学，就是大学毕业了也还有更高深的学问可以研究。学问是无止境的，即是尽了个人一生的精力，也不能穷究天下之学问。故此毕业后的女生，如果有志深造大可以升学去。不过不是要你们人死读书。须知有为的人，始能利用所学以尽其对于人须的责任。若效一般书虫所为，实非教育之本旨。（二）到家庭里去。如果不想升学，第二条最好是到家庭去。因为家庭为社会国家的基础，家庭有良好之组织，社会始有完个的根基，国家前途方有希望。如果在家只知叉麻雀等等不道德的娱乐，结果会弄出很不良的影响。（三）到社会去。现在社会最须要的是什么？现在须要的是好好的改良。男子既然能够在社会上活动，为什么女子不能够呢？况且现在正在要提倡女权的时候，女子应有到社会去服务的勇气。有改良的精神，然后始不负多年教育的苦心也。[①]

7月20日，为《沪江大学丛讯》第七期撰"报告书"：

敬启者：韶光荏苒，二十学年度瞬将结束。此一岁中，在上学期，有东北告警，下学期，遇沪战发生。国际变态日增严重，国内空气极为紧张。本校当此非常时局，幸能弦诵不辍，照常推进，勉力前迈，如成立城中区商学院，建筑男女生新膳厅暨健身房，改造东堂男生宿舍，开办音乐、师范专修科，及与《时事新报》合办新闻学科，与中华工业总联合会合办工业管理训练班，一切事功，得遂需要。此则胥赖各界之匡襄，教职员之努力，暨同学之一德一心，乃克臻此。感谢之余，兹特将本年度内学校概况，条分缕析，编为报告，供众览教。至教育事业，

---

① 刘湛恩：《女生毕业后之去路》，《玲珑》第2卷第59期，1932年7月20日。

日新月异，丁兹国难，指导青年，责任尤重，湛恩绠短汲深，殊虞不胜，尚希爱护本校者随时建议，匡其不逮，敬当虚衷采纳，以期校政推行于改善演进之中，有积极发展机会。竭诚请益，曷胜企祷。

　　专颂

　　台绥。

沪江大学校长刘湛恩谨启

二十一年月七月二十日①

　　7月22日，晚七时，废止内战大同盟会筹备会于上海香港路四号开会欢迎赴粤接洽返沪的朱庆澜、陈立廷、查良钊三位代表，并请他们报告接洽经过情形，刘湛恩和钱新之、林康侯、秦润卿、严谔声、朱庆澜、陈立廷、查良钊、王晓籁、徐寄庼、陈蔗青等参加。会上，三代表报告了赴粤接洽经过情形。

　　7月26日，下午，参加沪江大学欢送毕业生茶话会。

　　7月28日，经行政院核准，刘湛恩和王一亭、王晓籁、王延松、史量才、李馥荪、杜月笙、吴经熊、武堉干、陈光甫、陈炳谦、秦润卿、陶百川、陆京士、徐永祚、张嘉璈、郭顺、虞洽卿、钱新之共19人，被上海市政府聘为上海市临时参议会议员。

　　8月1日，中午，废止内战大同盟会筹备会于上海香港路四号欢迎广州大新公司总经理蔡昌、香港入口货行鲁益商会会长马文辉暨严直方、丘念台，刘湛恩和秦润卿、冯炳南、陈立廷、严谔声等参加。刘湛恩任主席，并致欢迎词，他希望废止内战运动，扩大普遍之组织，使全国同胞，均成和平使者，一致对外。

　　8月2日，下午五时，上海市教育界在清华同学会开欢送大会，欢送由教育部组织的赴欧教育考察团，并讨论教育问题，刘湛恩和徐佩

---

① 《沪江大学丛讯》第七期"国难期中之沪江大学"，1932年7月，沪江大学编译部印行。

璜、欧元怀、朱少屏、董任坚、潘光旦、黎照寰、沈恩孚、黄敬思、谢循初等数十人与会，会议由欧元怀任主席，并致欢送词。

按：赴欧教育考察团由程其保、陈和铣、杨廉、李熙谋、厉家祥、郭有守、曹康等七人组成，将于 8 月 5 日出发。

8 月 2 日，下午六时，上海市地方协会举行第五次理事会，10 人与会，会议通过了刘湛恩、严谔声、陈霆锐、高凤池、江恒源等加入协会的请愿。

8 月 10 日，中午十二时，刘湛恩和王晓籁、徐寄顾、陈立廷、钱新之、林康侯、陈蔗青、严谔声并长沙和汉口出席代表等，参加于上海香港路四号举行的废止内战大同盟会第十次筹备会议，由王晓籁任主席。刘湛恩在会上致欢迎词，对长沙、汉口等地代表远道而来，表示钦佩。

8 月 16 日，中国信记海陆空运输公司总理周肇秀在上海杏花楼宴请沪上闻人，刘湛恩、赵晋卿等出席。

8 月 26 日，废止内战大同盟会筹备会举行第十四次筹备会议，刘湛恩、吴鼎昌、王晓籁、林康侯、钱新之等出席，会议推定王晓籁、吴鼎昌、刘湛恩为代表大会主席团成员。

8 月 27 日，上午九时，废止内战大同盟会在上海市商会召开代表大会，正式成立，各省市团体代表 371 人、个人会员 78 人与会，刘湛恩与会，并和王晓籁、吴鼎昌三人组成主席团。上午通过了成立通电；下午，提案审查委员会整理提案。刘湛恩参加了下午的提案委员会会议。

8 月 28 日，上午，参加废止内战大同盟会第二、三次会议，会议议决各省市县在华侨所在地设立分会，征求会员，推进废止内战运动。下午一时三十分，刘湛恩和陈蔗青、徐寄顾、陈立廷、陈培德、林康侯、李公朴、王晓籁、杨美真、黄霖生、陈时等参加提名委员会议。三时，举行常务会议后，推举吴鼎昌、王晓籁、林康侯、陈时、刘湛恩、徐寄顾、陈立廷、钱新之、陈蔗青、查良钊、严谔声、朱学范、王延松、张伯苓、周作民、吴贻芳、李公朴、潘公展、贝祖诒、史量才、李登辉、刘曼卿、杜月笙、陈培德等共 57 人为常务委员，马相伯、熊希龄、朱庆澜、赵竹君、李石曾、黄郛、张一麟、胡适、唐文治、余日章、虞洽卿等共 15 人为名誉委员。晚，大会闭幕，由主席刘湛恩致闭幕词。

按：刘湛恩：《闭幕词》：

今昨两天大会，聚如许代表会员于一堂，聚精会神，来讨论废止内战，实有非常重大之意义。当本会未开幕时，有人谓，废止内战大同盟会开会时，会内就要先起内战，而两日来大家均心平气和，讨论一切，卒能如期完成，足证国人确有团结之精神。一方面对国内军人表示主人翁已经觉醒，不再取放任主义，以后得集中国力，发展生产；另一方面，对世界各国，表示中国民众，已起来努力废止内战，今后团结一致，对抗外侮，此为本会最重大之两意义。普通会议，往往有会而不议，议而不决，决而不行，现在吾人会已开，议已决，今后问题，在能行与不行。照本会章程，对内战将起时，进行调解，调解无效，即不予合作，此仅系一种方法，究竟由何人负责执行，决非诿诸少数常务委员，即可认为任务完了。要议决案不流为纸上谈兵，一定要全体会员，牺牲个人，将整个身心，贡献于中华民国，才能完成本会使命。①

8 月 29 日，下午三时，废止内战大同盟会第一组常务委员在上海香港路四号举行第一次常务会议，刘湛恩和林康侯、陈时、杨美真、徐寄顾、陈立廷、钱新之、陈蔗青、秦润卿、严谔声、李公朴、王延松、潘公展、李组绅、武和轩、张啸林、杜月笙、陈培德等 33 人与会，公推王晓籁为临时主席。会议决定在正式职员未曾推选之前，暂推吴鼎昌、王晓籁、林康侯、杜月笙和刘湛恩五委员，临时办理总会日常

————————

① 《废战同盟昨日两次会议，昨晚宣布闭幕》，《申报》1932 年 8 月 29 日，第 14－15 版。

事务。

8月29日，晚七时，中国影业股份有限公司在上海功德林举行发起人会议，刘湛恩和温宗尧、史量才、郭顺、戈公振、李组绅、章士钊、李登辉、王孝英、陈彬龢、李大超、张定藩等20余人与会。

8月底，中华妇女节制协会开办家事学校，专授保姆、护士及幼稚教师应有之知识，请刘湛恩及务本女校校长王孝英、中华职业教育社江恒源、杨卫玉为指导委员。

9月6日，下午二时，废止内战大同盟会在上海香港路四号银行俱乐部开第二次常务委员会议，刘湛恩、吴鼎昌、钱新之、王延松、王晓籁、林康侯、贝祖诒、李公朴、严谔声、陈蔗青、李登辉、杜月笙、张啸林、朱学范、周作民等出席。

9月6日，上海各业同业会发起组织拥护国联盟约委员会开第一次会议，各业代表80余人与会。会议聘定刘湛恩和朱庆澜、王晓籁、余日章、王延松、周作民、颜惠庆、王宠惠、施肇基、梁士诒、伍朝枢、褚辅成、许世英、杜月笙、林康侯、贝祖诒、汪伯奇、张嘉璈、秦润卿、熊希龄、李烈钧、黄炎培、马相伯、虞洽卿、荣宗敬、张伯苓等共34人为名誉委员。

9月16日，出席在杭州举行的中国经济学社第九届年会。

9月17日，继续出席中国经济学社第九届年会。

9月18日，继续出席中国经济学社第九届年会。

9月20日，出席中国经济学社第九届年会闭幕式。

秋，京、沪、平各地教育界同仁在京晤谈，深感中国教育学会之组织不能迁延，当即推杨亮功、常道直、罗廷光、刘湛恩、陈鹤琴、郑通和等为筹备委员，分函征求各地研究教育同仁为发起人。

秋，沪江大学城中区商学院开学，朱博泉为院长。

10月1日，下午三时，刘湛恩和陆希言、杨裕芬、张寿镛、胡其炳、盛振为、徐佩琨、金通尹、黎照寰、胡端行等出席于上海青年会举行的上海各大学联合会本年度大会。

10月12日，上海筹募皖鄂灾区临时义振会在仁济堂开提名委员会议，会议决定即日开始分组办公，委员长为许世英，副委员长为王一亭、王晓籁，刘湛恩和朱庆澜、陆伯鸿、徐永祚、高一涵、劳敬修、褚辅成、闻兰亭、潘序伦等为监察委员。

10月17日，上午十时，上海市临时参议会在枫林桥外交部驻沪办事处大楼举行成立典礼，刘湛恩、王一亭、史量才、杜月笙、吴经熊、武堉干、陈光甫、秦润卿等议员及褚民谊、潘公展、林康侯等出席。

10月22日，上午九时，江苏省立上海中学暨附属实验小学在尚文路该校初中部举行成立五周年纪念，刘湛恩和潘公展、张伯苓、欧元怀、何炳松、史量才暨该校师生1500余人出席，由该校校长郑通和任主席。刘湛恩在会上发表演说，对江苏省立上海中学极力称赞，认为它是上海最好的中学，是"全国的模范中学"。

10月25日，废止内战大同盟会为筹组镇江、南京两分会，及宣传废止内战意义，特派刘湛恩赴两地演讲。本日，刘湛恩至镇江，和该会常委于小川、陆小波接洽。

10月26日，下午，刘湛恩在镇江商会演讲。演讲中，阐述了组织废止内战大同盟会的意义，并号召废止内战；提出，要使外交及国内政治建设有办法，非先废止内战不可；并讲述了组织镇江分会的意义，阐明该会工作有三：宣传内战之利害与应如何制止，内战酝酿与发动时期之调停，与内战者抱定一切不合作宗旨。是次演讲会并一致通过组织废止内战大同盟会镇江分会；决定本日会议为第一次筹备会，尽可能于11月10日前成立分会。演讲毕，刘湛恩即乘车赴南京演讲。

10月27日，上午九时，上海市第四届小学联合运动会开幕，潘公展任大会会长，马崇淦任会务主任，刘湛恩和俞鸿钧、吴醒亚、黄伯樵、陶百川、童行白、陆京士、王延松、褚民谊、郑洪年、翁之龙、颜福庆、徐佩琨、褚辅成、欧元怀、李登辉、张寿镛、陈鹤琴、郑通和、史量才、汪伯奇、张竹平等任名誉指导。

10月27日，在南京与南京市商会徐明杨、濮仰山等接洽组织废止内战大同盟会南京分会事宜，并往四川旅沪同乡会筹商制止川战办法。晚，回沪。

10月28日，上午，到废止内战大同盟会报告赴镇江、南京筹组分会及宣传废止内战情形。

10月28日，下午三时，中华慈幼协会在香港路银行俱乐部举行第四年度半年大会，讨论有关提案，刘湛恩、潘公展、黎照寰、陈鹤琴、刘王立明等60余人出席。

10月29日，下午三时，上海市临时参议会在枫林桥外交大楼该会办公处举行首次正式会议，刘湛恩、虞洽卿、史量才、钱新之、王晓籁、杜月笙、徐永祚、陈炳谦、张嘉璈、郭顺、王延松、武堉干、陆京士、陶百川、秦润卿等参加，由秦润卿任主席。会上，市长吴铁城报告了本市市政进行的近况。会议选举史量才为议长。

10月，《沪江大学丛讯》第8期出版，本期内容为"沪江大学（城中区）商学院概况"，刘湛恩特作"函谢各界书"：

敬启者：本校年前鉴于工商各界需才孔亟，而职业界青年公余之暇尤应有继续求学补充知能机会，爰徇（询）社会委托力谋发展商学院，添设分校，在上海圆明园路浸会书局新建大厦内勘定适宜院舍，规划进行，初拟名为夜大学，嗣经调查各界人士意见，佥以其主要目的在培植工商业人才，而同时校中商学院因距离上海中心区太远，不便学生实习，有迁沪必要，乃决计迁并。顾名思义，再定名称曰商学院。筹备经年，获承商业金融界领袖徐寄顾、张公权、胡孟嘉、胡筠庵、刘鸿生、吴瑞元、叶琢堂、陈光甫、李馥荪、王云五、林康侯、寿毅成、陈容、叶揆初诸先生，及银行公会、银行业联合会、钱业公会、上海市商会、各公司行号等机关慷慨捐资，殷勤督教，惠予多助，实深钦谢。旋聘任前中央银行总经理朱博泉君为院长，慎微之硕士为秘书长，毕义思硕士为事务主任，潘光迥、黄宗勋、陈长桐、姚永励、林兆棠、孙瑞璜、王瑞琳、沈孝光、陈鸣一、曹静渊等三十余人为教授，均富有学问、经验。及至本年春季开学，正值沪变发生，时局严重，但报名入学者，仍极踊跃，有同学二百五十余人。当此时期，本院为遂集思广益，复组织商学院顾问委员会，慨承孔祥熙、王志莘、王晓籁、王云五、史量才、任嗣达、李馥荪、林康侯、林振彬、胡孟嘉、胡筠庵、陈光甫、徐寄顾、陆费伯鸿、徐新六、秦润卿、唐宝书、张公权、张竹平、袁履登、曹云祥、虞洽卿、寿景伟、刘鸿生、钱新之诸先生担任顾问，指导院务，其所以促进本院发展，尤为可感。此外合作进行，如与《时事新报》合办新闻学班，请张竹平、汪英宾两先生主持，贤劳卓著，成绩斐然，现已扩充为新闻学科。与中华工业总联合会合办工业管理训练班，钱承绪博士主任，先设工厂管理与工业法规两组，亦经开班。凡此均足以匡襄本院，策应需要，扩大成功。是以秋季开学，学员骤增至五百余人，气象蓬勃。非赖众擎，曷克臻此。感激之余，兹特将一年来院务概况编为报告，供众览教。至若商业教育，日新月异，丁兹国难，培养人才，急不容缓，更希爱护本院者，随时建议，匡其不逮，庶几校政推行于演进之中，有积极发展机会。是尤瞻念前途，求助他山，抱有无涯希望者也。

专颂

台祺

私立沪江大学校长刘湛恩谨启　二十一年十月①

11 月 3 日，晚，于上海青年会和陈鹤琴、潘馥、韦悫等 70 余人参加上海国际教育社第一次常会，并与韦悫被推为副社长。

11 月 5 日，上午九时，刘湛恩和上海市教育局局长潘公展、沪江

---

① 《沪江大学丛讯》第 8 期"沪江大学商学院概况"，1932 年 10 月，沪江大学编译部印行。

大学各学院教授暨全体同学参加于沪江大学大礼堂举行的褒荣礼，并讲述褒荣礼的意义在于鼓励同学努力学业。

11月5日，下午三时，上海市临时参议会举行第二次常会，刘湛恩和陶百川、陆京士、武埴干、徐永祚、王延松、陈光甫、史量才、郭顺、张嘉璈、秦润卿、虞洽卿、李馥荪、王晓籁、钱新之等出席，由史量才任主席。会议讨论了组织细则暨议事规则。

11月5日，晚七时，上海市市长吴铁城为筹措上海筹募豫皖鄂灾区临时义振会一切进行办法，特在上海市商会会场，宴请上海各界领袖，席间，刘湛恩和王延松、黄涵之、王晓籁、赵晋卿、潘公展、闻兰亭、俞希稷等九人被推定为豫皖鄂三省灾区视察团筹备处筹备委员。

11月10日，在上海威海卫路中社，刘湛恩和潘公展、郑通和、欧元怀、俞庆棠、陈彬龢、廖世承、张志让、倪文宙、杨炳勋等参加《申报月刊》社举行的第三次讲谈会，讨论"青年之烦恼与出路"。会上，刘湛恩从"职业问题""婚姻问题"和"如何激励慰勉青年"三个方面谈了自己的看法。[①]

11月11日，下午三时，上海青年会智育部应废止内战大同盟会之请，发起的上海各大学学生废止内战演讲竞赛会在八仙桥上海青年会新会所举行，刘湛恩和潘公展（马崇淦代）、陈彬龢任评判员，由刘湛恩任主席。

11月12日，下午三时，上海市临时参议会在外交大楼举行第三次会议，刘湛恩、史量才、王延松、吴经熊、郭顺、武埴干、钱新之、秦润卿、陶百川、王晓籁、徐永祚、虞洽卿等出席，由史量才任主席。会议议决了《组织细则及议事规则》。

11月12日，《申报》载，刘湛恩和陈鹤琴、郑通和、沈恩庄、倪文亚、谢循初、董任坚七人为中国教育学会第一届年会筹备委员。

---

① 诸家：《今日青年的烦闷与出路》，《申报月刊》第2卷第1号，1933年1月15日。

按：中国教育学会由国内教育者80余人发起组织。

11月12日，沪江大学学生4人因车祸受伤，刘湛恩前往医院探视。

11月19日，下午三时，上海各大学联合会于八仙桥上海青年会举行本学期第四次执委会，张寿镛、胡其炳、徐佩琨、金通尹、高芝生、胡端行、杨裕芬、张春江等参加，由张寿镛任主席。会议推举刘湛恩代表该会出席南京国府堤工成立典礼，并参加豫皖鄂三省救济水灾义振会。

11月20日，晚，国民政府救济水灾委员会为察勘该会工赈修复江淮汉运各干堤及洩水工程，宴请各界人士，刘湛恩、张寿镛、邹秉文、赵晋卿、黎照寰、潘序伦、俞希稷、邬志豪、王志莘、陈立廷、刘云舫等50余人与会。

11月29日，下午四时，刘湛恩和谢循初、郑通和、董任坚、倪文亚、陈鹤琴等参加中国教育学会于上海青年会举行的年会筹备会第二次会议。会议议决年会的召开日期为1933年1月25日至27日，地点在上海青年会，并议决了年会秩序。

12月1日，下午二时，刘湛恩和王晓籁、林康侯、陈蔗青、徐寄庼、严谔声等出席废止内战大同盟会常务委员会议，由王晓籁任主席。会议议决发出要电两则，一则发给南京国民政府、军事委员会及军政部成都主席刘文辉、重庆督办刘湘；一则发给贵阳县商会。

12月1日，上海市临时参议会开始办公，刘湛恩、吴经熊、武堉干为教育组委员。

12月10日，下午二时，刘湛恩和王晓籁、钱新之、杜月笙、金润泉、宋雨亭、陈立廷、周作民、胡庶华、李公朴、李登辉、傅岳奇、贝祖诒、刘士木、王延松、林康侯、于小川、徐槐青、严谔声、陈时、周学湘、朱学范等37位常务委员等出席废止内战大同盟会第三次常务委员会议，王晓籁为临时主席。会议议决公推代表刘湛恩和林康侯、濮仰山于三中全会开幕时，进京请愿，以促大会切实妥议制止内战方案。

12 月上旬，上海市临时参议会设立公安组、财政组、社会组、教育组、公用组、公务组、卫生组、土地组等，并推定各组委员，刘湛恩和吴经熊、武垿干被推为教育组委员。

12 月 12 日，下午，废止内战大同盟会召集值日常务委员谈话会，讨论应发电文。刘湛恩（徐寄庼代）和王晓籁、林康侯、杜月笙、徐寄庼、严谔声等出席。会议以包括刘湛恩在内的出席废止内战大同盟会第三次常务委员会会议的 37 位常务委员的名义发表了通电。

12 月 13 日，夜十一时三十分，刘湛恩和林康侯作为赴京代表乘车赴南京，携带请愿呈文，向即将召开的国民党三中全会请愿，以促使大会妥议废止内战方案。

按：《呈文》：

为请愿事，窃以安内方能对外，协力始足御侮。本会本此志愿，经会同商会联合会、上海市商会、上海银行公会、钱业公会四团体之发起，得全国各团体及各界领袖之加入，于本年八月二十七日，在沪举行代表大会，正式宣告成立，所有一切组织章程暨职员名单，经依法呈报当地党政机关备案在案。兹经本会第三次常务委员会议议决，公推代表林康侯、刘湛恩、濮仰山三常委，赴京向钧会请愿：（1）请由钧会议决，嗣后对于国内任何问题，均废止用武力解决，永息内争，一致对外，以救国难；（2）请由钧会决议，交由国民政府严令刘湘，即日停战，如再违抗，即于严厉制裁，并即简派大员，彻查刘湘封闭银行报馆、枪杀旅长学生种种罪恶，依法惩办；（3）请由钧会行知国民政府，转令各省市政府，对于本会组织分会，征求会员，出版刊物，各项合法举动，依法予以保护。以上三项，敬请予以采纳，决议施行，本会全体会员，均当尽其最大之努力，以期合于行政院宋代院长于本年十一月六日发表谈话，所谓目下中国优秀份子，已组织废止内战大同盟，其势力方日益雄厚，瞬将成为废止用武力解决政治问题之重要份子之目的。沥诚陈请，敬祈垂鉴。谨呈中国国民党第三次中央全体会议。①

12月14日，晨，至南京。赴中央饭店访张群和吴铁城，讨论国内和平根本办法，如促成宪政、改革政治等。

12月15日，刘湛恩和林康侯自南京致函废止内战大同盟会，报告请愿情形；晚，和林康侯乘车返沪。

按：《报告请愿情形》：

敬启者：康侯、湛恩此次衔命赴京，向三中全会请愿，于十三日晚搭京沪夜车进京，首在车中晤见中央政治会议秘书长唐有壬氏，谈及本会工作，颇为称许。并允代向出席三中全会各代表接洽。昨晨莅京先赴中央饭店，访张岳军先生与吴铁城市长两氏，对于废止内战，极端赞成，多所指导，并作长谈，讨论国内和平根本办法，如促成宪政、改革政治等事项。旋偕同京商会代表冉锡章（濮仰山因病在假）赴中央党部投递请愿文，当蒙中委叶楚伧氏延见，对于废战请愿，甚表同情，畅谈之余，随将呈文接受，允于三中全会提出讨论，且表示吾人应研究有效之制裁方法，使国内以后任何内战，不至发生，态度异常恳切。兴辞而出，继续分谒多数中委宋子文、吴稚晖、蔡元培、戴季陶、褚民谊、朱骝先，并遇章嘉活佛，面陈请愿意见，并予赞同，希望全国各界与本会一致努力，以促废止内战之成功，俾国内一切建设事业，得上轨道。最后晤见外交部次长徐谟，亦谓目前应付国难，最重要者是废止内战，先求国内整个团结。康侯、湛恩观察中央要人主旨，皆极表同情，于吾会工作，乐愿赞助进行，此行结果，颇为圆满，任务既毕，遂联袂于今晨返沪。敬具报告，藉慰厪注，余容面陈，尚希鉴察，此请废止内战大同盟会常务委员会公鉴。林康侯、刘湛恩谨启。十二月十五日。②

12月19日，下午二时，刘湛恩和王毓祥、张寿镛、胡其炳、黎照寰、胡端行、章益、徐佩琨、杨裕芬等出席上海各大学联合会执行委员

① 《废战会代表向三全会请愿》，《申报》1932年12月15日，第10版。
② 《林康侯等报告请愿废战情形》，《申报》1932年12月16日，第11版。

会第一次临时会议，会议由张寿镛任主席。会议以昨日报载三中全会中央组委会所提"改革高等教育案"，内容关系教育制度及人材培养，极为重要，故对该案作了详尽讨论。

12 月 20 日，下午四时，刘湛恩和陈鹤琴、谢循初、郑通和、董任坚、倪文亚等，参加于八仙桥上海青年会举行的中国教育学会年会筹备会第三次会议，由郑通和任主席。会议讨论了年会各项提案。

12 月 20 日，为大东书局家庭教育讲座讲《家庭教育与公民教育》，内容分四点：家庭教育就是救国教育；家庭教育应以公民教育做中心；家庭教育应与公民教育打成一片；家庭教育实施方法应组织家庭公民训练团。

按：该讲座内容后以《家庭教育与公民训练》为名，收入蒋息岑编辑的《家庭教育的实际》一书，该书于 1933 年 5 月由上海大东书局出版。《家庭教育与公民训练》全文如下：

当此国难严重外侮日亟的时候，吾人自应努力救国，共赴国难，救国的方法虽多，惟教育全国民众，都成为良好的公民，乃能救国。

我们中国地方如此之大，人民如此之多，历史如此之长，怎会弄到这样地步？可说完全是自己不争气。就中最重要的弱点，就是不廉洁，不团结，这当然是教育不景气的缘故。我们现在要把中国弄到富强，只有希望个个家庭，把子弟教养好，目前虽然吃亏一些，以后总可有办法，不然是将来都没有希望的了。

所以要说救国，不一定跑到东北去，在家庭也可以救国，我们把子弟教育成为良善的公民，使他对于国家能尽国民的责任，就是救国的一法。所以家庭教育能以公民教育为中心，公民教育以家庭为起点，这种教育，便可称为真正的救国教育。

中国历来的家庭教育，都是荣宗耀祖的教育，只知有家庭不知有国，所以弄得很糟。我们现在要打破这个旧观念，必使各家庭明瞭自己不过是国家的一个组织单位，中国才是我们的大家庭。要是这样，子弟就不会认错自己是父母的奴隶了。不是养老送终，不作别用的东西了。一方面父母也会明白过来，子弟实在是国家将来的主人，将来的公民，自然会尽力去培养。

至于家庭教育的方法，最普通的，自然是读书、写字、唱歌等。我以为这样直接去教他读书、写字、唱歌，和学校个别教学的形式差不多，不但儿童没有兴味，我们做父母的，也未必有这样多的时间。所以最好的办法是在家庭中组织一个"公民训练团"，所有家庭里的人，都做团员，父母任指导，长子任团长，如果家中人少，可邀同邻居亲戚合组，每逢星期日聚会一次，讨论本身修养和家庭社会服务种种问题，实施公民训练，同时表演故事，讲述常识，或指导儿童阅书和其他种种工作，我们于百忙中抽出一二小时和子女共话一堂，不是一件很有兴趣的是吗？我在家里已经试验很久，觉得成绩还不坏，我们的目的是要把家庭公民打成一片，就我的经验看来，这种办法，是轻而易举，大家何妨发奋为儿童努力，都来试一试。那么十年二十年以后，各个家庭中养成多数为国为社会忠勇服务的良好公民，中国的富强，可立而待了。[①]

12月26日，中华职业学校举行纪念周，刘湛恩应邀到校讲演《职业训练与公民教育》，提出要从小、少、远三方面去做，要积极、廉洁、实行。[②]

12月27日，刘湛恩和王晓籁、林康侯、杜月笙、吴鼎昌致电白崇禧：

梧州广西省政府主席白健生先生大鉴：安内对外，举国同心，本会由全国商联会、沪商会、银钱公会发起组织，成立迄今，迄已三月，本其废止内战之职志，努力宣传，未敢稍懈。顷阅报载，先生宣言，今后桂省，不参加内战，以亲仁善邻为主等语，正声远播，景佩同深，愿本

---

① 蒋息岑编辑：《家庭教育的实际》，上海大东书局1933年版，第60—62页。

② 贾观仁：《（中华职业学校）日记》，上海市档案馆藏，档案号：Q548－1－386。

斯旨，永矢勿谖。废止内战大同盟总会值日常委王晓籁、林康侯、杜月笙、吴鼎昌、刘湛恩同叩，沁。①

12 月 28 日，中午，国民政府救济水灾委员会委员长宋子文在中央银行驻沪办事处，宴请察勘团各委员，刘湛恩和史量才、杜月笙、穆藕初、王晓籁、虞洽卿、刘鸿生、潘序伦和察勘团委员许世英、张寿镛、闻兰亭、宋子安、林康侯、黄仁霖、黄炎培、吴山、张佩年、陈聘丞、李孟平等计 50 余人与会。

12 月 31 日，晚，刘湛恩和黄炎培、江恒源、杜重远、杨卫玉、邹韬奋、潘文安、毕云程、王志莘、郑通和、朱经农等一起聚餐。②

本年，商务印书馆编印《大学丛书》，组成有刘湛恩参加的共 54 人的《大学丛书》编委会，计有：

丁燮林　王世杰　王云五　任鸿隽　朱经农　朱家骅　李四光　李建勋　李书华　李书田李权时　余青松　何炳松　辛树帜　吴泽霖　吴经熊　周　仁　周昌寿　秉　志　竺可桢　胡　适　胡庶华　姜立夫　翁之龙　翁文灏　马君武　马寅初　孙贵定　徐诵明　唐　钺　郭任远　陶孟和　陈裕光　曹惠群　张伯苓　梅贻琦　程天放　程演生　冯友兰　傅斯年　傅运森　邹　鲁　郑贞文　郑振铎　刘秉麟　刘湛恩　黎照寰　蔡元培　蒋梦麟　欧元怀　颜任光　颜福庆　罗家伦　顾颉刚

1933 年（民国二十二年　癸酉）　三十七岁

1 月 1 日，在《机联会刊》第 62 期"新年特刊"上发表《扩大废止内战运动》：

当此国难严重，外患日迫，废止内战，一致对外，实属万不容缓。

---

① 《废战会电勖白崇禧》，《申报》1932 年 12 月 28 日，第 10 版。
② 黄炎培著，中国社会科学院近代史研究所整理：《黄炎培日记》（第 4 卷），华文出版社 2008 年版，第 141 页。

然而环观国内军阀，非但不知悔祸，仍在摩拳擦掌，争夺地盘，山东冲突甫告宁静，四川火拼亦复爆发；黔中并属多故之秋，其他方面，暗潮酝酿，更有山雨欲来之势，忧时志士，以为废止内战，断非刊布宣言，发表通电，可以济事，斯其理固已人人知之。既在上海四重要团体发起之废战会，本身成立数月。遭逢如此，亦未尝不知力量薄弱，顾临到生死关头，无论如何，吾人切不可消极悲观，亟应急起直追，积极前进，以扩大此项运动。所谓国家兴亡，匹夫有责。废止内战，既为全国一致之呼声，亦即全国民众应负之责任。团结力量，共同合作，时至今日，曷可因循。敬就管见，聊陈扩大废止内战办法：

（一）全国各地，应从速组织废止内战大同盟分会，凡属民众团体，各界领袖，以及有正当职业之公民，均应从速加入，互尽心力，设法消弭或防止内战。

（二）在废止内战大同盟总分会外，各地民众为审察当地情形，便于进行起见，应即组织废止内战团体或委员会，集合同志，以废止内战为共同努力目标，研究方案，并实行有效之制裁。

（三）全国现役军人及在野军人，应即加入废止内战公约，誓以本身作则，决不以自卫之武力为内战之牺牲。

（四）学校报界及社会教育机关，应将内战之一切罪恶，足以启亡国灭种惨祸，征诸历史，努力宣讲，务使青年人人抱有废止内战之决心。

以上诸端，仅举其略。总之，内战循环不已，国难严重日增。东北失土未复，淞沪创痕犹新。民族存亡，千钧一发，危急至此，我民众应勿忘主人翁地位，各自量力，踏实去干一切救国工作，不容退避，不容畏缩。并先谋整个团结，造成严重制裁内战力量，藉以转危为安，救我民族，救我本身，万勿隔岸观火，自卸责任。须知废止内战大同盟会，既经提倡于前，诏示吾人切实有效之救国办法，我同胞应了解此并非同盟会或少数会员之一己责任，乃全国同胞之各个责任，力弱难举，众志成城，吾敢大声疾呼，希望国人一致兴起共同努力，扩大废止内战运动。①

1月3日，下午三时，刘湛恩出席孙科与叶恭绰、吴铁城、伍朝枢、张定藩举行的茶话会，并发表演说。

按1：据《申报》：

中委孙哲生氏欲求阐明中山先生之主义与学说，恢复中华固有文化，培养民族之生命起见，特发起中山文化教育馆，前在三中全会时签名发起者，已有百余人，孙氏以馆址设在上海，而上海又为全国人文荟萃之处，爰于本月三日下午三时，与叶恭绰、吴铁城、伍朝枢、张定藩等五人具名，邀请本市各界领袖，在八仙桥青年会九楼举行茶话，由马超俊、梁寒操、陈剑如、王昆仑、陈彬龢、李大超等招待，出席者有史量才、王晓籁、杜月笙、张啸林、林康侯、郑洪年、黄汉梁、钱新之、张寿镛、吴蕴斋、李登辉、黄任之、吴经熊、潘序伦、徐新六、戴戟、黄伯樵、郑毓琇、褚辅成、梅兰芳、穆藕初、郭乐、李敏周、冯少山、陈群、王彬彦、俞寰澄、雷殷、王孝英等一百余人。②

按2：刘湛恩演说词：

鄙意中山文化教育馆，实为一民众大学，现在大学虽多，类多大而不学，学而不大，甚至不大不学，文化教育馆既大且学，应遵总理民治民有民享之意，使凡百民众，皆来加入，限之以智识固不可，限之以财产更不可，总以人人共得享受为目的。③

1月7日，在《救国通讯》第35号上发表《国难中公民训练》一文，认为"当此国难严重，外侮日亟之时，吾人努力救国，诚不容缓，但根本方法，仍惟教育是赖。而欲希望人民对于国家能尽国民应尽之责

① 刘湛恩：《扩大废止内战运动》，《机联会刊》第62期"新年特刊"，1933年1月1日。
② 《中山文化教育馆》，《申报》1933年1月7日，第15版。
③ 《中山文化教育馆》，《申报》1933年1月7日，第15版。

任，尤应提倡公民教育"①。

1月8日，晚七时，上海各大学教职员70余人在八仙桥上海青年会开会聚餐，刘湛恩、张寿镛、蔡元培、褚民谊、翁之龙、欧元怀、刘海粟、沈钧儒、黎照寰、褚辅成等出席并演讲。

按：上海各大学联合会每学期结束时，举行大会一次，同时并举行教职员聚餐会。

1月上旬，刘湛恩和陈鹤琴、廖世承、彭百川、郑通和、罗廷光、常道直等百余人在上海发起成立中国教育学会，已呈经国民党中央执行委员会民众运动委员会核准备案。

1月12日，和鲍哲庆发布《浸会全国联合会公函》：

浸礼宗诸兄姊道鉴：光阴荏苒，岁月如流，按向例我浸礼宗教会于二月第一主日谨守为公祷日，故本会议定二月五日为本年之公祷日，并嘱鄙人等发函通告各地教会，希各信徒于是日互相联合公祷，作一种有效之呼求，盖亦我信徒之无上荣幸，倘能联合全世界千数百万浸礼宗同道，协力同心，为神国及人类之幸福，向上主作奉献之祷告，定能获父神之允许也。并希为本会劝募经费，以利会务之进行，不胜盼切之至。专此函请，并祝神佑。

> 常务委员会主席　刘湛恩
> 名誉总干事　鲍哲庆　仝启
> 一月十二日②

1月28日，上午九时，由刘湛恩、陈鹤琴、郑通和等发起筹备的中国教育学会在上海青年会举行成立大会，刘湛恩、顾树森、郑通和、钟道赞、廖世承、江恒源、杨卫玉、孟宪承、舒新城、黄建中、何炳松、欧元怀、罗廷光、沈子善、陈科美、沈亦珍、曾作忠、杨亮功、陈

---

① 刘湛恩：《国难中公民训练》，《救国通讯》第35号，1933年1月7日。
② 《浸会全国联合会公函》，《真光杂志》第32卷第2号，1933年2月。

彬龢、陈礼江、赵演、毛彦文、汪懋祖、谢循初、赵冕、郑晓沧、陈鹤琴、邰爽秋、章益、刘廷芳、吴南轩、常道直、高君珊、樊正康、熊子容等 100 余人与会，刘湛恩和蒋梦麟、杨亮功、郑晓沧、罗廷光五人被推为主席团成员，刘湛恩任主席。会上，刘湛恩叙述了中国教育学会的宗旨，及定一月二十八日举行成立大会的意义。会议主要讨论了中国教育改革方案及其他实验报告。

按：中国教育学会以研究教育专门学术及讨论中国教育问题为宗旨。

1 月 29 日，参加中国教育学会第一届年会。

1 月 30 日，中国教育学会第一届年会继续举行。上午，刘湛恩任大会主席。会议通过了会章、选举了理事，刘湛恩和刘廷芳、庄泽宣、常道直、郑通和、邰爽秋、郑晓沧、孟宪承、欧元怀、汪懋祖、许恪士、陈鹤琴、陈礼江、杨亮功、陶行知 15 人当选（其中，陈礼江、许恪士、郑通和、郑晓沧、常道直为常务理事）。下午，由杨亮功任主席，讨论会务及小学教育、社会教育和师范教育等问题；下午五时，举行闭幕式，由王云五和刘湛恩致闭幕词。刘湛恩在闭幕词中说："中国教育学会今日才开始其工作，本会不发空洞之宣言，然就本人所感觉者约有数端：（一）我国国难日深，解救之道首重教育。（二）中国教育诸方面有改革之必要。（三）教育系一种科学，应以科学方法研究之。（四）从事教育者应视为专业。同时，吾人昭示国人，教育家已团结一致，从事其应负之使命，并正告世界各国教育家学者，中国教育家，已有觉悟，而文化发达最早之中国，决能自己挽救其最后之恶运，而非后进国家之所能蔑视也。"[①]

按1：中国教育学会会务包括："研究教育问题""搜集教育资料""调查教育实况""提倡教育实验""供献教育主张""促进教育改革"

[①] 《中国教育学会第一届年会昨闭幕》，《申报》1933 年 1 月 31 日，第 15 版。

"发刊教育书报"；"凡对于教育有专门研究或从事教育工作有供献者，由本会会员二人以上之介绍，经本会理事会之通过，得为本会会员"。①

按2：中国教育学会第一届年会研究的问题有：初等教育：（1）如何促进各地教育实验之分工合作。（2）呈请教育部将幼稚教育各阶级规定于学制系统内。（3）请教育行政人员研究教育经费之开源方法。（4）请师资训练机关特别注重创造力之养成与自然研究兴味之提高。（5）如何提高视导之效率。社会教育：（1）请政府积极执行民众教育以救危亡。（2）改进及扩充乡村教育案。师范教育：（1）师范教育改革案。（2）中国高级师范教育问题。②

1月30日，下午三时，国民党上海市党部鉴于前方将士在冰天雪地里作战，御寒衣物极其缺乏，特召集各团体在上海市商会开会，讨论慰劳办法，市商会郑澄清、总工会李永祥、周学湘以及市党部陆京士等与会，由陆京士任主席。会议决定组织"上海市各界慰劳抗日将士委员会"，聘请名望素孚者王晓籁、虞洽卿、史量才、杜月笙、张啸林、穆藕初、吴开先、林康侯、秦润卿、潘序伦、徐永祚、沈钧儒、褚辅成、王延松、刘湛恩、黄炎培、朱学范、陆京士等为委员。

1月30日，下午五时半，中国教育学会第一次理事会在新新酒楼召开，刘湛恩和刘廷芳、庄泽宣、常道直、郑通和、邰爽秋、郑晓沧、孟宪承、欧元怀、汪懋祖、许恪士、陈鹤琴、陈礼江、杨亮功、陶行知等出席，由刘廷芳任主席。会议推定了常务理事，决定常设委员会分高等教育、中等教育、初等教育、师范教育、职业教育、民众教育和教育行政七组，每组各设干事一人，刘湛恩为高等教育组干事。

按：中国教育学会总会会址设于南京中央大学内。

2月1日，在《上海教育界》第1期上发表《公民训练运动》一文。文中提出"当此国难严重，外侮日亟之时，吾人努力救国，诚不容

① 《中国教育学会第一届年会昨闭幕》，《申报》1933年1月31日，第15版。
② 《救国通讯》第38号，1933年2月11日。

缓；但根本方法，仍惟教育是赖；而欲希望人民对于国家能尽国民应尽之责任，尤应提倡公民教育"。①

2月2日，刘湛恩和蔡元培、黄炎培、江恒源、杨卫玉、陶行知、何炳松、陈选善、熊子容、韦悫、邹秉文、黄朴奇、王志莘、廖世承、倪文亚、陈彬龢、李公朴、施养勇、赵霭吴、姚惠泉、潘文安等28人于上海广慈院出席中华职业教育社第七次专家会议，公推蔡元培和刘湛恩任主席。会议主题有六：职业学校教育问题，职业补习教育问题，职业指导问题，农村改进问题，如何完成本社之使命，如何养成农业实用人材。

2月7日，刘湛恩和江恒源、杨卫玉、潘文安所作《敬告全国青年》一文刊于《申报》，就中华职业教育社上海职业指导所迩来诸健康指导师报告，到所谘询的青年，所苦之病，神经衰弱者几占十分之九，提出建议，认为"国家万钧重任，民族万里前程，均将希望诸君以两肩荷之，以两足行之"；"若以此体质，持与外竞，安得而不失败？……此不能不认为国家莫大隐忧！倘不及早设法挽救，则我民族前途，宁堪设想？"②

按：2月22日出版的《救国通讯》第39号和4月1日出版的《教育与职业》第143期也刊有此文。

2月13日，下午三时，上海市教育会召开第二次临时理事会议，会议议决通过了理事郑洪年所提议的《请通过高等教育研究组研究委员案》，并聘刘湛恩和蔡元培、欧元怀、王造时、黎照寰、王云五、陈科美、褚辅成、舒新城、孙寒冰、颜福庆、洪深、徐佩琨、郭一岑、张寿镛、李登辉、何世桢、沈嗣良、萧友梅、章益、金通尹、刘海粟、吴经熊、杨杏佛、何炳松、翁之龙、郑洪年等为该会高等教育组研究委员。

---

① 刘湛恩：《公民训练运动》，《上海教育界》第1期，1933年2月1日。
② 江恒源、杨卫玉、刘湛恩、潘文安：《敬告全国青年》，《申报》1933年2月7日，第17版。

2月17日，为《时事新报·星期学灯》"欢迎萧伯纳氏来华纪念专号"题词："英国大文豪萧伯讷先生，天才横溢，学识丰富，生平著作，传诵当世。最近因环游世界之便，顺道来华，将次莅沪。当此国际风云，日趋变幻，我国正在努力应付国难之时，□客贲临，余甚希望其镑帷暂住，作一度详细考察，俾主张正义，抑制强权，谋东亚之和平，进世界于大同。比者《时事新报》为热烈欢迎萧先生发行特刊，用缀数语，共申景仰。"①

2月19日，下午六时，刘湛恩和陶行知、郑通和、陈科美、何炳松、张仲寰、谢循初、毛彦文、舒新城、陈鹤琴等参加于八仙桥上海青年会举行的中国教育学会上海分会成立会议，并被推为临时主席。会上郑通和报告了召集本会之原因，选举谢循初、郑通和、廖世承为干事，讨论了有关出版刊物和改变开会办法问题，并通过了修订的《中国教育学会上海分会简章》。

按：《中国教育学会上海分会简章》规定："本分会以研究及改进教育并协助总会进行为宗旨"；会务与总会同。

2月22日，沪江大学城中区商学院举行开学典礼，教职员和学生共四百余人参加，刘湛恩出席并发表讲演。在演讲中，刘湛恩希望同学们在国难中努力奋斗，实行工读主义，注重勤劳诚实，以应付一切艰难环境；并详述该院发展规划，如增加奖学金学额，实施职业指导等。

2月28日，鉴于日本进迫日亟，国势阽危，刘湛恩和江恒源、陈选善、杨卫玉、郑洪年、吕思勉、胡叔异、胡颂平、倪文亚、张雪澄、贾观仁、贾丰臻、廖世承、黎照寰、郑通和、钱基博、潘文安、欧元怀等上海教育界260余人，同撰《敬告全国教育界同人书》，载于3月1日各大报，针对日本的侵略，号召国人"一致奋起，本必死之决心，求

---

① 《时事新报·星期学灯》"欢迎萧伯纳氏来华纪念专号"，1933年2月17日，第9版。

再生之新路"。①

2 月，由孔祥熙、罗运炎、丁淑静、刘王立明创办的《现代父母》出版，刘湛恩和潘公展、刘大钧为名誉顾问，刘湛恩题词："发扬慈幼事业，提倡父母教育。"②

3 月 2 日，中华基督教青年会全国协会设立的中华基督教青年会战区服务全国委员会（简称"青年会战委会"），以指挥全国 39 个城市青年会及 100 个学校青年会战区服务之事，举定刘湛恩和陈立廷、邝富灼、李道南、李耀邦、黎照寰、沈嗣良、曹云祥、赵晋卿等为执行委员。

3 月 13 日，上午八时半，沪江大学在校大礼堂举行孙中山逝世八周年纪念会，刘湛恩参加并演讲。在演讲中，刘湛恩号召，欲谋救国，必须"人人觉悟，革面洗心，捐弃私利之见，然后团结实力，长期抵抗，方能敌忾同仇，持久不懈"。③

3 月 15 日，上午，刘湛恩和黄炎培、王志莘、戴志骞等参加成志会委员会会议。④

3 月 19 日，正午十二时，上海各大学教职员联合会在八仙桥上海青年会举行成立大会，在会上，刘湛恩和欧元怀、胡其炳当选为候补监察委员。

3 月 25 日，上午，华华中学暨附小举行成立十周年纪念会，刘湛恩和上海市市长吴铁城、教育局局长潘公展等出席，并讲话。

3 月 25 日，下午四时，上海职业补习教育研究会在中华职业教育社举行成立大会，刘湛恩和黄炎培、江恒源、潘序伦、李公朴、杨卫

① 《上海教育界同人敬告全国教育界同人书》，《申报》1933 年 3 月 1 日，第 14 版。
② 《中国教育学会年会》，《现代父母》第 1 卷第 1 期，1933 年 2 月。
③ 《沪大发起革心救国运动》，《申报》1933 年 3 月 14 日，第 13 版。
④ 黄炎培著，中国社会科学院近代史研究所整理：《黄炎培日记》（第 4 卷），华文出版社 2008 年版，第 162 页。

玉、姚惠泉、慎微之、赵霭吴、谢向之、吴粹伦、梁忠源等与会。会议推举刘湛恩、潘序伦为本会正副主席，议决调查上海市职业补习学校。

3月26日，下午三时，商务印书馆在上海市商会举行股东常会，会上，刘湛恩和夏鹏、高凤池、丁榕、鲍庆林、张蟾芬、李拔可、王云五、郭秉文、周辛伯、张元济、高凤谦、徐寄顾等当选为新一届董事会董事。

4月7日，晚，刘湛恩和黎照寰、欧元怀、朱少屏、董任坚、陈科美、郑通和、陈选善、颜福庆、陈彬龢、潘光旦、陈鹤琴等20余人，在清华同学会欢宴去秋派往欧洲考察教育回国的五位专员：程其保、郭有守、杨濂、李熙谋、厉家祥。欢宴会上，程、郭、李、厉四专员报告了在欧考察情形（杨濂因故不在沪）。

4月20日，王正廷和赵晋卿在上海吕班路海军联欢社举行茶会，欢迎新近回国的国民政府派往欧美考察实业的专使孔祥熙，刘湛恩和张群、郑洪年、高鲁、王景岐、袁履登、朱庆澜、褚辅成、林康侯、虞洽卿、杜月笙、傅筱庵等百余人出席。

4月25日，晚六时，中华职业教育社在上海四马路一品香餐馆举行评议员会议，刘湛恩和蔡元培、欧元怀、廖世承、潘序伦、贾观仁、陈彬龢、高阳、顾树森、王志莘、杜重远、朱经农、邹秉文与会，由蔡元培任主席。会议议决五项议案：利用学校原有设备，推广职业补习教育；提供农村副业训练；养成职教师资；举行生产教育巡回讲演；普通中学应设实验工厂或农场。

4月26日，刘湛恩和谢循初、倪文亚、孙亢曾、樊正康、陈彬龢、张仲寰、欧元怀、廖世承、舒新城、郑通和、曾作忠、陈鹤琴、章益出席中国教育学会上海分会第二次会议，会议报告本分会进行情形，讨论了出版刊物问题和募集基金问题。

4月27日，下午一时，由上海市教育局主办的上海市第二届中等学校联合运动会在上海中华田径场举行，市长吴铁城任会长、教育局局长潘公展任副会长，刘湛恩、俞鸿钧、吴醒亚、徐佩璜、李大超、陶百川、童行白、陆京士、褚民谊、郑洪年、翁之龙、黎照寰、颜福庆、徐佩琨、褚辅成、欧元怀、李登辉、张寿镛、陈鹤琴、郑通和、史量才、张竹平、汪伯奇等任名誉指导。

4 月 29 日，中午十二时，刘湛恩和黎照寰、郑洪年、李登辉、欧元怀、徐佩琨、朱公谨出席于上海银行公会举行的上海各大学联合会本年度执行委员会第二次临时会议。会议讨论议决了《暑期军事训练问题案》，公推褚民谊、刘湛恩赴教育部接洽。

按：此前，教育部通令全国中等以上学校在暑假期间，须一律实施严格军事训练三星期。上海各大学以各校因经济环境及设备各种困难，一时难以实行，特派刘湛恩赴京，分别向教育部及训练总监部请求暂缓实行。

4 月 29 日，下午二时，废止内战大同盟会在上海香港路四号举行第四次常务委员会议，刘湛恩、林康侯、陈蔗青、徐寄庼、钱新之、严谔声、吴贻芳、陈时、马文辉、濮仰山、杜月笙等共 24 人出席，公推林康侯为临时主席。会上，讨论了多项议案，其中关于新疆问题案，议决由刘湛恩邀请熟悉西北问题的人士加以研究。

4 月，《沪大月刊》第 1 期出版发行，刘湛恩题写刊名。

5 月 2 日，下午四时，国际问题研究会在上海香港路银行俱乐部开会，欢迎新由美国返华的会员梁士纯和由到前线视察返沪的查良钊、全绍武，刘湛恩、郭秉文、邹秉文、黎照寰、林康侯、陈立廷、陈蔗青、梁士纯、查良钊、全绍武等 10 余人出席，由刘湛恩任主席。会上，梁士纯报告了国际情形。

5 月 8 日，晚七时半，在上海青年会国耻讲演会上讲演《中日关系前途之我见》。

5 月 9 日，晚，刘湛恩和褚民谊代表上海各大学联合会乘火车赴南京，与教育部接洽暑期军事训练事宜。

5月10日，上午，至南京，即和褚民谊晋谒教育部部长王世杰及训练总监部有关人员，陈述暑期军事训练种种困难情形。

5月11日，致上海各大学联合会报告在京接洽情形：

敬启者：前承公推褚民谊先生与恩二人代表赴京接洽暑期军事训练事项，恩经于五月九日晚车赴京，十日随同褚先生晋谒教育部王部长及训练总监部周亚卫先生，陈述暑期军事训练种种困难情形，当蒙王部长与周先生面允，切实考虑、斟酌各方困难情形，妥筹通盘办法。旋恩又历访教育部段次长、高等教育司沈司长、谢科长，作同样陈述。褚先生因公留京，嘱先具简略报告，藉纾廑注。敬请

上海各大学联合会大鉴

刘湛恩谨启　五月十一日①

5月14日，黄炎培夫妇来沪江大学，刘湛恩和夫人刘王立明招待用餐。②

5月20日，晨，全国航空建设会在上海华侨招待所举行成立大会，通过委员四十人名单。其中常务委员为：宋子文、朱培德、史量才、钱新之、葛敬思；秘书长：葛敬思；委员：孙科、陈果夫、石瑛、叶楚伧、顾孟余、何应钦、唐生智、朱家骅、蒋梦麟、周作民、陈光甫、张嘉璈、王晓籁、刘湛恩、朱庆澜、杜月笙、李馥荪、林康侯、胡筱庄、胡文虎、张伯苓、熊希龄、虞洽卿等。

5月20日，下午二时，刘湛恩和黎照寰、金通尹、欧元怀、徐佩琨、杨裕芬、张寿镛、朱公谨出席于上海银行公会举行的上海各大学联合会本年度执行委员会第八次会议。会上，褚民谊和刘湛恩报告了在京向教育部及训练总监部陈述暑期军事训练困难情形。

---

① 《上海各大学联合会会刊》第1号，1933年12月。
② 黄炎培著，中国社会科学院近代史研究所整理：《黄炎培日记》（第4卷），华文出版社2008年版，第179页。

5月26日，上海职业补习教育研究会举行第二次研究会，刘湛恩、黄炎培、江恒源等共15人出席。会议讨论了各校教学方面的困难情况。

5月28日，民生改进社在上海博物馆路中华基督教青年会全国协会举行第二届年会，刘湛恩和沈体兰、朱懋澄、黎照寰、黄警顽、李登辉、胡咏骐、钱振亚、潘济时、史久芸、潘文安、朱少屏等基本社员与会。

6月1日，刘湛恩和潘文安共同为《升学指南》一书作"序"，该书由刘湛恩、潘文安编辑，上海职业指导所1933年6月印行。蔡元培题写书名，王世杰题词："求学津梁。"潘公展题："升学指南。"吴铁城题："嘉惠士林。"其中收有蔡元培《学生与国难》、程时煃《国难中青年的出路》、庄泽宣《大学生与职业问题》、何清儒《青年生活与职业指导》、潘序伦《会计职业之选择及准备》、郑晓沧《高等教育段阶内教育学术的研习》、杨卫玉《女学生之升学与就业》、潘文安《升学与择业》等，共33篇文章，和有关大学、专科学校、中等学校、职业学校、师范学校的基本情况介绍。

按：刘湛恩、潘文安《序》：

一年之中，尤其是将近暑假，本所往往接到许多学校的校长教职员，和一般升学的学生，来问升学的办法、各学校的内容，和招考的情形，有时请求予以升学途径的指导，我们很是高兴，很是喜欢，认为这是我们服务社会应有的责职，所以竭诚的就调查的所得，详细的分别答复，可说是"知无不言，言无不尽"。不过问的人太多，事情太繁复，我们日常的事务，苦于应接不暇，决难一一解答，再加这许多升学问题，大致相同，不妨辑行《升学指南》一书，应全国青年的需求。我们便继续前年的工作，拟定了应查的事项。从事实际的调查，在两个月中，共计调查全国著名学校：计大学三十九校，专科学校九校，中学五十八校，职业学校二十三校，师范学校十八校，共得一百四十七校。以地域论，当然以上海为最多，但各省各都市著名学校，都在介绍之列。

同时觉得调查各校内容，固然是急要的工作，可是指导青年怎样升学一问题，是何等的重要，决不是我们少数人见解的，少数人的心得，可以应付，使青年个个满意，因此便诚恳的请求国内教育界先进和许多专家，各就他们的学识经验，撰文指导，作青年升学的南针。我们真幸福，真感激。一个月中，先后得到专家的指导论文三十三篇，论其性质：有就国难立论的，有就青年出路立论的，有作教育指导的，有作工业指导的，有作商业指导的，有作农业指导的，有作医学法学指导的，有谈修养问题的，有谈暑期研究的。论其范围，有大学教育，有中学教育，有小学教育，有职业教育，有民众教育。应有尽有，可算集专家指导之大成。这几位专家，平日都是很忙很繁，不容易得到他们文字的。他们竟牺牲了很宝贵很多的时间，不惮烦劳，肯为青年执笔指导，真是值得景仰，值得感奋。我们尤其十分感动的，以高年硕德的蔡孑民先生，他当面允许我们的请求以后，第三天早上，就接到蔡先生亲撰《学生与国难》一文，这样恳挚笃实的精神，和重然诺的态度，值得我们青年做模范。还有庄泽宣先生，他在广州接到我们的信以后，不到几天，他的论文便从快邮寄到了。庄先生做这篇文章，是在劳动节的一天，他固然劳动了一天，可是青年看了他的文章，却得到无穷的受用。还有一位朱绍文先生，他替这书写了两篇文章，他替这书写了两篇文章，老先生的精神，尤其令人钦佩。各家的主张，都是根据事实，根据经验，既无模糊影响之谈，也没有浮泛敷衍之论，可以说句句金玉，语语药石，吾们先睹为快的已觉得百读不厌，爱不忍释。我想青年读了，一定个个要心满意足，击节称赏，如与名师晤对一堂，愈读愈有兴趣，愈看愈觉需要。于升学问题，一定可以解决了一大半。所以我们对于执笔撰文的诸先生，应代青年致极隆重的感谢。此书之辑，由同事甘叔均君主编，杨崇皋、吴宗文二君多方襄助，也要附带说明、郑重致谢的。

中华民国二十二年六月一日　刘湛恩　潘文安序于上海职业指导所①

6月3日，下午，四川省旅沪同乡会在上海市商会大礼堂召开第二次会员大会，新旧会员300余人与会，会上，刘湛恩代表废止内战大同盟会说明叠次制止川省内战经过情形，并发表演说道："废止内战，非能以一个团体、一地人民便能办到，必须以全国民众，一致团结起来，共同努力。"②

6月5日，下午，上海市南市闸北区各市立学校教职员在养正小学大礼堂，举行庆祝教师节典礼，刘湛恩和舒新城、郑通和等出席并演说。在演说中，刘湛恩号召教师应有积极的精神、实验的精神和牺牲的精神。

6月10日，晚七时，参加沪江大学商学院恳亲会，共有师生及来宾五百余人与会。在会上，刘湛恩首先领唱了校歌，之后，由黄炎培讲演《青年与国难》。

6月14日，晚六时，刘湛恩和郑通和、陈鹤琴、谢循初、欧元怀、舒新城、张仲寰、韦悫、倪文亚、曾作忠等共10人，参加于八仙桥上海青年会举行的中国教育学会上海分会第三次会议，由郑通和任主席。会议讨论议决通过了建议中国教育学会加入世界教育学会案等。

6月17日，下午五时，刘湛恩和张寿镛、朱公谨、金通尹、马公愚、黎照寰、郑洪年、杨裕芬、徐佩琨等出席于上海银行俱乐部举行的上海各大学联合会执行委员会第九次会议，由张寿镛任主席。会议除报告会务外，并讨论了有关重要议案；下午六时，参加于上海青年会举行的全体会员大会，会议选举了下届执委；晚，刘湛恩和张寿镛、李权时、黎照寰、颜福庆等70余人参加聚餐。

6月21日，上午九时，中华职业教育社上海职业指导所举行的升

① 刘湛恩、潘文安编辑：《升学指南》，上海职业指导所1933年印行。
② 《川同乡会为谋制止川战》，《申报》1933年6月5日，第10版。

学指导运动周开幕，刘湛恩和江恒源、潘文安、杨卫玉、黄炎培、廖世承、欧元怀等及各学校学生 400 余人参加，并和江恒源、潘文安、杨卫玉等组成主席团，任主席。在会上，刘湛恩致开会词，报告了开会宗旨，他说："今天举行大学升学指导，上海的大学很多，青年往往因择校不佳，误入歧途者甚多；升学指导，是我们常年的工作，我们不希望人人入大学，但是要把入大学的目的认清，不是为升官发财而入大学的。因为这两点，所以特别举行这个运动周。因为我们有特别的使命，我们要把使命实行起来，使升学者认清目标，努力去做。"①

6 月 24 日，沪江大学举行大中学部第二十一届毕业典礼，下午三时，学校专门举办校长暨教职员欢迎学生家长及来宾校友茶会，由刘湛恩任出席；四时，在大礼堂举行了毕业典礼，刘湛恩报告了五年工作经过，如完成大中学立案、建筑新图书馆、筹备城中区商学院、扩充沪东公社、添建男女生新膳厅等。

6 月 26 日，国际问题研究会在银行俱乐部举行第一届年会，刘湛恩、陈光甫、郭秉文、沈恩孚、朱少屏、徐新六、曹云祥等数十人出席，由郭秉文任主席。郭秉文在会上报告了开会宗旨。行将赴美的刘湛恩在会上报告了此次出国的志趣。

6 月 28 日，下午三时半，国立上海医学院在上海海格路该院举行第三届毕业典礼，刘湛恩、潘公展、王培元、翁之龙、李大超以及各界来宾、该院教职员、学生等百余人出席。会上，该院院长颜福庆报告了该院现况及将来计划。

6 月 29 日，下午五时，日内瓦中国国际图书馆驻沪办事处中方委员李石曾在福开森路世界社举行招待各界茶会，刘湛恩和褚民谊、王晓籁、谢寿康、张嘉璈、徐新六、梅兰芳、杜月笙、刘海粟等与会，共有中外来宾 200 余人参加。

---

① 《记第一日升学指导运动周：大学日》，《申报》1933 年 6 月 22 日，第 14 版。

6月30日，上午九时，刘湛恩和欧元怀、陈鹤琴、陈礼江、陶行知、许恪士、常道直、郑通和、汪懋祖（常道直代）、杨亮功、刘廷芳、郑晓沧（杨亮功代）出席在八仙桥上海青年会举行的中国教育学会第一次理事会，由常道直任主席。会议决定请行政机关补助实验工作经费；决定加入世界教育学会，推艾伟出席；通过《高等教育委员会干事刘湛恩出席太平洋国际学会函请辞去委员会干事职务案》。

6月，由沪江大学教育研究社编辑的《沪大教育》第1卷创刊号出版，刘湛恩特撰写《发刊辞》：

本校教育学院历史较长，成绩素著，在十余年前，教育学院同学即有教育研究社组织，以研究教育原理、方法、行政等等，历数过程，颇有贡献。比年林卓然博士主持院务，积极发展，诸同学在良师指导之下，竿头日进，故我教育研究社继往以来，尤具相当进步。第当此国难严重日增，根本救国方法端在教育，但吾人须知我国提倡教育数十年，成效殊鲜，其弊病全在侈谈主义，抄袭他人陈法。往岁国联调查团批评我国教育太"美国化"，然其建议似近"欧洲化"。实则此后我国教育，不应"美国化"，亦不应"欧洲化"，贵能采用科学方法，努力实验，以求适合国民生活与社会需要之"中国化"教育。本校自今以往，拟即致力于斯途。兹先就教育研究社社员平时研究教育之心得，付诸剞劂，深望览斯篇者有以加教，幸甚。[1]

7月1日，刘湛恩和欧元怀、陈鹤琴、陈礼江、陶行知、许恪士、常道直、郑通和、杨亮功等参加在八仙桥上海青年会举行的中国教育学会第二次理事会，由常道直任主席。会议议决：推陶行知负责组织教育书报提要编制委员会；向中央研究院接洽教育研究合作事宜；组织中小学教科书研究委员会，推陈鹤琴等为委员等。

7月9日，刘湛恩和潘公展、黎照寰、郑洪年、张寿镛、李登辉、

---

[1] 刘湛恩：《发刊辞》，《沪大教育》第1卷创刊号，1933年6月。

欧元怀、吴开先、陶百川、胡叔异、陈鹤琴、褚辅成、沈钧儒、郑通和等为谋协助中国教育电影协会实施电影教育起见，发起成立中国教育电影协会上海分会，下午二时，在上海市教育局举行成立大会。会议选举了第一届执监委员。

按：中国教育电影协会由褚民谊、段锡朋、罗家伦、杨杏佛、郭有守、彭百川等发起组织，于1932年7月8日在南京成立，目的在研究利用电影辅助教育，宣扬文化并协助教育电影事业之发展，并代表中国参加国际教育电影运动。

7月17日，国际问题研究会在上海银行俱乐部开本届第一次理事会，推举陈光甫为理事长；讨论该会今后工作及出版问题，其中，决定拟与太平洋国际学会合作，推陈立廷、徐新六、刘湛恩拟具办法。

按：国际问题研究会于1932年成立，前曾举行年会选举陈光甫、郭秉文、刘湛恩、邹秉文、徐新六、陈立廷、钱新之、张嘉璈、聂潞生、曹云祥、黎照寰、史量才、刘鸿生、胡筠秋、陈蔗青等15人为理事。

7月20日，上海市地方协会会长史量才致书刘湛恩：

此次贵校各级同学诸君，对于东北难民之救济，关怀胞与，深具热忱，以素餐缩食之余，为饥溺与共之举，分囷推食，无让前贤。仁者之施，为惠滋大，而诸君子慈祥恺测，已沦浃于颠沛之哀黎，希先生代致敬佩之诚。①

按：上海沪江大学学生，对于救济东北被难同胞颇具热忱，经一再捐助，近将1933年春季学期内，每月素餐缩食撙节所得银洋七百五十元三角，请送上海市地方协会会长史量才，转送上海赈济东北难民联合会妥收。史量才照转后，特致书沪江大学校长刘湛恩。

7月27日，晚，上海留美同学会在银行公会举行第二次大会，刘

---

① 《沪大学生素餐缩食救济东北》，《申报》1933年7月21日，第14版。

湛恩、穆藕初、潘序伦、陈立廷、邹秉文、陈衡哲、江亢虎等出席，由穆藕初任主席。会上，刘湛恩演讲道："此次出席，将注重如何做到国际合作，而不致有国际共管。"①

7月28日，晚，因被推为出席八月间在加拿大举行的太平洋国际学会大会中方代表之一，和陈衡哲等出洋，约五个月返沪；经沪江大学校董会决议，由教务长樊正康代任沪江大学校长职务。

按：太平洋国际学会第五次大会将于8月14日至28日在加拿大板埠举行大会，中国出席代表有胡适、梁士纯、吴贻芳、张彭春、朱友渔、朱炳南、李国钦、刁敏谦、陈翰笙、张肖梅、刘湛恩、何永裕、陈衡哲等，共16人。会毕，刘湛恩将应美友之请，在美国五十余个城市讲演，且受教育部委派顺便考察欧美职业教育与公民教育，并拟为沪江大学在海外添募基金。

7月，《沪江大学丛讯》第九期出版，刘湛恩特为之作"报告书"：

敬启者：敝校自民国十七年春改组，承社会之匡助暨教职员之一德一心，五年以来，于物质精神方面均得规随前人，向预定目标积极前迈，虽未敢自夸谓为薄有成绩，顾尚足以勉应需要，差免陨越。兹因敝校年来设施颇为社会人士所关怀，爰将五年工作经过情形撮其大要，编为报告。至于教育事业，日新月异，未来努力，经纬万端，尤不容缓。敬再将新五年计划并以付梓，供众览阅，所希爱护敝校者建议，随时匡督不逮，俾此后校政推行于改善演进之中，益有充分发展机会。其为感幸，曷其有极，竭诚以请，愿俟明教。

敬颂

台祺。

私立沪江大学校长刘湛恩谨启

---

① 《留美同学会大会记》，《申报》1933年7月29日，第12版。

二十二年七月①

8 月 1 日，下午，刘湛恩和王云五、潘公展、邹秉文、顾树森、潘序伦、蔡元培、朱经农、陶行知、王志莘、陈彬龢、杜重远、郭秉文、张嘉璈、贾观仁当选中华职业教育社评议员。

8 月 28 日，下午三时，中山文化教育馆在该馆召开常务理事会第五次会议，孙科、蔡元培、叶恭绰、孔祥熙、史量才、吴铁城、黎照寰、郑洪年等出席，会上，讨论议决通过了《本馆中山文库规程与预算及审定委员名单案》，刘湛恩、蔡元培、叶恭绰、史量才、王云五、任鸿隽、朱经农、王世杰、马寅初、张伯苓、钟荣光、蒋梦麟、吴雷川、刘廷芳、郭任远、李登辉、欧元怀、郑洪年、罗家伦、潘公展、黄炎培、黎照寰、俞庆棠、郑通和、何炳松、舒新城、邹鲁、俞颂华、林语堂、高一涵、顾颉刚、赵元任、冯友兰、廖世承、陈鹤琴、马君武、梁漱溟、梅贻琦、庄泽宣、戴季陶、陈立夫、陶行知、许崇清、李四光、翁文灏、秉志等为审定委员。

9 月 1 日，在《实业季报》第 1 卷第 1 期上发表《商人与中国改造》一文。文中提出商人应"注意政治""协助教育""改进社会"和"改造经济"。

9 月初，刘湛恩和黎照寰、郑洪年、张寿镛、李登辉、欧元怀、褚辅成、沈钧儒、陶百川、王孝英、洪深、郑通和、任矜苹等 30 余人发起组织中国教育电影协会上海分会。

9 月 24 日，《申报》刊登刘湛恩新近来函：

本届太平洋国际学会大会，在加拿大彭夫开会两星期，各国代表参加者共一百三十七人，凡太平洋经济、政治、教育各种问题，均经详细讨论，对于东北问题，我国代表与日本代表，尤曾有激烈之争辩，各国代表对我颇表同情，但欲收复失地，非速图自强不可。吾人应使内战不

---

① 《沪江大学丛讯》第 9 期，1933 年 7 月。

再发生，努力建设事业，实行长期抵抗。①

9月，和潘文安为《青年求学之路》作序："求学、择业、婚姻，为青年毕生三大问题，亦为最难解决之途径。而求学尤为三大问题之第一关，此关不能解决，毕生痛苦，无法避免。遑论择业？更遑论婚姻？……青年求学，应认为关于个人为社会国家大事，讵可掉以轻心。"②

按：《青年求学之路》由刘湛恩、潘文安编辑，1933年由上海人文印书馆出版，收蔡元培《学生与国难》、庄泽宣《大学生与职业问题》、潘序伦《会计职业之选择及准备》等共32篇论文。

10月1日，刘湛恩和胡适、陈策、陈庆云等在芝加哥世博会中国馆参观。③

11月9日，第五届上海全市小学运动会开幕，会长为潘公展，刘湛恩和俞鸿钧、吴醒亚、徐佩璜、童行白、陆京士、王延松、黎照寰、褚民谊、郑洪年、翁之龙、张寿镛、李登辉、欧元怀、陈鹤琴、沈嗣良、郑通和、汪伯奇、史量才、李大超、王晓籁等为名誉指导。

按：第五届上海全市小学运动会11月9日至11日举行。

12月30日，《申报》刊登刘湛恩致上海市参议会刘云舫函：

云舫我兄伟鉴：违教多时，至殷怀想，遥维筹祉咸宜，鼎祺安康，定符下颂。弟自去国以来，旅行健适，诸托平安，堪以告慰。现应美友之邀，在美满洲各地讲演中国文化，每届听众均极踊跃，应游卅余城，已与十余万人晤，对彼邦人士，对于我国甚表同情，而远东时事，尤为关怀。惟近阅报载，国内又将发生内战，煮豆燃萁，痛心曷极。阁下望重社会，酷爱和平，务祈鼎力消弭，俾免国难严重益增，此则弟羁身海外，日夕馨香以祝。专此奉候。敬颂道安，并贺新禧。刘湛恩谨启。④

---

① 《刘湛恩海外行程》，《申报》1933年9月24日，第12版。
② 刘湛恩、潘文安编辑：《青年求学之路》，上海人文印书馆1935年版，"序"。
③ 张伟、黄薇：《上海与1933年芝加哥世博会》，《新民晚报》2010年4月25日。
④ 《刘湛恩博士祈祷和平》，《申报》1933年12月30日，第13版。

按：时刘湛恩兼任上海市临时参议会参议。

12月，由周瑞赓编译的美国教育家克伯屈的《现代教育》一书由上海大东书局出版，该书为"儿童教育丛书"第九种，由刘湛恩校阅并作"序"。"序"文如下：

美国现代大教育家克伯屈氏 Kilpatrick，著述宏富，传诵当世。其所作 Education of a Changing Civilization 一书，历述世界已往教育之失败，现代教育之缺点，与未来教育之应循之途径；并主张教育首须适合时代生活化，理论透彻，尤为关心教育者所服膺。最近周君瑞赓，就其原著，译饷国人，分为三章，都四万余言，题曰《现代教育》。付梓之先，持来问序。余浏览一过，既嘉周君潜心学术，知所努力，而斯编亦足为我国教育革新运动参考之一助也。爰缀数言，以当介绍。①

本年，由上海持志学院学生印行的《持志年刊》卷八出版，刘湛恩题词："革心救国。"

1934 年（民国二十三年 甲戌） 三十八岁

2月17日，在美国西雅图搭乘大来公司麦荆来总统号轮准备回国。

2月18日，《申报》讯：刘湛恩已经由美国首途回国，3月6日可以抵沪。

2月20日，《申报》讯：刘湛恩、蔡元培、陶行知、潘公展、王云五、王志莘、潘序伦、顾树森、欧元怀、廖世承、高阳、张嘉璈等评议员和钟道赞、邰爽秋、章益、陈选善、翁之龙、郑通和、庄泽宣、沈公健、熊子容等社外专家，被中华职业教育社邀请出席将于2月24日在上海漕河泾沪西园场举行的该社专家会议。

按：中华职业教育社每年春季召开专家会议，以确定一年内之工作

① 周瑞赓编译，克伯屈著：《现代教育》，上海大东书局1933年版，"序"。

方针。

3月7日，晨，抵达上海，上午八时三十分，在海关码头登岸，受到沪江大学教员和家属迎接。之后偕夫人刘王立明返沪江大学。九点四十分，沪大教职员学生在大礼堂开欢迎会。在欢迎会上，刘湛恩作了讲演，介绍了此次出国的感想及美洲教育的革新情况，并以自信、建设、团结、牺牲四种精神，希望同学们互相勉励。刘湛恩讲毕，即散会，刘随即赴办公室办公。

3月8日，下午四时，东吴大学文理法三学院及前博习中西全体同学会在大陆商场举行茶会，并于下午六时在中央西菜社举行年会，刘湛恩及该校校长杨永清、同学会会长贝祖诒、副会长陈霆锐、青年会总干事陆干臣，及杨复生、查良鉴、江一平、孙祖基、黄辉等三百余人参加。

3月10日，下午三时，沪江大学、沪东公社、中国社会学社等十余团体，在上海青年会大礼堂举行钱振亚追悼会，刘湛恩任主席，孔祥熙、朱懋澄参加并演说。

3月13日，晚六时三十分，上海市地方协会举行第27次大会，40人与会，由史量才任主席。会上，身为该会会员的刘湛恩和该会理事胡筠秋分别讲述了《美国政治及社会各种状况》和《欧美旅行所见各地状况》，并与黄炎培、郭秉文等长谈。

3月15日，下午五时，国际问题研究会开茶会，欢迎本会理事刘湛恩、胡筠秋回国，由郭秉文任主席。会上，刘湛恩和胡筠秋讲《旅外观感》。

3月16日，下午五时半，上海青年会在八仙桥会所举行欢迎刘湛恩茶会，会上，刘湛恩就国际问题作了演讲。

3月17日，下午四时，在中华职业教育社所设的学术讲座上讲《欧美考察归来之感想》。

按：中华职业教育社每学期设学术讲座，于星期六下午四时举行，所聘讲师有俞颂华、俞寰澄、俞庆棠、张肖梅、葛成慧、柳士英、顾季高、梁士纯、朱义农、曹仲渊等。本学期即第七届，讲演的问题，定为国际、经济、应用科学三种。

3月18日，晚七时，中华职业教育社民族复兴与教育设计委员会在功德林举行第三次会议，刘湛恩、黄炎培、李公朴、邰爽秋、江恒源、李肇甫、廖世承、熊子容、杨卫玉、潘文安、姚惠泉等出席，由江恒源任主席。会议推刘湛恩、潘公展、李肇甫、姚惠泉等为本会委员；江恒源、廖世承、黄炎培于行为目标下加具说明，交下次讨论。

3月18日，夜，民族复兴与教育设计委员会于功德林会餐，兼为刘湛恩洗尘。

3月19日，上午九时，现代思潮社在该社举行第一次理事会议，会议议决通过了《续聘现代思潮讲座讲师案》，敦请刘湛恩、樊仲云、林众可、胡叔异、唐惠民等为讲师。

3月中旬，刘湛恩和王晓籁、王伯群、史量才、朱少屏、朱学范、李登辉、杜月笙、俞鸿钧、柳亚子、陆京士、陶百川、张嘉璈、郑洪年、潘公展、刘鸿生、潘公弼、陈光甫、陈霆锐、萧友梅等共300余人，发起上海市新生活运动促进会。

3月23日，下午，至南京，赴教育部晤见教育部部长王世杰和教育部次长段锡朋，除报告在外国情形外，还就沪江大学商学院附设夜班情形作了说明。

按：沪江大学商学院夜班大学本科之甲种学生，须读完大学二年及所有必修科目修毕，方可加入，加入后一面实习，一面延长读书期限修习，计一百五十学分，与大学生程度相同。

3月25日，下午二时，中国文化建设协会在中华学艺社大礼堂举行成立大会，通过章程及选举理事，吴铁城、童行白、陈立夫等共200余人出席。刘湛恩和陈立夫、邵元冲、朱家骅、吴铁城、陈布雷、张道藩、余井塘、周佛海、程天放、程其保、黎照寰、翁之龙、李登辉、郭任远、王云五、王毓祥、吴醒亚、张寿镛、胡庶华、何思源、潘公展、史量才、张竹平等61人当选为理事。

3月25日，晚七时，中华职业教育社在上海四马路一枝香召集社、校董联席会议，黄炎培、秦锡田、潘序伦、穆藕初、史量才、陈光甫、邹秉文、潘文安、张效良、沈恩孚、钱新之、徐新六等出席，杨卫玉、贾观仁等列席，由钱新之任主席。会议议决了《下届评议员候选人名单案》，票选蔡元培、刘湛恩、朱经农、陶行知、王志莘、陈彬龢、郭秉文、杜重远、张嘉璈、贾观仁、朱吟江、潘文安、陈选善、胡笔江、徐新六、俞庆棠、秦翰才等20人为下届评议员候选人。

3月29日，下午二时，上海各大学教职员联合会在中华学艺社举行第二届会员大会，各大学教职员400余人与会，会议选举了执监督委员，刘湛恩、蒋建白、奚玉书、褚民谊、吴铁城、黎照寰、欧元怀、董任坚、颜福庆、王伯群等78人当选。

3月29日，下午四时，中国文化建设协会在上海联欢社举行第一次理事会议，刘湛恩和吴醒亚、吴铁城（吴醒亚代）、潘公展、陈布雷、余井塘、吴开先、史量才（马荫良代）、吴大钧、杨公达、叶秀峰（唐惠民代）、程沧波、黎照寰、张寿镛、陶百川、童行白、欧元怀、李登辉、程天放、胡健中、张竹平等33名理事出席，主席潘公展。会议推举陈立夫为理事长，邵元冲、吴铁城为副理事长，刘湛恩、朱家骅、陈布雷、张道藩、吴醒亚、潘公展、李登辉、欧元怀、黎照寰、沈鹏飞、叶秀峰、张寿镛、裴复恒、翁之龙等17人为常务理事。

3月30日，晚六时，上海市商会、上海市地方协会、银行公会、上海总工会、国际问题研究会、国际贸易协会、钱业公会、寰球中国学生会等共17个团体，在上海市商会举行公宴，欢迎驻苏联大使颜惠庆抵沪，刘湛恩、王晓籁、王延松、贝祖诒、史量才、杜月笙、虞洽卿、王一亭、曹云祥、陈立廷、郭秉文、朱学范、朱少屏、陆伯鸿等数十人出席，由王晓籁任主席。会上，颜惠庆发表了演说。

按：本次公宴由上海市商会发起，每个团体限派代表三人，刘湛恩、曹云祥、陈立廷代表国际问题研究会出席。颜惠庆为国家问题研究会名誉理事。

3月31日，晚七时，世界文化合作中国协会、中央研究院、北平研究院、暨南大学、世界电机社、中国国际图书馆、中法大学、中法工业专门学校、世界学院图书出版专科学校、世界社、上海市政府等十二团体和机构，在上海福开森路世界社，联合欢宴国际劳工局局长莫列德，刘湛恩和蔡元培、吴铁城、李书华、褚民谊、王晓籁、李登辉、史量才、沈鹏飞、林语堂、杜重远、陈光甫、翁之龙、王云五等100余人出席，由李石曾任主席。欢宴会上，莫列德作了《现代生活中智慧劳动者之任务》的演讲。

4月1日，上午十时，上海市新生活运动促进会在八仙桥上海青年会大礼堂举行成立大会，市长吴铁城及陆京士、陶百川、吴醒亚、潘公展、朱学范、黎照寰、王晓籁等各界代表千余人与会。会议通过了章程及新生活公约，并推举吴铁城、宋子文、蔡元培、吴醒亚、史量才、王云五、柳亚子、王伯群、潘公展、陶百川、王晓籁、陈光甫、吴蕴初、林康侯、刘湛恩、黎照寰、李登辉、欧元怀、廖世承、张嘉璈、萧友梅、杨卫玉等共79人为理事。

4月4日，中午，国际问题研究会在上海银行俱乐部举行第二十五次理事会，会上，议决为便利研究，特设研究组，由曹云祥、夏晋卿、刁敏谦、郭秉文、刘湛恩、黎照寰、胡筠秋、王景岐、陈彬龢、董显光、桂中枢、梅其驹、黄炎培、高谨轩、朱羲农为委员。

4月5日，下午四时，上海市新生活运动促进会在市商会举行第一次理、监事联席会议，会议推定吴铁城为理事长，刘湛恩和蔡元培、吴醒亚、俞鸿钧、张寿镛、潘公展、童行白、陆京士、黎照寰、陶百川、王晓籁、王延松、虞洽卿、杨卫玉、郭顺等共21人为常务理事。

4月5日，在华东基督教教育会杭州年会上演讲《近今美国之新教育运动及其民众对于国外宣教事业的态度》，提出，鉴于教会捐款将更加困难，"我们的教会学校，应即谋自救，实行经济独立"；"绝不可因为美国接济的钱不来，我们就不办学。我们应加紧努力奋斗，实行基督牺牲的精神，要刻苦耐劳，在中国教育史开新纪元"。①

按：9 月，《近今美国之新教育运动及其民众对于国外宣教事业的态度》一文在《中华基督教教育季刊》第 10 卷第 3 期刊出。

4 月 10 日，下午三时，上海救丐协会在上海市地方协会举行成立典礼，刘湛恩、吴铁城、刘王立明、王晓籁、陆伯鸿、颜福庆等出席并演说。会议通过了《上海救丐协会简章》。

4 月 13 日，刘湛恩和黄觉民、陈选善、郑通和、何清儒、倪文亚、卢绍稷、舒新城、郭一岑、孙亢曾、毛彦文、张仲寰、韦愨、曾作忠、陈鹤琴等出席于八仙桥上海青年会举行的中国教育学会上海分会第九次会议。

4 月 14 日，中午十二时，中国文化建设协会正副理事长陈立夫、邵元冲、吴铁城在联欢社公宴该会各常务理事和理事；下午一时，举行第一次常务理事会议，刘湛恩和陈立夫、邵元冲、吴铁城、吴醒亚、叶秀峰、李登辉、张寿镛、黎照寰、翁之龙、沈鹏飞、欧元怀、裴复恒共 13 人出席，列席理事张竹平、王云五、杨公达、汪伯奇、程沧波、陶百川、潘公弼等，由陈立夫任主席。

4 月 19 日，晚，国际问题研究会和华美协进社中国委员会在上海银行俱乐部设宴，招待由美国经菲律宾、日本到中国考察各地经济情形的太平洋国交讨论会总秘书卡德及其夫人，刘湛恩、郭秉文、陈立廷、黎照寰、屠楚渔等出席作陪，席间，卡德作了演说，说明了太平洋国交讨论会的情形。

4 月 28 日，成志学社在梅园举行年会，刘湛恩和黄炎培、陈鹤琴、

---

① 刘湛恩：《近今美国之新教育运动及其民众对于国外宣教事业的态度》，《中华基督教教育季刊》第 10 卷第 3 期，1934 年 9 月。

郭秉文、陶行知、王正廷、王志莘、傅若愚等共 23 人与会。①

4 月 29 日，下午二时，上海各大学教职员联合会在中华学艺社大礼堂举行第二次会员大会，400 余人与会。会议选举了执行委员和监察委员，刘湛恩和沈鹏飞、黎照寰、何世桢、吴铁城、欧元怀、董任坚等共 11 人当选监察委员。

5 月 6 日，在上海青年会演讲《新生活运动与心理建设》。

按：上海青年会鉴于近来新生活运动颇兴，决定自 4 月 22 日起，每逢星期日举行新生活运动演讲，被邀者除刘湛恩外，还有韦愨、江恒源、杨卫玉。

5 月 9 日，下午五时，沪江大学商学院在新天安堂举行国耻纪念会，由刘湛恩任主席。在会上，潘公展作了演讲，他说，纪念国耻，必须决定主张，准备力量，大家负起责任，埋头干下去。

5 月上旬，刘湛恩和欧元怀、汤穆生、林康侯、袁履登等被上海公共租界工部局拟定为教育委员会 1934—1935 年度委员。

5 月 15 日，晚，《申报月刊》社在上海中社举行第四次讲谈会，讨论《日内瓦莫斯科与东京三条外交路线之得失》。刘湛恩、赵正平、章乃器、沈志远、毕云程、陈彬龢、胡愈之、俞寰澄等共 16 人出席。

5 月 28 日，上海市公共租界私校协进会举行首次常务会议，会议议决第一次教育讲演由陈鹤琴担任，第二次由刘湛恩担任。

5 月 29 日，晚七时，中华职业教育社评议员会召开常会，刘湛恩、蔡元培、王云五、王志莘、陈彬龢、廖世承、贾观仁、潘序伦、陈济成、欧元怀出席，江恒源、杨卫玉、潘文安、姚惠泉、施养勇列席，由蔡元培任主席。会议议决，本届社员大会拟以民族复兴为目标，以职业课程、农村改进、职业指导、补习教育为范围。

6 月 6 日，下午二时，上海市教育学会、上海市大中学校教师联合

---

① 黄炎培著，中国社会科学院近代史研究所整理：《黄炎培日记》（第 4 卷），华文出版社 2008 年版，第 271 页。

会、上海市小学校长联合会在务本女中举行庆祝教师节大会，刘湛恩、潘公展、邰爽秋被邀请莅会演讲。在演讲中，刘湛恩希望教师"要有专业精神""利用机会努力进修"和"注重实验精神"。①

6月上旬，被推定为中华职业教育社第十四届社员大会补习教育组主持人。

按：中华职业教育社第十四届社员大会定于7月13日起在南昌牯岭举行三天。

6月14日，下午二时，上海职业指导所为谋各校毕业生升学之便利，举行1934年度升学指导讲演会，数百人与会。刘湛恩、陈选善、何清儒、郑通和、江恒源、杨卫玉等讲演，同时陈列各级学校之章则与本届招生简章，以及该所新编的《升学便览》暨各种裨益青年身心图书表册，以供升学青年参考。在讲演会上，刘湛恩首先演讲，他说，大学为研究学术培植人才的机关，非为升官发财而设，况且随时随地均可研究学术，不仅仅是在大学内方可得到高深的学术。

6月15日，晚六时，上海市地方协会第二届常年大会暨国际问题研究会第二届常年大会在静安寺路1138号举行，刘湛恩、黄炎培、史量才、杜月笙、王晓籁、俞佐廷、秦润卿、张嘉璈、陈光甫、钱新之、穆藕初、林康侯、曹云祥、胡筠秋、江恒源、潘序伦、徐新六、郭秉文、陈蔗青、吴蕴斋、陈彬龢、潘文安、王志莘、郭顺、沈联芳、邬志豪、张慰如、徐永祚、杨志雄、查良钊、曹云祥等一百余人出席，推史量才为联合主席。会上，史量才报告了两年间会务概况及工作报告，通过了上海市地方协会下半年度预算，修正了地方协会会章，讨论了有关提案，改选了地方协会会长、副会长、理事，由史量才为会长，杜月笙、王晓籁为副会长。

6月18日，下午四时，《时事新报》《大陆报》《大晚报》和申时

---

① 《本市中小教育界昨热烈庆祝教师节》，《申报》1934年6月7日，第14版。

电讯社在巨泼赖斯路张竹平住宅举行园游茶会，欢迎美国联合新闻社副董事长斐莱夫妇，刘湛恩、黄炎培、杜月笙、王晓籁、陈光甫、许世英、袁履登、邬志豪、邹秉文、王志莘、陆费逵、刘王立明、王孝英、俞鸿钧、徐佩璜、唐玉书、胡蝶、郭顺、汪伯奇、张蕴和、林柏生、蒋光堂、许心一、陈彬龢及吴铁城夫妇、斐莱夫妇等共四百余人出席。茶会上，张竹平代表"四社"致欢迎词。

按：斐莱夫妇此次因环游世界、视察各地分社而莅沪。

6 月 23 日，下午四时，沪江大学大学部文、理、商、教育四学院 1934 届毕业生共 52 人（其中女生 17 人）、附属中学毕业生 85 人，在大礼堂举行毕业典礼，学生家长及各界来宾甚众，刘湛恩出席，并报告了本年度工作经过及今后应有的努力。

6 月 23 日，下午五时，上海各大学联合会在八仙桥上海青年会举行全体会员大会，刘湛恩和张寿镛、朱公谨、金通尹、胡端行、欧元怀、王伯群、褚辅成等出席，由张寿镛任主席。会议选举光华大学、复旦大学、交通大学、大夏大学、暨南大学、沪江大学、大同大学七校为执行委员。

6 月 24 日，晚七时，沪江大学同学会在新亚酒店举行年宴，并欢迎本届新毕业同学，刘湛恩和上海市市长吴铁城、沪江大学教务长樊正康以及校董、教授、会员暨本届毕业同学共千余人参加。在会上，刘湛恩报告了学校校务。

6 月 26 日，中午，国际问题研究会在上海银行俱乐部设餐招待前中国政府顾问华脱和英国国交讨论会理事鲁司，刘湛恩、徐新六、邹秉文、黎照寰、张竹平、董显光、郭秉文、聂潞生、屠楚渔等 10 余人出席，由郭秉文任主席。

6 月 26 日，在上海银行公会，刘湛恩和黄炎培、戴志骞、王志莘等会餐，商成志社事。

6 月 30 日，刘湛恩和陈光甫、郭秉文、邹秉文、钱新之、曹云祥、徐新六、张嘉璈、黎照寰、陈立廷、陈蔗青、史量才、聂潞生、胡筠秋、刘鸿生当选为国际问题研究会理事。

6月，在《大上海教育》上发表《青年升学问题》一文。

按：本文和潘文安合写。

6月，在《沪大教育》第2期上发表《欧美教育之新趋势》一文。在文中，刘湛恩认为，欧美各国的教育，自19世纪至20世纪，有三个趋势：教育"化"社会，职业教育与文化，教育民众化的限制。

按：《沪大教育》创刊于1933年6月，由沪江大学教育研究社出版，刘湛恩曾为该刊撰写发刊词；原计划每学期一期，年出两期。

7月8日，晚，刘湛恩和黄炎培、江恒源、杨卫玉、姚惠泉、贾观仁、潘文安、何清儒、葛成慧等数十人乘招商局建国、江顺两轮船赴南昌参加中华职业教育社第十四届社员大会。

7月16日，上午九时，第三届上海市中等学校联合毕业典礼在市政府大礼堂举行，刘湛恩和上海市市长吴铁城、教育局局长潘公展、社会局局长吴醒亚、国民党上海市党部常委陶百川、来宾廖世承、朱应鹏以及各中学校长、教职员、毕业生约两千人参加。

7月18日，下午四时半，"申时电讯社"举行成立十周年园艺茶会，刘湛恩和吴铁城、邹秉文、徐新六、俞佐廷、陈蔗青、朱吟江、李登辉、欧元怀、郭秉文、王毓祥、颜福庆等三百余人出席。

7月19日，江阴旅沪学会在会所举行常务理事会，会议通过刘湛恩、吴铁城、吴醒亚、潘公展、王云五、陶百川、陈鹤琴、欧元怀、郑通和、江恒源、翁之龙、陈选善、李登辉、舒新城、胡朴安、史量才等为升学指导所名誉指导。

7月，在《国际劳工》第1卷第7号上发表《沪东公社与劳工》：

上海为我国开辟商埠最早之区，工厂林立，为全国冠，劳工群众，不下数十万人，此中以沪东一隅，约占全数之半，为工人丛集之区，人烟稠密，在此特殊环境之下，而种种社会事业之兴办，需要至切。上海沪江大学有鉴及此，远在一九一七年遂有沪东公社之创设，为沪大办理社会事业之唯一机关，亦为推广社教事业之一部分。创办迄今，已历十数稔，惨淡经营，稍具雏形，差堪告慰于国人也。

沪江历史——上海沪大为应付国家社会之需要起见，设有社会学系。一九一七年社会学教授葛学溥博士鉴于杨树浦地偏沪东，工厂林立，居户殷繁，种种社会事业均未举办，甚至工人求学之所，尚付缺如，而工人恒无相当学识，以致生计日蹙，奸宄之事，极易发生，不免贻社会重大之隐忧，遂有发起沪东公社之组织，沪大社会教育经济宗教诸系同学，并可因此得实习之机会，诚一举数得，用意诚至善至美也。开办之初，赁屋于东效积，旋乃迁至基督教会旧址，地点适中，交通便利，即今日之社址是也。成立数载，葛君任满返国，改任钱振亚君主持一切，各种事业无不悉心尽力积极进行。回溯过去已有之相当成绩，察其演进之程序、社会之需要，无日不在谋改进之中。成立迄今，已十有六载，深获各界之援助，办理人员之努力，始有此些须成绩，然非仅此以为满足。际此工业凋敝，农村破产，社会之不景气，工人失业者日众，深觉此种社教事业，更非大加刷新，力谋扩大其组织，不足以言发展。迩来正计划积极改进中，是则有赖于国人之援助及教诲，共起图之。此其沿革之梗概也。

工作一般——沪东公社现有之工作为下列数点：

〔甲〕教育事业

（一）初级中学暨完全小学

杨树浦偏于沪东，学校尚感缺乏，有鉴及之，遵照颁布之规程，设立完全小学及初级中学，为工人子弟求学之所。民国十四年初中开办以来，学额骤增，男女学生已达二百五十余人，历届毕业生，除小部升学外，在社会方面，多能自立。

（二）职工补习学校

职工补习学校系与各工厂合办，其创办时间，远在一九一七年，来学者大都为工厂职工，共分六级，授以实用英文，如工厂日用英语、工人会话学（本社自编）、尺牍、国文、算术、常识等科，历届毕业生计有二千余人，为职工唯一之求学机关。其中因受本社教育而擢升高级位置者，颇不乏人，刻有学生四百五十余人。

（三）名人科学演讲

聘请中外名人及科学专家来社演讲，对于科学及常识演讲尤加注重，良以近代为科学竞争时代，科学及常识实为社会上人人不可缺乏之要素。每次演讲，听者人数颇多。

（四）民众图书馆

杨树浦一带，尚无公共图书馆之设备，经几许之努力筹备，新近已将图书馆建筑落成，除陈列各种报纸杂志外，并备有益民众之书籍多种，任人浏览，阅者以工人为多，商人次之，每日平均百余人。

（五）平民女校

沪东工厂林立，而女工占大多数，自熊秉三夫人提倡平民教育后，风行全国。本社为救济工厂女工失学起见，遂与上海女青年会合办平民女校一所，成立已阅八年。

（六）托儿所

鉴于女工工作时间之不能顾及其子女，遂与中华慈幼协会合办托儿所一所，成立已四年，现有幼童四十余人。

（七）纺织班

与中华纺织学会合办纺织班，来学者多为各纱厂职工。原仅一班，近因来学者日众，刻已扩充为两班。

（八）编制工人读物

因感于工人智识之缺乏，特编制工人常识读物多种，均为实验本，刻正在实验中，以期其内容之切合及充实。

〔乙〕社会事业

（一）社会调查

本社特聘专家一人，专司调查社会事宜，而沪大社会学系诸同学亦来此实习调查，同时并介绍其他机关，如中央研究院立法院等，调查工人生活状况，暨家庭情形等。

（二）提倡工人储蓄

工人每因无正当之娱乐，多流为嫖赌，本社有鉴及此，特与新华银行合作，提倡工人储蓄。

（三）职业指导及职业介绍

欧美各国于职业指导及职业介绍，皆视为重要之社会事业，本社于此尤注重个别研究，以作职业指导之标准。目下职业介绍已推广至沪东区域以外，并与各工厂作实际之联合也。

（四）卫生运动

本届每届初夏即举行大规模之卫生运动，藉以唤起地方民众之注意，实因杨树浦一带居户，于公众卫生观念殊觉缺乏，于工人健康，影响至巨。

（五）女子前导团

家庭与社会关系，至为密切，本社于提倡平民女校之外，复与上海女青年会合组女子前导团，以改良家庭为宗旨。凡女子家庭生活上种种问题，予以相当指导，以期将来组成完美之家庭，并召集工人家庭主妇讨论家庭问题。

〔丙〕德育事业

本社除聘请名人作科学及常识讲演外，并常请名人作人格修养之演讲，并设有主日学校，施行宗教教育。暑假期内，开设儿童义务学校，广告失学儿童，授以宗教及社会方面各种智识。其他如德育指导、青年服务团等事业，均无非为提倡德育，培养工友之道德起见。

〔丁〕体育事业

关于体育之设备，有足球队、篮球队、乒乓队、技击团等组织，共有运动场二处，任人游玩，工厂放工后，场上甚觉热闹，每日来此游戏者，不下数百人。

〔戊〕娱乐事业

本社于群育事业，积极提倡，每逢星期及纪念假期，必有公共娱乐之工作。故组织沪东剧社及歌舞团，迄今成绩颇佳，开演民众电影时，观者极形踊跃。至所演节目及影片，大都有兴味而含感化者，盖亦寓教育于娱乐中也。

〔己〕合作机关

本社从事社会事业，十余年来，各种事业之进展，深得外界之臂助。兹将本社合作机关列后：

（1）沪东商联会（2）杨树浦纱厂（3）女青年会

（4）中华慈幼协会（5）中华纺织协会（6）沪东教会

（7）商务印书馆（8）新华银行（9）沪大同学会

（10）上海电力公司（11）沪大学生自治会（12）班达公司

（13）慎昌洋行（14）怡和纱厂（15）祥泰木行

（16）怡和蛋厂

将来计划——沪东公社因力求适应社会状况，拟有各项改进计划，只以限于经济关系，一时不克实现，但不因此自馁，刻正积极筹划中，总期逐步推进，以达吾人之理想。其计划有下列各点：

1. 本社社址，不敷应用，拟于一九三四年至一九三八年五年中，举行募集建基金三万元，期于此五年内有一部分房屋之建立，为扩充社务之用。

2. 筹设民众茶社及民众讲演所。

3. 筹设工人储蓄银行及工人消费合作社。

4. 工人子弟学校及劳工学校。

5. 积极编制工人教科书及各种工人补充读物。

6. 筹建工人体育场。①

按：《国际劳工》由国际劳工中国分局编辑发行。

8 月 1 日，接受《申报》社记者采访，就在太平洋学生大会首日所讨论的问题作了回答。

按：太平洋学生大会由美国世界青年协会发起，于 8 月 1 日至 4 日在沪江大学大礼堂召开，中方有 17 名代表参加。大会的目的在促进国际间青年的交往及交换智识。在首日的第一次会议间，中日双方就东北问题进行了激烈的辩论。

8 月 2 日，晚，上海青年会在该会设宴招待出席太平洋学生大会的各国学生代表，刘湛恩、曹云祥、黎照寰、陈立廷等出席。

8 月 2 日，刘湛恩和蔡元培、朱经农、潘文安、贾观仁、张嘉璈、杜重远、王志莘、陈彬龢、俞庆棠当选为中华职业教育社评议员。

按：职教社评议员任期二年，每年改选半数，由董事部提出候选人，经全体社员选举之。

8 月 11 日，下午四时，上海青年会在八仙桥新会所举行茶会，欢送本届出洋留学生，作为该会董事的刘湛恩、黎照寰和该会会长曹云祥、总干事陆干臣以及宋汉章等出席，会上，刘湛恩并讲美洲情形。

8 月 12 日，下午四时，由上海市教育局和寰球中国学生会发起的欢送出洋留学生大会在上海市新亚酒店举行，刘湛恩、穆藕初、黎照寰、廖世承、胡叔异、章益、颜惠庆、朱少屏、马崇淦、陈济成、黄警顽及上海市市长吴铁城、教育局局长潘公展共三百余人出席。会上，刘湛恩作了演说。他说，今天诸君出国，我只赠给大家一个字：做；希望大家在国外实行一"做"字，回国以后也实行一"做"字，不是升官发财，而是谋国民福利。参加欢送的团体和机构有：上海市教育局、寰球中国学生会、交通大学、暨南大学、复旦大学、光华大学、启秀女

---

① 刘湛恩：《沪东公社与劳工》，《国际劳工》第 1 卷第 7 号，1934 年 7 月。

校、上海市教育学会、上海市地方协会、中华职业教育社、国际问题研究会、《申报》《新闻报》《时事新报》《大陆报》《大晚报》社、申时电讯社、《晨报》《民报》《中华日报》《中国评论周报》社、中山文化教育馆、清华同学会、留英同学会、中法联谊会、美国大学同学会、中国国际学会等 34 个团体。

按：刘湛恩和屠楚渔代表国际问题研究会参加。

8 月 21 日，第二批赴欧美留学生放洋，刘湛恩、黎照寰、朱少屏、黄警顽、丁淑琴等及留学生亲友五六百人到埠送行。

8 月 24 日，下午五时，中华慈幼协会在上海博物院路中华基督教青年会全国协会礼堂举行第六年度上半年年会，刘湛恩和孔祥熙（罗运炎代）、潘公展、朱少屏、邬志坚、林康侯、李廷安、许建屏、文鸿恩等二百余人出席。会上，会长孔祥熙（罗运炎代）报告了《过去工作及未来希望》。

8 月 24 日，下午，刘湛恩和史量才、郭秉文、曹云祥等十一人被推为"英文中国年鉴社"理事。

按：据《申报》：

国人自办英文中国年鉴社，自四月间由蔡元培、李石曾、史量才、陈立廷等发起筹备以来，截至目前，加入发起者，有于学忠、王正廷、孔祥熙、何应钦、朱博泉、朱家骅、杜月笙、沈鸿烈、邵力子、吴达铨、吴铁城、李宗仁……刘湘、刘湛恩、卢作孚、薛笃弼、韩复渠、阎锡山等五十二人。最近由发起人推选蔡元培、李石曾为名誉理事长，史量才、俞佐廷、郭秉文、陈立廷、冯炳南、桂中枢、唐寿民、陈彬龢、曹云祥、吴达铨、刘湛恩等十一人为理事。[①]

8 月 24 日，晚，英文中国年鉴社在银行公会举行第一次理事会，刘湛恩、曹云祥、吴鼎昌、唐寿民、俞佐廷等理事出席。会议推史量才

---

① 《英文中国年鉴社正式成立》，《申报》1934 年 8 月 26 日，第 13 版。

为理事长，郭秉文为财务理事，陈立廷为社长。

8月25日，《申报》刊登刘湛恩接受该报记者访问，就蒋梦麟、胡适等《改进中小学教育制度提案》发表意见，刘湛恩非常赞同改革教育制度，并认为应使制度划一，凡一制度的推行，贵在全国一律，倘全国果能同一制度，则收效必宏；并认为，一种制度的施行，必须加以实验，惟实验后方知制度的优劣，现行的教育制度，疵点太多，需要一个优良的教育制度，胡适等人提案，颇有价值。

9月3日，下午五时，上海市高桥农村改进会在静安寺路上海市地方协会开第一次筹备会，黄炎培、潘鸿鼎、史量才、谢秉衡、瞿绍伊、杜月笙、邹秉文、陈蔗青、郭顺、江恒源、杨卫玉、王晓籁、秦润卿、吕岳泉、刘湛恩（王揆生代）等31人出席，会上，上海市地方协会会长史量才报告了筹备经过及进行立案之手续，黄炎培宣读了“组织大纲”，经逐条修正通过；会议一致推选杜月笙为会长兼理事会主席，由会长提出并一致通过丁凤山、张维、黄炎培、刘湛恩、谢秉衡、钟玉良、苏树德、杨卫玉、潘鸿鼎、穆藕初、瞿绍伊11人为理事。

9月5日，晚七时，湖北旅沪同乡会筹募本省水旱灾赈委员会在上海平安旅社开成立大会，会议公推刘湛恩、吴醒亚等30余人为本会常务委员。

9月5日，国际问题研究会在上海银行俱乐部开第三十次理事会，会议决定各团体公宴比利时派遣来华报聘专使强森，推刘湛恩、胡筠秋、黎照寰、曹云祥、陈立廷为出席代表。

9月8日，下午二时，上海各大学联合会在上海华安大夏举行1934年度第一次执行委员会，刘湛恩作为沪江大学代表，和光华大学代表张寿镛、大夏大学代表马公愚、大同大学代表曹惠群、暨南大学代表陈荣鼎、交通大学代表张廷金等与会，由张寿镛任主席。会议议决了《改进军事训练案》和《改订各大学课程案》，其中，前者议决公推刘湛恩和褚民谊随时向教育部接洽。

9月10日，中午，上海市商会、银行公会、工业总联合会、国际贸易协会、国际问题研究会五团体，在上海银行俱乐部公宴比利时派遣来华报聘专使强森，刘湛恩、俞佐廷、陈蔗青、郭顺、胡西园、黎照寰、张嘉璈、贝祖诒、郭秉文、林康侯等40余人出席。

按：强森于9月8日在北京和国民政府主席林森会见后，乘车于9月10日晨抵达上海，9月11日上午乘船回国。

9月18日，晚七时，中华民生改进社在上海四川路上海青年会举行第二十次理事叙餐会议，刘湛恩、李登辉、应书贵、李廷安、潘文安、黄警顽、朱懋澄等十余人与会，由李登辉任主席。会议议决通过了《合作印刷工厂之改进》《设立民生改进实验区》和《筹设平民食堂》等议案。

按：中华民生改进社于1932年由李登辉、李廷安、刘湛恩、潘文安、朱懋澄等发起组织，以协助国人建设国民经济、改进民生为宗旨，成立后，成绩昭著。

9月19日，教育部长王世杰复函刘湛恩关于颁布国歌事：曾经拟具编制办法，提出行政院会议通过，转呈中央，以俟决定，即可制定颁布全国。

按：日前，鉴于国歌关系公民训练，至为重要，但自民国成立迄二十年，尚未颁布，海外友人，多有函询，刘湛恩特上书王世杰，请早日编制颁布，俾举国传诵。

9月21日，《申报》记者分别采访上海市教育局局长潘公展、沪江大学校长刘湛恩、江苏省立上海中学校长郑通和和上海公共租界工部局华人教育处副处长陈选善，请他们就普及教育问题发表意见。在采访中，刘湛恩谈到：普及教育，普通人以为只见识字教育，其实不仅是识字而已，办普及教育第一要实施公民训练，使人们知道做一个好的国民；第二要实施职业训练，使人们能解决吃饭问题；第三是文字训练。他认为，普及教育的方法愈多愈好，无论是社会的、学校的或固定的、流动的均可；目前中国办普及教育最有效的方法，是全国学生总动员，以自己所识的字来教人家，一个学生最低限度要能够教一个不识字者。

9月24日，当代青年社举行第二次理事会，会议讨论敦聘蔡元培、陈立夫、叶楚伧、潘公展、吴醒亚、吴开先、童行白、陶百川、刘湛恩等为顾问。

按：当代青年社由上海市青年界于本年8月组织。

9月28日，本日为沪江大学朝会之期，师生六七百人齐集于大礼堂，由刘湛恩任主席；之后，请本校体育主任刘雪松演讲体育问题，演讲共分三点：体育与个人事业，体育与救国运动，体育与世界和平。

9月29日，下午五时，上海各大学联合会在八仙桥上海青年会举行本学期首次会议，刘湛恩、张寿镛、胡端行、褚民谊等十二校代表与会。会议议决关于军训方案三点，仍推由刘湛恩和褚民谊向教育部陈述，三点内容为：（1）欲军训之实施有效，应由政府另筹经费，以应平时一切设施及集中时各种准备之需要；（2）新颁条例定于明年五月十一日起两个月将各校学生集中训练，本会各校认为于其他课程妨碍太多，应请教育部择一二国立大学先行试验；（3）教育部为各校主管机关，各校一切教育行政不直接受其他机关之指挥，以上一二项未决定时，各校军训仍维持原状。

10月10日，上午，沪江大学国庆纪念会在校大礼堂举行，刘湛恩讲演《国难期中之国庆》。

10月10日，下午三时，由中国国际图书馆主办的世界图书馆展览会在上海福开森路393号开幕，刘湛恩、吴稚晖、李大超、潘公展、朱少屏、杜定友等百余人出席，由吴稚晖任主席。

按：中国国际图书馆由吴稚晖创办。本次展览会有来自德国、英国、加拿大、丹麦、西班牙、美国、法国等六十六个国家的66所图书馆和国内24所图书馆参加，会期一周，至10月16日闭幕。

10月11日，上午九时，全国慈幼领袖会议在上海天潼路新亚酒店举行开会式，并陈列各省市慈幼会、育婴堂、孤儿院各种表册出品，刘湛恩、孔祥熙、吴铁城、许世英、王晓籁、屈映光、吴醒亚、文鸿恩、李登辉、林康侯、熊希龄、杜月笙等 170 余人出席，由孔祥熙任主席。

10 月 12 日，下午五时，应国际问题研究会之邀，驻意公使刘文岛在上海银行俱乐部演讲《国难之外交》，刘湛恩、穆藕初、郭秉文、陈蔗青、曹云祥、林康侯、陈彬龢、朱少屏、刘王立明等 20 余人出席，由陈蔗青任主席。

10 月 13 日，访黄炎培。

10 月 15 日，在《中国社会》第 1 卷第 2 期上发表《小、少、远、干》一文。文中提出中国教育抄袭外国所造成的种种弊端，主张"中国教育，要中国化，适应中国的环境，满足中国的需要"。①

10 月 19 日，晚，刘湛恩和黄炎培、于小川、伍连德、岑有常等乘车自南京回沪。②

10 月 21 日，为《申报》"开明版二十五史特刊"题词：

尝从学校之考试成绩研究，而知当世青年对于历史殊多荒疏。此现象深可忧虑。疏于历史即昧于往昔之文化，无由考知吾华民族精神之所寄。而为今日之中国人，不亦难哉。余愿唤起青年之注意，今后宜多诵习史籍。不仅诵习而已，又必于其中窥见吾华民族之精神，从而发扬光大之，庶不愧为今日之中国人也。开明书店印行二十五史，仿外国普及本之形式，于青年至为便利。余既感诵习史籍之必要，乐以此书介绍于当世之青年。③

10 月 21 日，《国立同济大学旬刊》第 39 期刊登刘湛恩和何清儒、潘文安合写的《上海职业指导所函致附送规章表格及告各校同学书》：

---

① 刘湛恩：《小、少、远、干》，《中国社会》第 1 卷第 2 期，1934 年 10 月 15 日。
② 黄炎培著，中国社会科学院近代史研究所整理：《黄炎培日记》（第 4 卷），华文出版社 2008 年版，第 318 页。
③ 《申报》1934 年 10 月 21 日，第 15 版。

　　敬启者：近顷社会事业逐渐扩展，需用人才正殷，敝所环顾国内仅有少数机关负介绍职业之责，以致求事者登进无门，用人者求才无路，供求双方失其调剂。忆自敝所成立以还，已历七载，一面为青年介绍职业，一面与职业界时常联络，盖直接为学生辟出路，间接为社会谋发展，实施以来，差堪告慰。惟是愿望虽宏，能力至薄，所冀贵所乐于赞助，遇有人才之供求，彼此随时通讯，俾便合作进行。附奉敝所章则刊物，并祈赐览教正，为荷！此致

　　同济大学。

　　　　　　　　上海职业指导所　何清儒　刘湛恩　潘文安　谨启①

　　10 月 27 日，午时，在上海八仙桥上海青年会和张寿镛、欧元怀、金通尹、沈鹏飞等参加上海各大学联合会执行委员会议，会议议决：训练总监与教育部规定高中以上军训，自 1935 年度起，实行集中训练，但规定之训练时间与各校日常课程有妨碍，公推褚民谊、刘湛恩备文向教育部陈述，设法更改；严禁学生入舞场跳舞，议决与市政府合作，共同查禁，违犯者予以严惩。

　　10 月下旬，被邀参加将于 12 月 17 日至 22 日在菲律宾马尼拉举行的菲律宾大学新校长就职典礼及东亚高等教育会议。

　　按：东亚高等教育会议是菲律宾大学为促进东亚文化教育起见，于该校新校长举行就职典礼时，发起举行，主要邀请中日两国代表参加。1934 年 10 月下旬，该校特派教育学院院长白礼德来华，与中国教育界领袖人物接洽。27 日上午，白礼德在沪江大学参观，讲演"中菲亲善"。

　　11 月 1 日，下午二时，上海市教育局职业补习教育设计委员会在大吉路市教育局旧址举行第一次会议，刘湛恩和蒋建白、江恒源、李公

————————

① 《上海职业指导所函致附送规章表格及告各校同学书》，《国立同济大学旬刊》
　　第 39 期，1934 年 10 月 21 日。

朴、陆士京、奚玉书等与会，由蒋建白任主席。会议决定：调查全市职业补习学校实况，筹划师资训练案，设立实验职业补习学校两所（工、商各一所），设法奖励本市职业团体设立职业补习学校，奖励私立学校附设职业补习学校。

11月3日，上午九时，刘湛恩和吴铁城、吴稚晖、褚民谊、蒋建白、沈钧儒、朱公谨、黎照寰、萧友梅、杜月笙、江恒源、张竹平、欧元怀等在大夏大学参加该校建校十周年纪念会，该校校长王伯群任主席，并致开会词。共有二千余人与会。刘湛恩在会上致词。

11月3日，下午四时半，中华慈幼协会会长孔祥熙在上海邸宅举行盛大茶会，欢迎由日本东京抵沪的美国红十字会会长兼中华慈幼美协会执行委员陶霭德夫人，刘湛恩、吴铁城、顾维钧、许世英、熊希龄、杜月笙、曹云祥、张嘉璈、屈映光、赵晋卿、罗运炎、颜福庆、卜舫济等一百二十余人出席。

11月5日，午时，上海市高桥农村改进会在静安寺路上海市地方协会举行第二次理事会，刘湛恩、黄炎培、杨卫玉、潘鸿鼎、苏树德、钟玉良、瞿绍伊、张维等理事与会，由黄炎培任主席。会长杜月笙因事未到，特委托黄炎培代表。会上，总干事王揆生报告了上月工作实况，议决了民教场开办费等。

11月10日，下午六时，中国美术生产研究社在上海银行公会举行成立大会，并招待新闻界人士，刘湛恩、潘公展等应邀出席并致词。

按：中国美术生产研究社由滕固、滕白也等发起组织。

11月12日，晚七时，南洋华侨巨商胡文虎在上海国际大饭店答宴各界人士，刘湛恩、吴铁城、王正廷、吴蕴初、杜月笙、陆伯鸿、林康侯、胡西园、颜福庆、王一亭、李登辉、潘公展、赵晋卿、伍连德、沈鹏飞、屈映光、李大超、滕白也等三百余人出席。

按：胡文虎于11月11日晚由杭返沪，11月13日晨将乘轮船返港。

11月15日，晚，滕白也与侯亚辉因订婚，在法租界康悌路其公馆宴请亲友，刘湛恩、徐朗西等数十人出席。

按：滕白也，沪江大学美术系主任，教授，美国哈佛大学硕士。

11月16日，下午二时，《申报》总经理史量才大殓在上海哈同路史量才邸第举行，刘湛恩、吴铁城、杨虎、潘公展、杜月笙、王正廷、王晓籁、郭顺、徐新六、钱新之、王一亭、朱庆澜、沈钧儒、陆费逵、朱少屏、曾朴、荣宗敬、李大超、褚辅成、朱吟江、陈陶遗、刘鸿生等各界二千余人亲往吊唁。

11月16日，晚，国际问题研究会在上海银行俱乐部设宴欢迎美国已故总统之子加菲尔，刘湛恩、郭秉文、曹云祥、黎照寰、陈立廷等理事出席，由郭秉文任主席。欢宴会上，刘湛恩致欢迎词，加菲尔演讲《国际学院之历史及工作状况》。

按：加菲尔曾任威廉斯大学校长三十年之久。

11月16日，刘湛恩应《申报》记者采访，谈主张应禁止学生观看不良电影。

11月20日，刘湛恩和曾作忠、张仲寰、郑通和、章益、倪文亚、杨卫玉、舒新城、陈选善、张耀翔、杨卫玉、毛彦文等出席于八仙桥上海青年会召开的中国教育学会上海分会第十二次会员大会，由舒新城任主席。会议讨论了国际教育学会开会地点问题，议决建议中国教育学会总会加入该会，并欢迎该会在我国开会，反对在日本开会；另对中学集中军训的相关问题进行了议决。

11月20日，刘湛恩和私立大同学校校长曹惠群、复旦大学校长李登辉、光华大学校长张寿镛、大夏大学校长王伯群会呈《为请求充分补助经费、以宏造就事》于教育部：

窃查属校等本年度已分别奉令补助设备及教席费，自二万五千至三万余元，虽为数不多，以较各校预定充实计划，最多不过什一，而政府奖劝私立各大学之心，固已昭然若揭，惟因为数有限，属校等以之支配用途，仍属左支右绌，上无以副厚望，下无以应急需，以是政府虽有奖劝私立大学之心，而终难收奖劝私立大学之效。按二十二年度高等教育统计，国立各大学学生共一三一七三人，省立各大学学生共四四五八人，私立各大学学生共九四六五人，是全国大学生私立各大学居三之一而强。又按二十二年度国立各大学经费为一三四七八七六零元，出自国库者为百分之八一点六六，而私立各大学经费由公家补助者平均得百分之七点一一，经费之相悬如此，学生之相若如难，属校等自虽责任之重，黾勉维持，不敢告劳，物质设备，虽难与国立大学等量齐观，至于效能成绩，尚无数字统计之依据，固不敢妄为轩轾，惟若遂谓其与国省库费用为比例为八一点六六与七点一一之遥，虽有聋盲，莫之能言。政府总揽万几，大部统筹全国教育，初未尝置私立大学而不顾，故督察训诫文告日至，属校等遵循有经，改善自忻，惟念私立大学与国立大学同为国家造就人才，政府诚意奖劝，载在宪章，为朝野人士所共仰，欲树丕基于今日，期成效于将来，非由政府予以与国立大学相当之经费，不足以立平衡而求实在，为此具名恳请大部迅予主持，俾得早日实现，受其惠者，不独全国大学生三之一已也。①

11 月 24 日，正午，上海各大学在八仙桥上海青年会召集各公私立大学校长谈话聚餐会，对禁舞及军训问题交换意见，并随即举行执行委员会议，刘湛恩和金通尹、沈鹏飞、朱公谨、黎照寰、王济远、鲁继曾、曹惠群、陈继烈等首先参加了校长谈话聚餐会，刘湛恩在会上报告了菲律宾召集东亚高等教育会议的情形，并说菲方希望本会多派代表参加，以沟通中菲文化，联络感情。接着，刘湛恩和鲁继曾、曹惠群、朱公谨、金通尹、沈鹏飞等又出席了执行委员会议，刘湛恩任主席，会议推刘湛恩代表上海各大学联合会出席在菲律宾召开的东亚高等教育会议。

11 月 25 日，下午二时，滕白也和侯亚辉在沪江大学大礼堂举行结

① 《沪私立大同等五大学呈教部请求补助费》，《申报》1934 年 11 月 21 日，第 13 版。

婚礼，刘湛恩、刘王立明、傅筱庵等二百余人出席。

11 月 30 日，刘湛恩和潘文安共同为《中华职业教育社上海职业指导所一览》作"卷头语"，其中言：

> ……最近全国学术工作咨询处，又复成立，……每届年度结束，本所必有小册之刊行，所以报告一年中之工作，兹值廿二年度告终，循例刊一小册，本届稍稍扩大，除纪述最近一年来之事业，附以统计图表，并将本所规章及应用表格刊载以就正于高明。顾同人最引为憾事者，则登记人日多，而出路未能随之增进，故登记人中介绍成就者十不得二三，虽由专门人才之太缺乏，但一方社会事业之不发达，及工商业之凋敝，一方学校普通人才之过剩，实为最大原因。今后中等学校之革命，与学校设科之职业化，实为万不容缓一事。本刊所辑，为期太促，病未能详，幸赖同事诸君努力相助，得以刊行。误漏之处，深冀阅者有以正之。①

按：《中华职业教育社上海职业指导所一览》于 1935 年 1 月由上海职业指导所印行。

12 月 1 日，中午，上海市市长吴铁城在市政府邀集本市各界领袖，商讨关于参加菲律宾嘉年华会的种种办法，刘湛恩、王晓籁、俞佐廷、潘公展、郭顺、胡西园、邬志豪、陈炳辉、李大超等出席，经讨论，决定先组织一筹备委员会办理，并发行一种中菲亲善特刊，由潘公展、刘湛恩筹备。

12 月 3 日，上海市公共租界私立学校协进会所设教育讲座在胶州路上海中学礼堂举行，由刘湛恩讲演《实验教育》。在讲演中，刘湛恩主要讲了实验教育的概念、步骤及欧美各国实验教育的计划等。讲演会由陈济成任主席。

12 月 4 日，中午，国际问题研究会在上海银行俱乐部召开第三十

---

① 《中华职业教育社上海职业指导所一览》，上海职业指导所 1935 年印行。

三次理事会，刘湛恩、刘鸿生、曹云祥、郭秉文、聂潞生、陈蔗青、黎照寰、徐新六等理事出席，由刘鸿生任主席。会议议决拟组国际教育学社，推刘湛恩、郭秉文、曹云祥为筹备员。

12月6日，东吴大学举行晨会，刘湛恩应邀演讲《青年的出路》，认为中国青年的出路有：创造新职业，改良旧职业，到内地去；青年应必备四种精神：自信的精神，建设的精神，团结的精神，牺牲的精神。

12月8日，北京大学校长蒋梦麟由京到沪，会同刘湛恩商议出席将于本月16日于菲律宾举行的东亚高等教育会议事宜。

12月12日，下午五时，奉教育部令，刘湛恩和蒋梦麟在上海乘太平洋公司"杰佛逊"号启程赴菲律宾出席东亚高等教育会议，并参加菲律宾大学新校长就职典礼，顺便考察当地的职业教育和职业指导事宜。

12月14日，刘湛恩和蒋梦麟抵香港，与岭南大学教务长陈荣捷一同赴菲律宾与会。

12月17日，菲律宾大学校长举行就职典礼，因"杰佛逊"号在香港傍码头时，与丹麦轮船相撞而毁，刘湛恩、蒋梦麟已未能按原计划出席东亚高等教育会议，改由中国驻菲总领事邓宗瀛代表中方出席典礼仪式。

12月18日，刘湛恩、蒋梦麟改乘"彰德轮"离港赴菲，同行者还有岭南大学陈荣捷、徐甘棠。

12月19日，东亚高等教育会议在马尼拉开幕，其中有日本代表二人，菲律宾代表百余人。会议主要讨论大学宗旨、课程教学等问题。

12月21日，在东亚高等教育会议上，刘湛恩演讲《中国教育新趋势》，蒋梦麟演讲《中国高等教育》，陈荣捷演讲《教育与人道》。

12月21日，出席东亚高等教育会议闭幕式。

12月22日至30日，受在菲侨胞之邀，刘湛恩往怡郎、碧瑶等地参观，所到之处，备受各界欢迎，共演讲20余次。

12 月 24 日，下午三时，学生国货年筹备委员会在八仙桥上海青年会召开发起人大会，会议通过了"组织大纲"和"工作大纲"，推定黄炎培、王延松、王晓籁、王云五、江恒源、方液仙、吴醒亚、吴蕴初、沈九成、汪伯奇、李大超、林克聪、胡西园、唐冠玉、郭顺、陈济成、陆费逵、潘公展、潘文安、刘湛恩、刘鸿生、朱学范、张嘉璈、张寿镛、邬志豪、杨卫玉、贾观仁、陶百川、黄冰佩、孙道胜、蔡元培、廖世承、郑通和、黎照寰、虞洽卿、严谔声、陈光甫、周峻等为理事。

本年，为沪江大学 1934 年级刊题词："恭诚朴爱。"

1935 年（民国二十四年　乙亥）　三十九岁

1 月 4 日，刘湛恩、蒋梦麟乘"昃臣号"轮离开菲律宾回国。

1 月 7 日，下午二时，刘湛恩和蒋梦麟乘船抵沪，潘文安到埠迎接，并向刘湛恩等详询考察所得，藉以借镜。

1 月 8 日，国际问题研究会在上海银行俱乐部召开第三十四次理事会，刘湛恩、郭秉文、曹云祥、聂潞生、黎照寰、徐新六等理事出席。会上，刘湛恩报告了参加菲律宾东亚高等教育会议及在菲参观情形，以中菲关系日臻密切，建议在本会设立中菲委员会，作为永久联络机关。会议经讨论，一致通过成立中菲委员会，并推刘湛恩、郭秉文、黎照寰、许建屏、王天申、陈荣捷、李清泉、薛芬士、施宗树等为委员，刘湛恩为主席。

1 月 13 日，下午六时，上海各大学联合会在八仙桥上海青年会举行本学期大会及聚餐会，刘湛恩、张寿镛、欧元怀、黎照寰、金通尹、沈鹏飞、褚辅成、王济远、胡端行、马公愚等数十人出席，由张寿镛任主席。会上，刘湛恩报告了出席菲律宾东亚高等教育会议情形及考察当地高等教育、职业教育之经过和感想。会议并议决请教育部召集全国高等教育会议等议案。会后，举行了各校年会聚餐，席间，刘湛恩、欧元怀、褚辅成、李权时、胡朴安等作了演说。

1月19日，下午五时，在上海威海卫路中社，刘湛恩和何炳松、章益、孙寒冰、俞颂华、黄炎培、欧元怀、舒新城、沈尹默、金通尹、黎照寰、傅东华、陶百川、邰爽秋、樊仲云、王新命、俞颂华、倪文宙、吴子敬、何西亚、张素民、俞澄寰等约30人出席中国本位文化建设座谈会。座谈会由主席何炳松首先致辞，接着刘湛恩发言，他说，第一，那种认为中国的文化已经没有了是消极悲观的说法，"我们不相信我们的文化已没有了，我们所特别表示痛心的，是自己没有自信心。我不赞成有这种消极悲观的态度。我们要有自信心，不悲观，不消极，才能战胜困难"；第二，"基督教并不是西洋的，基督教是世界的。基督教有基督教的真理，基督教并没有国界。建设中国本位的文化，决不是能够单独造成的"，就好像演奏音乐一样，不能只有一只钢琴在弹，"一定要与别种乐器联合起来，才有意义。世界的文化与中国的文化，也应该互相融合才是办法。"他又说，"中国固然要吸收西洋文化，但吸了西洋文化，要能够消化，消化之后，才是中国本位的文化。这点是最要紧的"。第三，虽然复兴中国文化应该检讨过去，但是，由于这一工作繁重，所以要求我们每个人在各自的本位上"分工合作"，"努力去干"，只有这样，"才能建设我们中国的本位文化，从本位上救中国"。①

1月26日，《申报》载：

[南京二十五日电] 教部据蒋梦麟、刘湛恩呈送出席东亚高等教育会议报告，经核阅后，将公开发表。②

1月27日，高桥农村改进会第四次理事会在静安寺路上海市地方协会举行，会长兼理事会主席杜月笙、理事黄炎培、刘湛恩、钟玉良、谢秉衡、张维、瞿绍伊、潘鸿鼎、杨卫玉等出席，总干事王揆生列席。

---

① 《文化建设座谈会纪》，《申报》1935年1月21日，第14版。
② 《教部接到出席菲教育会议报告》，《申报》1935年1月26日，第15版。

1 月 27 日，《申报》发表《蒋梦麟、刘湛恩出席东亚高等教育会议报告》：

谨陈者：此次菲律宾大学与菲岛高等教育会为交换意见与联络感情，发起东亚高等教育会议，邀请我国参加，梦麟、湛恩奉大部令派赴菲出席，于二十三年十二月十二日自沪起程抵香港，岭南大学代表陈荣捷博士登轮，偕同前往参加。会议日期，为十二月十八日至二十一日，在孟尼剌连续举行四天，出席者，除我国代表外，有日代表二人，菲代表百余人。会中并无正式议决案，所讨论者，如大学宗旨、课程教学等等，多关系菲岛高等教育，但有一组特别研究国际教育，以中菲邦交素笃，更当益谋亲善，希望中菲两国，将来多交换教员，互遣学生，实行文化沟通。在大会中，梦麟演讲《中国高等教育》，湛恩演讲《中国教育新趋势》，陈荣捷演讲《教育与人道》。会毕后，承菲岛领袖及我国侨胞邀往怡郎、碧瑶等地参观，备受各界欢迎招待，共演讲二十余次。至本年一月二日，离菲回国。兹敬就此行感想所及，略为报告如下：

（1）教育情形。菲岛自经美人治理三十余年，首重教育。全岛共有国立大学一所，学生六千余人；私立大学六七所，学生万余人；中学一百二十所，学生五千八百人；小学一千五百五十五所，学生一百十二万一千零二十八人。中学教员一千五百四十一人，小学教员两万四千零七十六人。以人口一千三百万计，每五百三十九居民中，有小学教员一人；每八千五百六十五居民中，有中学教员一人。现制小学七年，中学四年，大学四年，其教学方法，颇能适应学生个人与社会需要。尤注重义务教育，每一村落至少有学校一所，设备建筑，系照政府规定，完全一律。三分之二学龄儿童，已入学校，故其教育颇为普及。至其经费，中央政府以百分之四十充教育费，省以百分之四十至六十充教育费，地方则以中央与省之教育费全数中之三分之一补充之。因其教费优裕，故其教育设施，得以积极发展，遂有今日成绩。（2）政府商业及其人民生活。菲岛政治注重中央集权制，以积年之努力，美国以准其十年后完全独立，现正举行宪法会议，筹备组织新政府。因政治之修明，与其财政之缜密，其商业亦殊发达。全岛贸易，以糖及椰子油大宗，全国人民从事糖业者计七十二万人，每岁产量合菲洋四八三〇二五〇六九元。从事椰子油者一百十四万七千人，每岁产量合菲洋二〇〇〇〇〇〇〇元。对外贸易，一九二九年出超额，合菲洋六二三二一四二三四元。一九三三年虽以世界经济不景气，出超额仍能保持合菲洋三四九四六六三三一元。故其经济基础，尚为巩固，国家收入年有增加。一九一八年计菲洋四三七一三三八〇〇〇元；一九二六年计菲洋六〇三五一五二〇〇〇元；一九三三年，计菲洋六六七六八七六〇〇〇元。至其人民生活，因得天独厚，物产丰富，粮食水果，遍地皆是，稍用劳力，即可温饱，且衣住简单，故生活问题，不难解决。人人安居乐业，鲜有饥寒之虞。（3）华侨状况。菲地华侨，约有十万左右，以闽省人居大多数，粤籍人次之，其历史悠久，远在明季西班牙人莅菲之前。经营商业，如食粮杂货等类，在当地颇占优势，对祖国贸易输出计菲洋一六〇〇〇〇〇元，输入计菲洋一〇〇〇〇〇〇元。近来华侨有识之士，更多注重子弟教育问题，颇思培植商业专门人才，提高商业常识，以保持华侨在菲三四百年商业上优越地位。惟因受世界经济不景气影响，未免财力稍困，是在因势利导，力谋团结。

以上诸端，粗举其略。总之，菲律宾为新兴国家，朝气蓬勃，前途未可限量。中菲关系素深，邦交复笃，此后似应力谋亲善，互为提携，藉树远东和平基础，并保障寄居彼邦十余万侨胞生活。谨陈教育部。

国立北京大学校长蒋梦麟、私立沪江大学校长刘湛恩。①

1月29日，晚，菲律宾总督至上海，刘湛恩往访，就中菲亲善问题进行了交谈。

2月6日，下午二时，上海公共租界工部局人力车管理委员会会同

① 《蒋梦麟刘湛恩出席东亚高等教育会议报告》，《申报》1935年1月27日，第15版。

人力车商及车夫组织的人力车夫互助会，在上海东嘉兴路该会总会所举行开幕典礼，刘湛恩、袁履登、朱懋澄、殷芝龄、王志仁、陆干臣等80余人出席。

2月9日，上午九时，刘湛恩和蔡元培、欧元怀、庄泽宣、章益、俞庆棠、陈礼江、郑通和、陈选善、章益、陈济成、黄炎培、江恒源、杨卫玉、姚惠泉、李公朴、杨崇皋、施养勇、梁忠源、贾观仁、王撰生、潘公展、蒋建白、何清儒、陆叔昂、赵霭吴等43人参加于上海高桥海滨饭店举行的中华职业教育社第九次专家会议暨评议员联席会议，会议公推刘湛恩和蔡元培、欧元怀、俞庆棠为主席团成员。在上午的会议上，刘湛恩就补习教育发表意见：（1）应请教育部通令各地举办真正的实验职业学校；（2）对于手工业教育加以注意并提倡；（3）注重公民教育。下午，由刘湛恩任主席，主要讨论了"民族复兴目标下的青年职业训练问题"，议决照原案通过《复兴民族目标下之职业训练具体方案》，并设法推广，推广办法，议决组织中华职业教育社推广青年职业训练设计委员会。

按：《复兴民族目标下之职业训练具体方案》（节录）：

年来同人懔于国难之严重，民族之衰弱，内受良心之驱策，外应社会之需求，势乃不能不放开眼光，扩大范围，转动方向，冀以职业教育一部分工作，加入整个的救国工作之中，俾对于目前国家民族，可以有较大的贡献。……今者国势如此，民族前途，已显呈莫大危机，我中华民国全体国民，处此情况之下，所有意念及行为，舍集中于救亡图存一点，实无由自拔。是以锻炼体格，努力生产，加紧团结，明耻教战，提起爱国精神，发扬民族情感，皆为当务之急。教育既负作人任务，且应以此为中心。

……

基此理由，国人乃确切认定今后职业教育之设施方针，必以训练学生生产能力与发扬学生民族精神（养成保卫民族能力亦包括于其中）

为两大骨干。并使此两者能互相联络，互相沟通，俾一般学生，彻底了解，增加生产能力，非为个人乃为国家，庶几出校以后，工作多加一分努力，即民族经济多受一分利益，而此特殊之增加，实纯出爱国的热念。①

2月10日，下午二时，立信会计学校在八仙桥上海青年会举行同学交谊大会，刘湛恩、江恒源出席并演讲。

按：立信会计学校由潘序伦于1927年创办，内分夜校、函授两部。

2月12日，中午，国际问题研究会在上海银行俱乐部开第三十五次理事会，并欢迎参加芝加哥博览会的中国代表团主任张祥麟，刘湛恩、郭秉文、黎照寰、聂潞生、陈立廷、徐新六、曹云祥、陈蔗青等理事与会，公推郭秉文任主席。会议议决：欢迎太平洋联会与本会合作出版英文季刊，于最近期内与本会和社会经济调查所组织共同委员会支持其事；研究组内分教育文化及政治经济两小组，推黎照寰为教育文化组主任，曹云祥、刘湛恩、郭秉文、韦悫为组员，推陈蔗青为政治经济组主任。

2月12日，刘湛恩和王晓籁、杜月笙、陆京士、秦润卿、钱新之、虞洽卿、王延松、徐永祚、王一亭、俞鸿钧等出席上海市参议会会议，推王晓籁为临时主席。会议选举王晓籁为议长，并讨论了"廿三年度普通岁出临时门概算"。

2月20日，上午十时，上海市国民军事教育会议在市政府大礼堂举行，刘湛恩、吴铁城、童行白、张寿镛、沈鹏飞、翁之龙、李登辉、欧元怀、曹惠群、胡文耀、褚辅成、倪文亚、贾观仁、廖世承等约二百人出席，由吴铁城任主席。会议讨论了关于学校学生军事训练等事项。

2月20日，下午，在上海市市政府举行的国民军事教育会议议决

① 《复兴民族目标下之青年职业训练具体方案》，《教育与职业》第163期，1935年3月1日。

组织国民军事教育协进会，"以协助政府推进国民军事教育为宗旨"，①推张寿镛、刘湛恩、童行白、潘公展、沈体兰、焦积华等七人起草章程，并定本月二十七日在市政府大礼堂举行成立大会。

2月23日，国际问题研究会教育文化组在上海银行俱乐部开第一次会议，刘湛恩、曹云祥、郭秉文、黎照寰、韦悫等出席，由黎照寰任主席。会议议决本组职责为：研究国际教育文化问题，提倡国际教育文化合作事业；本组工作包括：招待外国教育文化事业家，介绍本国教育文化事业家于国外，提倡国际教育文化于各大学，与各国教育文化机关合作。

2月27日，刘湛恩和曾作忠、郭一岑、欧元怀、陈选善、方万邦、韦悫、高芝生、董任坚、廖世承、江恒源、钱慰宗、沈体兰、倪文亚、周尚、滕仰支、杨卫玉、舒新城、张仲寰、黄觉民、何炳松等数十人出席于上海八仙桥上海青年会举行的中国教育学会上海分会第十四次会员大会，由黄觉民任主席。会议从读书的价值、方法和读书与购书三个方面讨论了"读书问题"。刘湛恩在会上讲道：本会应限定会员每年或每月最低限度阅读之书籍，并研究中小学生课外阅读之材料。

3月2日，应湖北省教育厅厅长程其保之邀，刘湛恩和江恒源、陶行知赴南京，会同考试院副院长钮永建一同赴汉口，转往武昌出席湖北教育专家会议。

按：湖北省教育厅厅长程其保为改良湖北中等教育及职业教育起见，特召集在武昌举行教育专家会议，会议将于3月7日开幕。

3月6日，晨，抵达武昌。上午九时，湖北省教育厅为彻底改进湖北教育，邀请全国专门学者至武昌出席的湖北教育专家会议在教育厅纪念堂开预备会，刘湛恩和陶行知、江恒源、钮永建、董任坚、艾伟等应邀参加。会议讨论了职业教育、普及教育、民众教育、中学之整理、中

---

① 《本市组织国民军事教育协进会》，《申报》1935年2月24日，第14版。

学课程与教学、特种教育、师范教育等问题。会议推定由刘湛恩、姜琦、王义周、张士琯草拟民众教育计划；陶行知、尹元勋、王义周、向心葵草拟普及教育计划。下午，在于国民党湖北省党部举行的普通演讲中，刘湛恩作了《民族复兴与公民教育》的演讲，就公民教育的目标、实施公民教育的原则和方法等作了说明，号召为了救亡图存，通过提倡公民教育来复兴民族。

3月7日，出席在湖北省教育厅纪念堂举行的湖北教育专家会议第一次讨论会，会议主要讨论了普及教育问题。

3月8日，出席在湖北省教育厅纪念堂举行的湖北教育专家会议第二次讨论会，会议主要讨论了职业教育问题。在会上，刘湛恩提出四点意见：职业学校要职业化，年限课程要富弹性，学校要与社会打成一片，奖励私立职业学校，创办职业教育试验机关。

3月9日，上午，出席在湖北省教育厅纪念堂举行的湖北教育专家会议各组草案审查委员会会议。是日会议闭幕。

3月10日，应江西省教育厅厅长程时烺之邀，取道南昌回上海，以便途中作演讲。

3月11日，晚，刘湛恩和中央大学教育学院院长艾伟、中华职业教育社办事部主任江恒源在江西省县政人员训练所讲演。

3月20日，国际问题研究会及国际贸易协会在银行俱乐部开联合演讲会，请上海公共租界工部局华人教育处处长陈鹤琴演讲《旅欧观感》，刘湛恩、黄炎培、郭秉文、黎照寰、陈立廷、沈恩孚、张祥麟、徐佩璜等出席，由刘湛恩任主席。会上，陈鹤琴就英、俄两国的教育作了讲演。

按：陈鹤琴考察历时七个月，除去船上行程，计五个月，期间，考察了十一个国家。

3月31日，下午三时，商务印书馆在上海市商会议事厅召开股东会，由张元济任主席。会议在讨论各项议案后选举董事和监察人。刘湛恩和蔡元培、鲍庆林、王云五、李宣龚、高凤谦、张元济、徐善祥、徐寄顾等13人当选董事；叶景葵、陈光甫、周辛伯当选为监察人。

4月2日，刘湛恩和吴铁城、陈立夫、欧元怀、张寿镛、李登辉、汪伯奇、吴醒亚、潘公展、陶百川、张道藩、黎照寰、王毓祥、朱家骅、王云五（吴醒亚代）等作为理事，出席在上海爱麦虞限路四十五号举行的中国文化建设协会第二次理事会议。会议讨论通过了中华文化建设协会总章案，以及该会支会组织规程等。

4月6日，高桥农村改进会在高行正始小学举行成立典礼，并举行第一次会员大会，该会杜月笙会长、有关理事会员20余人和来宾刘湛恩、黄炎培等60余人及各工作区民众代表13人与会。会上，主席杜月笙致开幕词，王揆生总干事报告了本会办事处半年来的工作概况，刘湛恩和黄炎培及中华职业教育社沪郊农改区主任陆叔昂、正始中学校长陈群等作了演说。

4月7日，晚七时，中国教育学会上海分会会员于上海青年会公宴来沪参加中国教育学会第五届理事会的全体理事，刘湛恩、欧元怀、葛鲤庭、邰爽秋、舒新城、郑通和等20余人出席。

按：中国教育学会第五次理事会当日在江苏省立上海中学举行，出席理事：杨亮功、常道直、许恪士、杜佐周、陈礼江、郑通和、欧元怀、陈剑翛、陶衡、孟宪承、谢循初、郑晓沧、陈鹤琴等。

4月10日，晚，刘湛恩和郭秉文、陶行知、陈鹤琴、廖世承等以哥伦比亚大学同学会的名义，设宴欢迎来华的美国教育家孟禄。

按：孟禄时为中华教育文化基金董事会董事，因该会将在4月19日开年会，孟禄由美国乘加拿大“皇后”号于4月9日抵达上海。4月11日，孟禄又赴北平，与该会办事人员接洽。

4月10日，在《人寿季刊》第9号上发表《沪江大学投保团体保险之缘起》：

《礼记》曰：“国无九年之蓄曰不足”，《汉书》有谓：“蓄财积谷而有忧患之虞者，未之有也"。再考西籍三千三百年前（约耶稣降生前一千四百年），埃及古国有名乔司夫者（Joseph），创行积谷制度，聚丰稔之有余，备荒歉之不足，古代思想倾向于公众预防设施者，中外均已酝酿弥久，苟我人审视此种思想之涵义，实含有透露于需要团体保险之曦光，良以积谷之法，惠及群众于荒芜饥馑之年，团体保险保障公众幸福于晚年身后之时，方法虽异，其预防之原则，确基于一耳。

教育工作，素以清苦见称于世，执麈者循循善教，朝夕无间，薪给所入，仅足以敷生活之需，其能锱铢累积履丰席厚者，几成寥若晨星，实不多觏也。环视我国教育界同志，恒有投笔他徒，不克完成其终身服务于教育之志愿，检其原因之潜伏，要皆瞻念于暮年及身后之缺乏保障，无以自谋娱慰之策。美国钢铁家卡奈奇（Carneg e）氏，亦曾同情于此，毅然独斥巨资，充任教育家服务至花甲之年退职养老之用，壮举一开，全国景从，此后如哥伦比亚大学者，其教授鲜有兴卸职他往之念，良以其保障有着，生活安定也。

我校沪江，亦有保障在职人员幸福之议，经长期之考虑，始而决定采用团体保险，兹已委由华商宁绍人寿保险公司承保，每年所缴保费无几，所获保障范围颇广。余乐其办法之优，用敢草述斯篇，深望海内教育机关，群起提倡，俾我尽瘁于教育工作之同志，共享身家保障之乐也。①

4 月 17 日，中午，国际问题研究会在上海银行俱乐部举行第三十七次理事会，刘湛恩、郭秉文、曹云祥、陈蔗青、聂潞生、邹秉文、黎照寰出席，由郭秉文任主席。会议议决推聂潞生、刘湛恩、张祥麟为本会代表，参加欢迎美国远东经济考察团，并推刘湛恩为赴船迎接代表；推李石曾代表本会出席本年八月在英国牛津举行的世界教育会议。

4 月 22 日，上午八时，美国远东经济考察团一行 11 人及其眷属等

---

① 刘湛恩：《沪江大学投保团体保险之缘起》，《人寿季刊》第 9 号，1935 年 4 月 10 日。

共 16 人，由神户乘"哈立逊"总统号到达上海，刘湛恩代表国际问题研究会和俞鸿钧、郭秉文、陈蔗青、张祥麟、曹云祥、王晓籁、陆干臣、陈立廷、徐新六等到埠迎接。

按：考察团将在华两月，代表美国工商经济界，考察中美两国商务之关系。

4 月 25 日，晚八时，上海市市长吴铁城在市政府大礼堂设宴欢迎美国远东经济考察团，刘湛恩、顾维钧、俞鸿钧、贝祖诒、张嘉璈、郭秉文、陈蔗青、徐新六、邹秉文、杜月笙、王晓籁、虞洽卿等出席。

按：考察团一行九人于 4 月 22 日晚由上海赴南京，拜谒国民政府当局，4 月 25 日下午返抵上海。

5 月 1 日，《湖北教育月刊》辟第 2 卷第 5 期为"教育专家会议专号"，其中刊登刘湛恩在会上所作的《民族复兴与公民教育》演讲和《职业指导问题》一文，后者认为职业指导的任务主要有：职业调查、职业选择、职业准备、职业介绍、职业改进；职业指导的基本原则包括：人人应有职业，职业平等，择业应根据个性和社会需要，择业应注重指导。

5 月 2 日，在上海市推行识字教育宣传周上和陶行知等举行播音演讲。

按：5 月 1 日，上海市推行识字教育宣传周开幕，5 月 2 日为电播宣传日。

5 月 8 日，中午，国际问题研究会在上海银行俱乐部开第三十八次理事会，刘湛恩、徐新六、郭秉文、陈立廷、曹云祥、黎照寰等理事与会，由郭秉文任主席。会议议决：本会第三届年会定于 6 月 7 日在国际大饭店举行，组织中英、中法、中德、中俄、中日委员会。

5 月 9 日，中华职业教育社第十五届社员大会暨第十三届职业教育讨论会定于本年 7 月 19 日在青岛举行，为筹备此次会议，特组织社员提案"审查委员会"，刘湛恩和何炳松、欧元怀、钟道赞、庄泽宣、邹秉文、唐英、廖世承、黄炎培、江恒源、杨卫玉、潘文安等 13 人为委员，黄炎培、江恒源、杨卫玉、何清儒等为会序委员。

5 月 13 日，上午九时，沪江大学附中在中学部校园举行新建筑破土礼，刘湛恩参加并讲演《努力新建筑之需要》和《学校对于同学家长之合作愿望》。

5 月 20 日，下午二时，由上海市教育局聘请专家所组成的职业教育设计委员会在八仙桥上海青年会举行第一次会议，刘湛恩、蒋建白、陆京士、吴蕴初、唐英、奚玉书、江恒源（杨卫玉代）、李公朴、陆干臣等出席。会议讨论了《拟定本市职业教育及职业补习教育推进方案》，议决由上海市教育局调查现状，供各委员起草方案参考，并推叶汉丞、吴蕴初、刘湛恩、唐英、谢恩皋、江恒源、陆京士等为起草委员。

5 月 28 日，下午，上海市地方协会举行第四十六次理事会，共 11 人与会，由杜月笙任主席。会上报告了中华慈幼协会函复：已嘱闸北平民教养院于门额上加入本会会名；议决第三届常年大会定于 6 月 25 日下午 5 时举行，并先组织筹备会，推定刘湛恩、陈彬龢、魏文翰、朱学范、任矜苹、郭秉文、沈增宽、高大经、潘文安九人为委员。

5 月底，上海职业指导所为征求关于青年出路问题的意见，特举行升学就业指导座谈会，约请刘湛恩、翁之龙、史久芸、黄炎培、项康元等 30 余人出席，由何清儒任主席。

6 月 2 日，刘湛恩和黄炎培、翁之龙、俞同奎、杨卫玉、何清儒、潘文安、杨崇皋、王延松、王云五、贾观仁、郑通和、廖世承、欧元怀等出席上海职业指导所于上海青年会举行的升学就业指导座谈会，由何清儒任主席。在会上，刘湛恩发表意见说：青年人应做小事，并且要改旧职业为新职业，切不可存有升官发财之思想。

6 月 5 日，下午，赴教育部报告暑期遵办英文讲座班情形及毕业生出路办法等事宜。

　　6月7日，晚八时，国际问题研究会在上海天潼路新亚酒店举行第三届年会，郭秉文、曹云祥等70余人出席，会上，刘湛恩和陈光甫、郭秉文、邹秉文、陈立廷、曹云祥、徐新六、钱新之、黎照寰、陈蔗青、戴志骞、张嘉璈、何德奎、董显光、刘鸿生当选为理事。

　　6月上旬，上海职业指导所决定举办升学就业指导运动周，专为各中小学毕业生指示其正当路径，刘湛恩和欧元怀、陈选善、郑通和、江恒源、杨卫玉、何清儒、潘文安、贾观仁、王孝英、郑文汉、杨崇皋等14人被聘为讲师，分赴各申请学校讲演升学与就业问题。

　　6月11日，商务印书馆创办的普及教育汽车驶至沪江大学，备受学生欢迎，刘湛恩表示：此车实为辅助国民教育之良好工具。

　　6月14日，晚八时，美国远东经济考察团招待处等计十七团体在上海国际饭店举行盛大宴会，欢送美国远东经济考察团，刘湛恩、吴铁城、陈蔗青、郭秉文、徐新六、汪伯奇、王晓籁、曹云祥、夏鹏、李大超、潘公展、徐佩璜、吴蕴斋、马寅初、陆干臣、李权时、朱少屏和考察团全体成员共计260余人出席，由陈蔗青任主席。

　　6月15日，晚，上海各大学联合会在八仙桥上海青年会举行年会，刘湛恩、黎照寰、张寿镛、褚辅成、欧元怀、金通尹、朱公谨等十五校的校长和教授共50余人出席，会上讨论了挽救经济、青年修养、青年出路、扫除文盲等问题。刘湛恩在会上发言。

　　6月16日，下午，刘湛恩和郭秉文、魏文翰、朱学范等共8人出席上海市地方协会第三届常年大会筹备会，由郭秉文任主席。会议议决，大会前一日晚上举行。

　　6月19日，下午，沪江大学举行欢迎毕业生话别会，一百余名教职员和毕业生与会，在会上，刘湛恩致词，勉励毕业同学恪遵"信义勤爱"校训，努力改造社会，服务人群。

　　6日22日，下午四时，刘湛恩于沪江大学大礼堂参加沪江大学大中学第二十三届毕业典礼，并报告本年度工作情形，强调学校此后将更加积极发展各学科，努力培养实用人才。

6月25日，下午六时，上海市地方协会召开第三届常年大会，刘湛恩、黄炎培、任矜苹、沈联芳、颜福庆、王晓籁、王志莘、杜月笙、徐寄庼、吴蕴斋、李公朴、汪伯奇、魏文翰、潘文安、穆藕初、钱新之、郭秉文、邹秉文、朱学范、江恒源、郭顺、林康侯、徐新六、褚辅成、张啸林、严谔声、陈立廷、胡筠秋、陈蔗青等出席。会上，刘湛恩提议四案：《努力推行识字教育》《举办博览会、繁荣大上海市》《上海市各区应添设卫生事务所》和《上海市各区应筹办简单公园与体育场》，其中第一、三、四案获通过。

6月26日，下午，中华职业教育社第十五届社员大会暨第十三届全国职业教育讨论会议案论文审查会议在该社所举行，刘湛恩和邰爽秋、何炳松、庄泽宣、欧元怀、钟道赞、邹秉文、江恒源、廖世承、黄炎培、杨卫玉、潘文安等审查委员会委员参加会议，对年会所收到的有价值的议案及有特殊研究的论文进行了审查。

6月27日，下午五时半，沪江大学城中区商学院在新天安堂举行毕业典礼，刘湛恩参加并任主席。典礼仪式上，刘湛恩报告了毕业典礼大会的宗旨。

6月28日，午时，高桥农村改进会在上海市地方协会召开第六次理事会，刘湛恩、黄炎培、钟玉良、杜月笙、潘鸿鼎、苏树德、杨卫玉、瞿绍伊、张维等出席。会上，总干事王揆生报告了改进会近期情况。

6月28日，下午，上海市临时参议会举行第一次大会，刘湛恩和王晓籁、汪伯奇、吴蕴斋、徐新六、杜月笙、徐永祚、陈炳谦、冯炳南、王延松、秦润卿、钱新之、陆京士、王一亭等参议员出席。会上，刘湛恩临时提议：《请确定议定教育经费以利进行案》。

6月28日，晚七时，刘湛恩和陈选善、欧元怀、邰爽秋、廖世承、盛振声、韦愨、舒新城、董任坚、张仲寰、胡叔异、章益、曾作忠、黄觉民、何清儒、倪文亚、陈鹤琴、陶行知等于上海青年会出席中国教育学会上海分会第十六次会议，由舒新城任主席。会议主要讨论了普及教育问题。

7月29日，东吴大学举行大中学毕业生毕业典礼，刘湛恩应邀出席并演讲。

7月2日，刘湛恩和杜月笙等共12人出席上海市地方协会第四十八次理事会，由杜月笙任主席。会议交议刘湛恩《请设博览会繁荣大上海市案》，议决：俟得相当机会进行。

7月4日，国际问题研究会在上海银行公会举行第四届理事会第一次会议，刘湛恩、郭秉文、陈蔗青、曹云祥、黎照寰、戴志骞、何德奎等理事出席。会议推陈蔗青为第四届理事长，郭秉文连任执行部主任，并通过《第四年度预算案》。

7月6日，早七时半，参加沪江大学暑期学校开学典礼，向参加的全体教员暨学员讲演《青年应如何善用暑假》。

7月13日，上午九时，刘湛恩和沈恩孚、江恒源、黄炎培、欧元怀、贾观仁、何清儒、杨卫玉、潘文安、姚惠泉作为上海代表乘船赴青岛参加中华职业教育社第十五届社员大会暨第十三届全国职业教育讨论会。

7月15日，晨，抵达青岛。

7月15日，在《大上海教育》第2卷第7期上发表《实验教育谈》一文。

7月17日，在青岛市市长沈鸿烈陪同下，刘湛恩和褚民谊、马寅初视察乡区，并游崂山。

7月19日，上午九时，中华职业教育社在青岛市立女子中学大礼堂举行第十五届社员大会暨第十三届全国职业教育讨论会，刘湛恩与会，并和王正廷、褚民谊、沈成章、顾树森、沈恩孚、黄炎培、欧元怀、江恒源、雷法章任主席团成员，和何炳松、钟道赞、邹秉文、欧元怀、庄泽宣、何清儒、唐英、黄炎培、廖世承、江恒源、杨卫玉、潘文安任议案论文审查委员。此次会议计到会社员及各职业教育机关代表208人，分行政、职业学校及课程、职业指导及职业补习教育、农村改进、家事教育五组进行。至21日至。会议主要讨论了职教社办事部同人拟具的《中国目前职业教育之六个中心问题》：（1）今后职业学校究应如何办理方为适当？（2）职业补习教育，目前是否需要？如需要，应如何实施如何推广？（3）职业指导事业，目前是否需要？如需要，应如何实施推广？（4）农村教育如何实施，农村改进是否推广？实际筹备有无轨道可循？（5）女子家事教育目前是否需要？如需要，应如何提倡实施？（6）施行职业教育不能不顾及公民陶冶及民族复兴的准备。①

7月21日，上午八时，出席中华职业教育社第十五届社员大会第二次大会，会上和潘文安临时提案《请青岛市设职业指导所以为本社此次开会纪念案》，提议在青岛设立职业指导所，以作为此次开会的纪念，得到大会通过。下午三时，参加中华职业教育社第十五届社员大会暨第十三届全国职业教育讨论会闭幕式。

按：《请青岛市设职业指导所以为本社此次开会纪念案》：

青岛交通便利，工商发达，为国内著名商埠，近年以来教育更臻发达，市政当局对于青年之升学与就业问题，极为注意，已有职业指导委员会，及各学校职业指导部之组织。近顷人事日繁，用人者感人才之难得，求事者苦就业之无门，供求之不相应如此，而繁荣市面，改进职业，尤赖有指导之机关，为之居间划策，是以专设机关，主持其事，俾臻完善之地步。本社此次在青举行年会，希望有所贡献，以效棉薄，拟请青岛市政府筹设职业指导所，以为本社此次开会纪念。是否有当，谨候公决。办法：由本社函请青岛市行政当局推定筹备委员，着手筹备，

① 《教育与职业》第167期，1935年9月1日。

早日观成。①

8月7日，国际问题研究会在上海银行俱乐部召开第四十一次理事会，刘湛恩、郭秉文、曹云祥、徐新六、黎照寰等出席，由郭秉文任主席。会议推刘湛恩、黎照寰、屠楚渔、邝耀坤为参加欢送出洋留学生大会代表。

8月15日，上午八时，江苏省建设厅与上海市政府合建的锡沪公路，在南翔举行盛大剪彩通车典礼，刘湛恩、黄炎培、吴铁城、李石曾、潘公展、杜月笙、叶恭绰、张嘉璈、虞洽卿、黎照寰、林康侯、王延松、荣宗敬、荣德生、许世英、潘文安、陆伯鸿等出席。

8月18日，晚七时，中国文化建设协会在上海新亚酒店欢送该会理事、新任驻德大使程天放，刘湛恩、吴铁城、黎照寰、翁之龙、张寿镛、吴开先、董霖、潘公展、吴醒亚、童行白、陶百川、蒋建白等数十人出席。刘湛恩并在欢送会上演说。

8月25日，下午四时，上海筹募各省水灾义振会第一次常务理监事联席会议在仁济堂举行，会议加推刘湛恩、冯仰山、胡文豹、刘王立明等为常务理事。

8月28日，中午，国际非战会秘书美国人汉沙克、陶宝脱由日本到达上海，刘湛恩赴埠迎候。

8月30日，国际问题研究会在上海银行俱乐部设宴欢迎美国宝登埠国联协会会长摩尔及汉沙克、陶宝脱，刘湛恩、陈蔗青、郭秉文、黎照寰、曹云祥、戴志骞等出席。

按：汉沙克、陶宝脱于8月31日晨离沪返国。

9月初，鉴于上海北市一带缺少职业补习学校，为使失学青年得以求学，刘湛恩和潘文安、江恒源、杨卫玉、吴蕴初、穆藕初、王延松、王志莘、欧元怀、陈济成、潘公弼、陈选善、廖世承等，与中华职业教

---

① 《中华职教社年会闭幕记》，《申报》1935年7月25日，第13版。

育社合作，在群益女子职业学校内，创设苏民职业补习学校一所，由潘文安任名誉校长，现任苏民职业学校校长陆麟勋为校长，复旦大学周传扬为教导主任，上海法学院顾兆文为总务主任。

9月4日，中午，国际问题研究会在上海银行俱乐部召开第四十二次理事会，刘湛恩、陈蔗青、郭秉文、戴志骞、陈立廷、黎照寰等出席，由陈蔗青任主席。会议议决将"海外经济考察团"改名为"赴美经济考察团"；恢复交际组等。

9月17日，晚七时，上海著名国乐团体——霄霏乐团会长李廷松、总干事滕白也在上海青年会宴请中西文化美术团体领袖及报界人士，刘湛恩、刘王立明、曹云祥、徐朗西、陆干臣等数十人出席。

9月21日，下午二时，上海各大学联合会在八仙桥上海青年会举行本年度第一次执行委员会，刘湛恩和大同大学曹惠群，复旦大学金通尹，光华大学朱公谨，大夏大学马公愚，交通大学胡端行，同济大学林赓等出席，由朱公谨任主席。会议讨论议案有：呈请教育部召集全国专科以上学校校长会议，讨论高等教育问题。

9月21日，致函国立北洋工学院院长李书田：

耕砚先生伟鉴睽违：麈教企慕时殷，展奉惠柬，欣悉贵校将于本年十月举行四十周纪念及工程实验馆开幕典礼、图书馆奠基典礼具征。贵校努力发展，日益繁荣滋长，仰企贤劳，深所钦迟，只以牵率校务，未克躬与其盛，敬奉立车轴一辐，藉申贺忱，尚希哂收是荷。专颂

道安。

弟刘湛恩谨启 九月二十一日①

按：国立北洋工学院定于十月二日举行建校四十周年纪念大会。

9月29日，下午二时，在中华学艺社举行学术演讲，该演讲为上

---

① 《沪江大学校长刘湛恩贺函》，《北洋周刊》第80期，1935年10月7日。

海市教育局举办的 1935 年度学术演讲的第一讲，参加听讲者是市立中
小学教职员和市立社教机关人员。

9 月，由沪江大学基督徒学生团编辑的期刊《角声》第 1 期出版，
刘湛恩特为之撰写"序言"：

> 本校男女青年会，向有悠久历史，自扩大组织，互为合并，成立基
> 督徒学生团契，期年以来，以契友间之富有朝气，精神团结，一切事
> 工，如注重灵性修养，努力学术研究，提倡乡村服务等等，均能彼此鼓
> 励，于真纯友谊增进中，积极前迈，颇为兴奋。
>
> 本年秋间，我校团契，为宣示基督徒学生团契之中心思想，并期契
> 友在团契灵修与服务上，得以坚定个人之信仰，完成个人之人格，出版
> 《角声》半月刊，藉资观摩，一页展开，成绩斐然。比者诸契友，复因
> 岁序云暮，各项事工，应有一总结，以整个团契之力量，编行期刊，举
> 凡团契工作，团契生活，团契精神，团契建议，以及师友之宗教经验，
> 罔不采纳，多所编列，此固我校基督徒学生团契，精神锻炼，具有光荣
> 之成功。余甚希望我校友，更进一步，切实明瞭，团契运动，即盐光运
> 动，服务主训，盐能防腐，光可驱暗，于此自私自利，道德沦亡，人欲
> 横流，蛮横黑暗之社会中，训练自己，使各人具有盐与光之功能，以增
> 厚团契力量。努力共负责任，改造社会，使天国降临，完成我人之信仰
> 与使命。此余于期刊之付梓，抱有无穷希望，愿我契友努力勉旃。①

10 月 5 日，下午三时，中国防痨协会在上海青年会举行会员联欢
大会，报告一年来会务情况，并讨论进行事宜，刘湛恩、陆伯鸿、李廷
安、童星门及全体会员、来宾共三百余人出席。会上，该会理事长陆伯
鸿作了报告。

10 月 5 日，晚八时，上海市商会、国际贸易协会、寰球中国学生
会、太平洋国际学会、国际问题研究会、钱业公会、上海市地方协会等

---

① 《角声》第 1 期，1935 年 9 月。

九团体在银行俱乐部举行宴会，欢迎英国经济专员李滋罗斯爵士，刘湛恩、陈蔗青、杜月笙、胡筠秋、陈光甫、贝祖诒、宋子良、秦润卿、林康侯、邹秉文、朱友渔、朱少屏、李登辉、徐新六、陈立廷、曹云祥、刘鸿生、黎照寰、张嘉璈等30余人出席。席间，大家就中国经济情形交换了意见。

10月7日，下午，复旦大学于本校举行建校三十周年纪念会，刘湛恩和孙科、王正廷、赵晋卿、黎照寰、程天放、张寿镛、欧元怀、朱少屏、江一平、虞洽卿、章益等以及包括该校校长李登辉、教职工和学生在内的共2000余人出席，由李登辉任主席并致词。

10月21日，上海市就业指导委员会在八仙桥上海青年会设宴欢迎来沪访晤的新任全国学术工作咨询处主任王兆荣，刘湛恩和何清儒、寿毅成、陈济成、潘文安、周宪文、江恒源等十余人与会，由何清儒任主席。会上，刘湛恩发表意见说：（1）访问工商界领袖征询关于聘用专门技术及大学毕业人才的意见，汇集成册，俾求职者有所遵循；（2）由全国学术工作咨询处每年召集全国专家及职业介绍等机关代表举行全国讨论会，以资宣传，而收集思广益之效；（3）对于大学毕业生自创事业有成效者，应加以详细调查创业的经过，及成功的途径，为文公布，以鼓励各大学毕业生自创事业，等等。①

10月21日，同济大学举行总理纪念周，敦请刘湛恩演讲《青年与国难》，演讲中，刘湛恩号召青年要有"积极的精神""团结的精神"和"牺牲的精神"。②

10月31日，量才流通图书馆、量才补习学校等三机构董事会，在上海新亚酒楼举行第二次会议，刘湛恩、陶行知、吴蕴初、王志莘、潘序伦、杜定友、徐新六、李公朴等出席，由李组绅任主席。会议推定王志莘、徐新六、刘湛恩、李大超、李组绅组织图书馆学校基金及经常费

---

① 《全国学术咨询处新主任王兆荣来沪》，《申报》1935年10月24日，第13版。
② 《国立同济大学旬刊》第79期，1935年12月1日。

计划筹募委员会，草拟具体办法。

11 月 6 日，中午，国际问题研究会在上海银行俱乐部召开第四十四次理事会，刘湛恩、陈蔗青、郭秉文、陈立廷、董显光、何德奎等出席，由陈蔗青任主席。会议决定于本月 25 日美国副总统迦纳等回美国过沪时，在国际饭店举行茶会欢迎。

11 月 12 日，晨六时三刻，沪江大学师生举行孙中山诞辰 69 周年纪念会，刘湛恩讲演孙中山先生毕生努力革命及其奋斗精神。

11 月 26 日，刘湛恩致函中国教育学会：

敬复者：接奉台函，祇悉一一。前者恩承诸同志盛意，被推为高等教育委员会干事，关于研究工作自当遵嘱进行，设法搜集材料及本组诸同志论文，以便整理提交本届年会报告，但会中现有之高等教育材料，尚希惠寄，藉资参考，毋任企盼。此致

中国教育学会

刘湛恩谨启

廿四年十一月廿六日①

11 月 27 日，下午三时，上海各大学联合会在八仙桥上海青年会召开执行委员会会议，刘湛恩、欧元怀、曹惠群、李登辉、翁之龙、朱公谨、胡端行、柯成懋等出席。会议议决发表致林森、蒋介石等通电，反对华北自治，并致英、美、法、日、德各国当局一电，申明我国民众坚决反对华北任何自治组织之意。

12 月 5 日，刘湛恩和陈蔗青、林康侯、袁履登、欧元怀、韦愨、曹云祥、廖世承、章益等被聘为上海公共租界工部局 1936 年度华人私立学校补助金特别委员会委员。

12 月 12 日，上海市临时参议会举行常会，刘湛恩和王晓籁、汪伯

---

① 《中国教育学会会友通讯》第 7 期，1936 年 1 月 30 日。

奇、秦润卿、王延松、陆京士、吴蕴斋、王一亭、郭顺、杜月笙、徐永祚等十余人出席，由议长王晓籁任主席。

12月14日，上午十一时，刘湛恩和复旦大学校长李登辉、暨南大学校长何炳松、同济大学校长翁之龙、大夏大学副校长欧元怀、上海法学院院长褚辅成及教务长沈钧儒、上海音专校长萧友梅等10余人，到市政府会晤上海市市长吴铁城，代表上海教育界，陈述反对华北伪自治运动意见，向吴铁城提出保持行政统一、领土完整、开放言论自由、外交公开等建议。

12月14日，下午二时，中华麻疯救济会主办的麻疯疗养院在上海市大场庙该院举行开幕典礼，刘湛恩和陆伯鸿、翁之龙、朱少屏、王晓籁、袁履登、颜福庆、邬志坚等二百余人出席，由颜福庆任主席。

12月17日，下午五时至晚七时，上海市商会、钱业公会、上海市地方协会、公共租界纳税华人会、国际问题研究会、国际贸易协会、上海各大学联合会、寰球中国学生会、留美同学会等十二团体，在上海静安寺路国际饭店举行盛大茶会，欢送退休即将回国的美国驻沪总领事克宁翰，刘湛恩、吴铁城、俞鸿钧、徐佩璜、许建屏、陈蔗青、陈光甫、郭秉文、邹秉文、徐新六、陈立廷、李登辉、刘鸿生、钱新之、黎照寰、俞佐廷、林康侯、贝祖诒、杜月笙、张啸林、虞洽卿、王晓籁、郭顺、朱少屏等200余人应邀出席。会上，主席郭秉文致词。

按：克宁翰将于12月21日凌晨乘林肯总统号轮返美。

12月17日，晚七时，沪江大学举行学术讲演，敦请商务印书馆协理潘光迥演说《国货运动与国际贸易》，演说毕，刘湛恩勉励同学们要发愤学业，努力爱国运动，作长期奋斗之准备。

12月20日，中午，上海各大学、独立学院、专科学校校长（院长）及代表，在八仙桥上海青年会聚餐，刘湛恩、萧友梅、张寿镛、欧元怀、朱公谨、樊正康、陈梦渔、刘海粟、翁之龙、何炳松、颜福庆、沈钧儒、李登辉、黎照寰、柯成懋、褚辅成、金通尹及上海市教育局局长潘公展等出席。会议议决发表《告同学书》。

12月20日，刘湛恩和刘王立明、李登辉、颜福庆、梁小初、吴耀宗、杨素兰、刘良模、陈维姜、邓裕志、沈体兰、江文汉、陈铁生、应书贵、丁佐臣、徐松石、陆干臣、诸培恩等28人联名发表《上海各界基督徒对时局宣言》，对"一二·九"运动及抗日救亡给予支持。其中言曰：

我们相信一个民族有它人格的尊严，有它生存的权利。最近华北的事件清楚地告诉我们："九一八"以后的忍辱、妥协、谦让，不特没有满足侵略者无厌之求，并且快要把我们的民族沦于万劫不复的地位。因此，我们站在真理的立场主张全国的民众，一致起来，对于分裂领土的企图，对于欺骗麻醉的手段，对于一切的威胁和压迫，坚决地作勇敢的反抗。

我们爱和平，但我们更爱公道；我们不愿作无谓的牺牲，但我们也不惜为真理与正义而流血，我们决定尽我们的力量，去作这个伟大的反抗运动的后盾。①

12月24日，下午二时，刘湛恩和黎照寰、欧元怀、褚辅成、沈钧儒等，在上海北火车站集议，决定尽力劝阻学生进京。

12月25日，中午，上海市市长吴铁城邀集上海各界领袖在市政府聚餐，刘湛恩、王晓籁、杜月笙、钱新之、俞佐廷、王延松、陈光甫、林康侯、秦润卿、黎照寰、汪伯奇、吴开先等出席。会上，吴铁城将前日晚劝阻学生经过作了简略报告。

12月28日，晚七时，刘湛恩和方万邦、欧元怀、陈鹤琴、陈选善、黄觉民、高芝生、王祖廉、张仲寰、韦慤等于上海青年会出席中国教育学会上海分会第十七次会议，并任主席。会议主要讨论了公民训练问题。在会上，刘湛恩将公民训练的目标拟定为：奋斗、团结、牺牲。

① 刘湛恩等：《上海各界基督徒对时局宣言》，《同工》第148期，1936年1月15日。

本年，为本年度《沪江年刊》作序：

本校年刊，滥觞于民五，历年以来，大四同学之主其事者，莫不步武前规，益复努力，以冀辑成巨帙，蔚为大观。比者民二十四年刊，又将梓行，以我大四同学之积极规划，群策群力，其足以发扬学校之精神，联络同学之情感，藉留毕业之永久纪念，此固大四诸同学于其学程将终，聚精会神，通力合作之表现。虽然，余因之而有所感矣。盖我国教育，素称落伍，据最近统计，每万人中，得受高等教育者，仅有一人，诸同学于此少数获受高等教育者之中，今以数载之韶华，修竟大学之学程，纵此后服务人群，继求深造二者总有待抉择，顾处此农村破产，经济崩溃，百业凋敝，民生奇困，国际压迫，尤复严重日增之秋，余甚希望吾大四毕业同学，本己立立人己达达人之宗旨，以奋斗精神，牺牲决心，坚忍意志，各尽本分，随时随地，积极努力，以毋忘青年对于社会、对于国家、对于民族，应尽之义务，与其应有之责任。能如是，则诸同学处此立业，前途无量，一岁有一岁进步，一年有一年之成功，而我校三十年惨淡经营，乐育人才之愿望，亦将大慰。是则余于此共研多时，临别赠言之际，深期我大四毕业同学，再三勉旃，以保持编纂年刊之精神于弗替，并如后来同学劝。①

本年，为宏道堂成立十周年题词："努力圣工。"

1936 年（民国二十五年　丙子）　四十岁

1月5日，晚七时，中国防痨协会组织的防痨团委员会在八仙桥上海青年会举行首次会议，刘湛恩、李大超、朱少屏、黄警顽、陆干臣等出席，推朱少屏为临时主席。会议讨论了《推举委员会职员案》，议决：陈鹤琴为委员长，朱少屏、刘湛恩为设计委员。

---

① 《沪江大学民国廿四年年刊》第 19 卷，沪江大学民廿四年级年刊社 1935 年版。

1月10日，上午九时三十五分，沪江大学举行寒假期前修毕学程同学离别会，由刘湛恩任主席。本届共有各院24名学生毕业。会上，刘湛恩勉励同学们在离校后笃守"信义勤爱"的校训，并实行沪江大学奋斗的、建设的、团结的、牺牲的精神，努力救国工作。

1月13日，中午，上海市市长吴铁城在上海市政府会议室召集本市各大中学晋京代表谈话，刘湛恩和各校校长及上海市教育局长潘公展等50余人出席。

1月13日，夜，刘湛恩率沪江大学学生代表三人，乘夜十一时特快车进京。

按：1月13日，刘湛恩作为上海市教育界聆训代表52人之一赴京，另外主要人员有：交通大学校长黎照寰，暨南大学校长何炳松，光华大学校长张寿镛，大夏大学校长王伯群，复旦大学校长李登辉，同济大学校长翁之龙，震旦大学校长胡文耀，中国公学副校长陈济成，持志大学教务长何世枚，东吴大学法学院院长吴经熊，上海法学院院长褚辅成，法政学院院长章士钊，正风文学院院长王西神，上海美专校长刘海粟，同德医学院院长顾毓琦，复旦中学校长章益，光华中学主任廖世承，等等。

1月15日，晨，刘湛恩和王世杰、胡适、张伯苓、褚辅成、王星拱等到达南京的代表三百余人，齐集总理（中山）陵前祭堂，行谒陵礼。十二时，应蒋介石之约在励志社用餐。下午三时，刘湛恩和全国各地专科以上学校校长或代表胡适、张伯苓、褚辅成、王星拱等计89人以及中等学校校长75人被蒋介石在励志社接见。

1月16日，晨八时，刘湛恩和各校代表前往中央军官学校参观，由教育长张治中导引。下午三时，蒋介石在励志社邀集刘湛恩等各校代表讲话。

1月16日，晚，孔祥熙在邸宴请张伯苓、胡适、傅斯年、刘湛恩、梅贻琦、王正廷、王伯群等。

1月19日，应张群之邀，刘湛恩和黄炎培、郭秉文、曹云祥、黎照寰、钱新之、董显光、邹秉文等在南京国民政府外交部商谈对日外交事。①

1月22日，下午五时，上海市地方协会与国际问题研究会开谈话会，刘湛恩和黄炎培、杜月笙、王晓籁、郭秉文、魏文翰等共36人出席，由杜月笙任会议主席。会上，刘湛恩报告了赴京会见行政院院长时的谈话情形。

1月30日，中午，国际问题研究会在上海香港路银行俱乐部开教育文化组会议，刘湛恩、郭秉文、黎照寰、陈鹤琴等出席，由黎照寰任主席。会议决定分函国内各教育文化机关，对我国是否参加来年夏在日本举行的世界教育会议征求意见。

1月31日，上海市各大学联合会举行会议，就教育部于1月29日通令各教育厅、局及各校院的《宣告国难时期之教育宗旨》交换、发表意见，刘湛恩、黎照寰、翁之龙、张寿镛、欧元怀、金通尹、褚辅成等出席。

2月5日，晚七时，上海青年会举行第三十六次年会，赵晋卿、黎照寰、曹云祥等数十人与会，由曹云祥任主席。会议选举刘湛恩、曹云祥、邝富灼、李耀邦、颜福庆、赵晋卿、黎照寰、陈鹤琴、董显光、俞鸿钧、寿毅成、朱友渔等任新一届董事。

2月6日，下午五时三十分，国际问题研究会和中国国际贸易协会在上海香港路银行俱乐部举行茶会，欢迎德国运动经济考察团，刘湛恩、郭秉文、李馥荪、徐新六、黎照寰、徐佩璜、贝祖诒、钱新之、陈光甫、林康侯、邹秉文及该团团长克朴等共120余人出席，由郭秉文任主席。

2月9日，下午六时，上海市各界暨上海美专校董会、中华职业教

---

① 黄炎培著，中国社会科学院近代史研究所整理：《黄炎培日记》（第5卷），华文出版社2008年版，第110页。

育社、中华艺术教育社、中华美术协会筹备处、东方文化协会、鸿英教育基金董事会等六团体在国际饭店设宴，为蔡元培七十岁祝寿，刘湛恩和孙科、吴铁城、钱新之、李登辉、张寿镛、陈鹤琴、郭秉文、穆藕初、沈钧儒、何炳松、柳亚子、沈恩孚、王晓籁、舒新城、杨卫玉、潘序伦、叶鸿英、杜月笙、王志莘、欧元怀、王云五、梅兰芳、颜福庆、徐佩琨、潘公弼、翁之龙、黄伯樵、袁履登、潘文安、褚辅成、李大超、金通尹等120余人出席。

2月23日，上午，中华职业教育社在沪江大学刘湛恩住宅召开第十届专家会议暨春季评议员会联席会议，刘湛恩、顾树森、欧元怀、庄泽宣、章益、陶行知、陈鹤琴、郑通和、潘文安、林卓然、陈济成、陈选善、张凤山、杨卫玉、何清儒、姚惠泉、贾观仁、施养勇、赵霭吴、沈光烈、郑文汉、钮永建、王卓然、杨崇皋、温崇禄、谢向之、张翼、王揆生等40余人出席。会议推定刘湛恩、欧元怀、顾树森、庄泽宣等五人组成主席团。上午为会务报告，陶行知、刘湛恩、欧元怀、陈鹤琴、章益等发表对国难问题的意见；下午讨论特殊教育实施方案。在会上，刘湛恩首先就国难教育发表了看法，认为要制定一个计划，一方面进行精神训练，一方面进行技能训练；而精神方面包括四点：民族要有自信心、要奋勇、要有组织、要能牺牲。

3月3日，晚七时，沪江大学城中区商学院在新天安堂举行立校纪念典礼，500余名教职员生参加。在典礼式上，刘湛恩致词，他说，商学院成立于沪战弥漫之际，足证其傲立不挠之精神，愿同学们共体斯旨，在职业上、学问上不断努力。

3月7日，晚七时，沪江大学国难讲座在该校大礼堂举行，上海市教育局局长潘公展莅临讲演，刘湛恩和全体教职员生均到会听讲，并在演讲毕致谢。潘公展在讲演中，对世界大势、我国目前危机及应付方法、青年救国的责任等，作了详尽的演述。

按：沪江大学国难讲座是该校在本学期为使全体同学深切明了时局

之严重和外侮之日亟而设。

3月12日，沪江大学在孙中山逝世日举行纪念，本日，沪江大中小学均停课一天。晨六时三刻，全体师生在思晏堂前举行下半旗礼及追悼纪念，刘湛恩任主席，并讲演孙中山的奋斗精神，勉励同学们以为师法。之后，并进行植树。

3月21日，下午四时半，上海青年会征求会捐款委员会主席团成员杜月笙、钱新之、王晓籁在华安大楼邀集各捐款委员和各队长举行茶会，刘湛恩和林康侯、王延松、袁履登等出席，并作演说。

3月29日，在上海商务印书馆于上海市商会举行的股东常会上，刘湛恩和夏鹏、张元济、李宣龚、高凤池、鲍庆林、高凤谦、王云五、丁榕、蔡元培、张蟾芬、徐善祥、徐寄顾等当选为新一届董事会董事。

4月1日，在《同工》第151期上发表《哀余日章博士》一文：

余日章博士自二十二年一月在美得疾，回国疗治，虽以良医之悉心诊治，与君家人之竭力将护，未能原复，于本年一月廿二日，在上海寓次逝世，越三日，安葬上海闸北圣公会公墓，遗爱在人，社会各界，闻君死耗，靡不同声悼惜。余与余君缔交多年，志趣相合，且尝承其拂拭，频加指导，亲爱之情有若手足；一旦人琴俱杳，风雨凄其，以君之老父健在，痛切丧明，其夫人及子女，失所依恃，哀恸无已，余将何以吊死慰生，尤觉悲从中来，不能自已。

余君才气过人，持志宏远，待人以恕，律己甚严。壮年绝意仕进，即献身青年会，致力社会改造运动，历二十余年如一日。华府会议时，与蒋梦麟博士同被举为国民外交代表，列席坛坫，并向美国各团体演讲，转变国际舆论，我国外交卒告胜利，君之功有足多者。嗣君又与太平洋各国在野领袖，创立太平洋国际学会，努力国民外交，以谋促进太平洋各民族之谅解与友谊。民国十三年，中华全国基督教协进会成立，君被举为会长。二十年东北事变突起，君重违医者劝告，不惮远涉，毅然赴美，宣传正义，努力国民外交工作。当君闻山海关不守，访问美国务卿史汀生，作重要晤谈时，痛东北敌骑之纵横，我国版图之日促，强邻肆虐，御侮未能，悲愤之余，猝得脑溢血症。其热忱爱国，殊足风世，有非常人所可几及。迨余西渡赴美，拟顺道访君，探问病状，则已回国休养。彼邦人士佩君行谊，莫不致其钦敬，嘱为存问。往年暑假期间，君在余校消夏，晨夕图晤，见其面貌瘦损，精神颓伤，知病根深伏，健康无望，隐为君忧。顾君未尝自言痛苦，晏居言谈之间，关怀时事，辄以国难日深，社会人心险诈，相与唏嘘。及君临殁，犹殷殷以国家为念，希望全国人民坚苦卓绝，努力奋斗，自图生存，语不及私，是君之死，与其为死于病，毋宁为死于国事，此海外友朋所以叹息于君之死，谓此乃中国重大损失，噫，君之感人深矣！

综君之一生行己处世，事事率真，不委曲以求全，不阿谀以取容，其特立独行之概，高标出俗之想，在此举世混浊之社会中，实足以砥砺全国青年，奉为模范，而数十年鞠躬尽瘁，提倡社会事业，与近年之效力国民外交工作，尤为君对国家社会之最大贡献。余于亲友中，惟君为最崇拜之一人，当此时局蜩螗，万方多难，既痛国家之失此桢干，复悲良朋之逝，执笔草此，抚今忆旧，不知泪之汍澜也，呜呼！哀己。①

按：余日章于1月22日在上海逝世。《同工》第151期为"纪念余日章博士专号"。4月8日出版的《上海青年》第36卷第13期，即"纪念余日章先生专号"上，《哀余日章博士》再次刊出。

4月5日，下午三时，余日章追悼会在上海青年会举行，刘湛恩和孔祥熙、吴铁城、王正廷、王晓籁、钱新之、颜福庆、穆藕初、陆干臣、方椒伯、黎照寰、卜舫济、吴贻芳、梁小初、丁淑静、余日宣等五百余人出席。

4月8日，下午，国立交通大学在文治堂举行建校四十周年纪念，刘湛恩和上海市市长吴铁城、上海市教育局局长潘公展、铁道部代表黄

①　刘湛恩：《哀余日章博士》，《同工》第151期，1936年4月1日。

伯樵、南洋同学会代表张嘉璈、以及曾养甫、徐佩璜、张寿镛、欧元怀、萧友梅、翁之龙、何炳松、钱新之、颜福庆、李登辉、曹云祥、周仁、叶恭绰、王正廷、福开森等共七百余人参加，由黎照寰任主席，并报告了四十年来交通大学的校务情形。

4月11日，晚七时，沪江大学邀请《文化建设》月刊社编辑樊仲云在该校本学期所设的国难讲座上讲演，讲演题目是《最近的国际形势与中国》，刘湛恩参加并致谢。樊仲云在讲演中，对欧洲的现状和东亚的危机进行了详尽的阐述，认为，无论国际形势如何，而人为刀俎，我为人肉，终非中国之福，救国图存，全赖举国一致的准备力量。

4月25日，中午，全国学术工作咨询处就业指导委员会在八仙桥上海青年会举行第二次会议，并欢迎咨询处主任王兆荣，刘湛恩、叶恭绰、何炳松、朱少屏、王志莘、何清儒、潘文安、黎照寰、江恒源等委员与会，由何清儒任主席。会议议决了《关于推广介绍教员赴南洋服务案》等。

5月7日，下午二时，第九届江浙私立中学联合运动会在沪江大学附属中学开幕，担任大会名誉副会长的刘湛恩出席并作演说。

5月11日，上午十时，实业部上海鱼市场在杨树浦定海岛举行开幕典礼，刘湛恩和实业部次长刘维炽、淞沪警备司令杨虎、鱼市场理事长杜月笙、理事钱新之、林康侯、余恺湛、方椒伯、唐承宗，以及王晓籁、黄炎培、潘鸿鼎、胡西园、毛和源等共五百余人与会。

5月11日，与黄炎培交谈。

5月19日，晚六时三十分，刘湛恩和杜月笙、林康侯、褚辅成、王晓籁、钱新之、穆藕初、江一平等共41人出席上海市地方协会第38次大会。会上，黄炎培报告了旅行四川所得状况。

5月22日，晚七时三十分，中美贸易协会与上海美国商会因中美贸易纪念周行将结束，在美国总会举行盛大庆祝欢宴，由中美贸易协会代理会长贝祖诒和美国商会会长富兰克林共同担任主席。刘湛恩、贝祖诒、吴铁城、潘公展、俞佐廷、杜月笙、王晓籁、徐新六、袁履登、穆藕初、赵晋卿、颜福庆、黎照寰、潘光迥及美方有关代表共二百余人出席。

按：中美贸易协会与上海美国商会为谋发展中美贸易起见，于 5 月17 日至 23 日，举行中美贸易纪念周。

5 月 23 日，下午五时，国际问题研究会在银行公会举行茶会，欢送中国赴暹考察团，刘湛恩、赵晋卿、邹秉文暨该团全体团员出席。茶会上，刘湛恩和该团团长凌冰致词。

按：中国赴暹考察团定于 5 月 26 日乘意大利邮轮"维多利亚号"出国。

5 月 24 日，下午四时至六时，上海市市长吴铁城暨王晓籁、杜月笙、虞洽卿、俞佐廷、钱新之、张啸林等，在上海静安寺路国际大饭店举行盛大茶会，招待中国赴暹考察团，刘湛恩和杨虎、吴经熊、赵晋卿、潘文安、黎照寰、蔡无忌、秦润卿、邹秉文、李大超、奚玉书、朱少屏、顾馨一、王一亭、潘序伦、郭顺、该团团长凌冰、副团长林康侯暨全体团员出席。会上，林康侯说明了考察团增进中暹邦交的目的。

5 月 25 日，上午十时，上海市各界追悼胡汉民大会在市商会举行，刘湛恩、吴铁城、童行白、王宠惠、杨虎、王晓籁、俞佐廷、徐寄廎、方椒伯、袁履登、沈钧儒、潘公展、胡文虎、朱庭祺、林康侯、陆京士、褚辅成、郭顺、江一平等各界代表三千余人出席。

6 月初，中华职业教育社上海职业指导所鉴于暑期将届，各中小学校毕业生请求升学指导或就业指导者日多，决定从本月 8 日至 20 日举行升学就业指导周，采用赴各校演讲的方法进行，刘湛恩和陈鹤琴、陈选善、胡叔异、张耀翔、欧元怀、廖世承、阎振玉、王孝英、鲁继曾、郑通和、张仲寰、江恒源、杨卫玉、何清儒、潘文安、贾观仁、赵霭吴、郑文汉、杨崇皋等 21 人被聘为讲师。

6 月 1 日，刘湛恩和何炳松、欧元怀、钟道赞、章益、邹秉文、唐英、廖世承、黄炎培、江恒源、杨卫玉、何清儒、潘文安被中华职业教育社聘为该社第十六届社员大会暨第十四届全国职业教育讨论会议案审查委员会委员。

按：中华职业教育社第十六届社员大会暨第十四届全国职业教育讨论会将于8月16日至18日在成都举行。

6月6日，下午三时，上海市大中小学教职员联合会在民立中学大礼堂举行教师节庆祝典礼，刘湛恩和张寿镛、蒋建白、童行白、陈济成、顾继武、胡叔异、王孝英、陶广川等为主席团成员，由刘湛恩任主席。典礼式上，刘湛恩首先致词。他说，今年的教师节与往年不同，在此国难严重期间，如何实施国难教育，提倡本位救国，为目前要图。所以，他希望广大教师，第一，应有奋斗精神：教师自身要格外努力；第二，应有团结精神：教师一致联合起来，作救亡运动；第三，应有牺牲精神：准备为国家民族牺牲，愿我们的教师们为此奋斗到底。紧接着，市长吴铁城和市教育局局长潘公展也作了讲话。

6月11日，刘湛恩和翁之龙、李登辉、褚民谊、张寿镛、颜福庆、萧友梅、褚辅成、刘海粟、曹惠群、章士钊、欧元怀、裴复恒、何炳松计十四人，鉴于迩来南中调动军队侵入湘境，群情激愤，特致电粤桂当局陈济棠、李宗仁等，恳劝悬崖勒马，以保民族一线之生机；并致电国民政府中央主席林森、行政院院长蒋介石等人，望以至诚之精神，消弭国家分裂之忧患。

按1:《致西南电》：

广州陈伯南先生、李德邻先生、林云陔先生，南宁白健生先生、黄旭初先生赐鉴：抗敌救国，人同此心。惟在国家整个计划之外，单独行动，于敌无损，徒启国家分裂之祸，言之寒心。近日南中军队移动消息，传播内外，群情惶惑，贻笑他都。尚祈悬崖勒马，保民族一线之生机，以合理方法，商讨一致对外之大计，国族前途，实利赖之。临电不胜迫切感祷之至。上海各大学校长翁之龙、李登辉、褚民谊、张寿镛、颜福庆、萧友梅、褚辅成、刘海粟、曹惠群、章士钊、刘湛恩、欧元怀、裴复恒、何炳松。真印。①

按2：《致中央电》：

南京国民政府林主席、行政院蒋院长、孔副院长、军事委员会蒋委员长、冯副委员长、阎副委员长钧鉴：近日南中军队移动消息，传播内外，群情惶惑，贻笑他帮。同人等怵于同室操戈之祸，业于真日电请两粤当局，悬崖勒马，以合理方法，商讨一致对外之大计，切望中央以至诚之精神，消弭国家分裂之隐患。临电不胜迫切感祷之至。上海各大学校长翁之龙、李登辉、褚民谊、张寿镛、颜福庆、萧友梅、褚辅成、刘海粟、曹惠群、章士钊、刘湛恩、欧元怀、裴复恒、何炳松同叩。真印。②

6月12日，晚六时，上海各大学联合会在八仙桥上海青年会举行会员大会，刘湛恩和欧元怀、何炳松、曹惠群、褚辅成、王裕凯、杜佐周、吴泽霖等120余人与会，由刘湛恩任主席。会议讨论通过了《改进高等教育问题、原则》，并提出组织上海各大学体育协会，交执委会讨论。

6月13日，《申报》刊登废止内战大同盟会会员刘湛恩的主张：（1）各地同志尽力劝告，各方觉悟，实行精诚团结，努力宣传国内和平；（2）各地同志应积极努力建设事业，绝不参加赞助国内任何战争；（3）各地同志对于破坏国内和平者，采取不合作主义，实行橡属辞职，工商界不协济，亲友不往来。③

6月15日，刘湛恩和王晓籁、杜月笙、汪伯奇、王一亭、徐新六、秦润卿、陆京士、郭顺、冯炳南等出席上海市临时参议会常会，由议长王晓籁任主席。

---

① 《各界呼吁和平》，《申报》1936年6月12日，第10版。
② 《各界呼吁和平》，《申报》1936年6月12日，第10版。
③ 《各团体忠告两广当局：刘湛恩主张》，《申报》1936年6月13日，第11版。

6月20日，下午四时半，沪江大学举行第二十四届毕业典礼，刘湛恩抱病参加并任主席，向毕业的111名同学颁发文凭，并报告了本年度工作经过，称此后要积极发展各学院，努力培养实用人才。包括上海市教育局局长潘公展在内的600余人参加了此次毕业典礼活动。

6月22日，沪江大学城中区商学院在新天安堂举行毕业典礼，刘湛恩任主席并致开会词。

6月25日，刘湛恩和翁之龙、颜福庆、张寿镛、刘海粟、萧友梅、李登辉、裴复恒、何炳松等上海各大学校长，鉴于粤桂进兵，影响时局，分别致电蒋介石和陈济棠等。提出，"弭止内争"，"以巩国基而御外侮"。[①]

6月27日，国民经济建设运动委员会总会确定，刘湛恩和邹鲁、陈立夫、叶楚伧、秦汾、邹秉文等计222人为该会委员。

6月30日，下午，道中女中举行毕业典礼，刘湛恩、陈鹤琴、江恒源、袁履登等出席并演讲。

6月，中国教育学会上海分会鉴于边疆教育的重要，特添设边疆教育委员会，推定刘湛恩为该会委员长，舒新城、何清儒、沈体兰为委员，陈鹤琴为委员兼总干事委员，以积极推进边疆教育运动。

7月3日，中华职业教育社鉴于本届评议员蔡元培、朱经农、杜重远、俞庆棠、潘文安、刘湛恩、王志莘、陈彬龢等至本月底任期已满，该社董事会提出刘湛恩和周佛海、卢作孚、贾观仁、潘文安等18人为下届评议员候选人，并将选举票分寄各地社员（计一千余份）。

7月9日，中午，正始中学在上海国际饭店举行董事会，刘湛恩、吴铁城、张啸林、虞洽卿、王晓籁、钱新之、江一平、俞佐廷、杨虎、傅筱庵、陆京士、李大超、黄炎培、穆藕初、刘鸿生、朱吟江、徐寄顾等数十人出席。会上，董事长杜月笙致开会词，校长陈群报告了学校五

---

① 《各界昨再纷电中央制止两广进兵》，《申报》1936年6月26日，第12版。

年间经过及今后发展计划；会议决定成立正始中学建筑校舍基金募捐委员会。

7月11日，刘湛恩和黄炎培、王培孙、王云五、沈恩孚、蒋维乔、夏丏尊、穆藕初、俞颂华、潘文安、钱歌川、江恒源、廖世承、胡敦复、杨卫玉、张雪澄等计25人，在《国讯》上发表《上海教育界同人致南京蒋介石、冯焕章、太原阎百川、广州陈伯南、南宁李德隣、白健生诸先生电》：

国势岌危，人心忧愤，举国上下，舍共同救亡外，无其他目标。倘国未救而国力先自消耗，不惟减少自救之力，且转入自亡之途，事之痛心，孰逾于此！公等皆国家柱石，定倾扶危，全民族生存是赖，及此时机领导各方，一致御侮，则全国生气顿增，人人皆愿效死。和平统一，蒋公早有宣示，迫乞俯念垂危国脉，认定惟一目标，熟筹当前利害，即日开诚协商，决定对外方针，并就可能，公告有众，用慰喁望，而释悲怀。迫切泣陈，敬希鉴察。①

按：《外交部电复上海文化界》：

上海王培孙、王云五两先生并转沈恩孚、蒋维乔、夏丏尊、穆藕初、俞颂华、颜均正、项远邨、蔡承新、潘文安、杨荫溥、黄任之、倪文宙、钱歌川、黄幼雄、江恒源、刘湛恩、廖世承、符涤尘、胡敦复、顾因明、史国刚、张雪澄、杨卫玉诸先生钧鉴：奉蒋院长交下来电，以国势岌危，时机迫切，请明定对外方针，领导各方，一致御侮云云，应由外交部电复，等因。执事等关怀国难，无任佩慰。查对外方针，前经五全大会决定，和平未到绝望时期，决不放弃和平；牺牲未到最后关头，决不轻言牺牲。而和平有和平之限度，过此限度，惟于牺牲中求生存。半年以来，政府依照此项方针办理，未尝稍懈，而尤以与日方折冲，图谋中日整个关系之调整，为当务之急。现在华北局势固未容乐

① 刘湛恩等：《上海教育界同人致南京蒋介石、冯焕章、太原阎百川、广州陈伯南、南宁李德隣、白健生诸先生电》，《国讯》第135期，1936年7月11日。

观，然外交亦尚不无运用余地，除仍本五全大会既定对外方针，用外交正当途径赓续进行调整中日整个关系外，尚望全国人士，一如来电旨趣，各抒所见，一心一德，共济时艰，外交前途，实利赖之。特复。外交部删。①

7月15日，沪江大学城中区商学院举行商业教育讨论会，刘湛恩任主席并报告开会宗旨。上海商学界王晓籁、何清儒、杨荫溥、张素民等60余名名流与会。会议认为，商业教育的目标是：公民训练、品格修养及基本知能之促进；课程：宜采用本国教材，以外国教材为参考；教学法：务使理论与实际兼筹并顾；等等。

7月18日，下午四时，刘湛恩和潘公展、蔡元培、童行白、杨虎、王晓籁、朱庆澜、汪旭初、张知本、薛笃弼、张啸林、孙镜亚、朱少屏、钱新之、黄炎培、杜月笙、徐寄庼、郭顺等500余人参加上海各界在湖社大厅举行的追悼章太炎追悼会。

按：章太炎于6月14日在苏州病逝。

7月21日，晚八时，中华基督教青年会全国协会在杭州天目旅馆召集中华基督教青年会全国协会总干事特别会议，讨论《非常时期之分析》《非常时期对于青年及青年会之影响》《非常时期中青年会之工作程序》等，傅若愚、梁小初、陆干臣、史襄哉等出席。刘湛恩和蒋廷黻、何清儒、涂羽卿、陈文渊、梁小初等被聘为本次会议讲员出席本次会议。

7月24日，上午，刘湛恩在中华基督教青年会全国协会总干事特别会议上演讲《非常时期中之青年会教育程序》。

按：7月28日，晚，中华基督教青年会全国协会总干事特别会议闭幕。

8月1日，下午四时，上海市商会举行第三次执行委员会，会议决

---

① 《外交部电复上海文化界》，《国讯》第136期，1936年7月21日。

定组织商业教育委员会，由刘湛恩任召集人，黎照寰、张寿镛、欧元怀、何炳松、李权时、黄炎培、江恒源、贾观仁、杨卫玉、何清儒、陈群等为委员。

8月4日至8日，刘湛恩和林康侯出席于青岛举行的中华慈幼协会全国大会。

8月10日，晚七时，美国加利福尼亚大学上海同学会在上海新亚酒店开会欢迎该校运动教育参观团，刘湛恩、黎照寰、欧元怀、李登辉等应邀作陪。

8月14日，下午五时，国际问题研究会和公民教育促进会在上海市香港路银行俱乐部举行茶会，欢送新任驻瑞典、挪威两国公使王景岐，并欢迎刚刚回国的赴美参加订立《中美白银协定》的代表郭秉文、顾翊群和赴暹考察团成员林康侯、王志莘等，刘湛恩、杜月笙、赵晋卿、周珏、黎照寰、徐新六、徐佩璜、董显光及王景岐、林康侯、王志莘等共五十余人出席，由黎照寰任主席。

8月15日，和鲍哲庆发布《全国浸会联合会召集代表大会通告》：

径启者：中华浸会本年度为百周纪念之期，已于二月间开幕，并由世界联合会会长屈博士与总干事鲁博特为此事来华访问，各地浸礼宗之教会曾已早荷接洽，不赘。兹为百周纪念庆祝大会筹备委员会广州总会规定，十月十四日至十八日在广州东，由浸信会举行纪念大会，全国同宗教会理应热烈参加，除分别在各地按照规定自期集会庆祝外，本联合会亦拟于该时在广州召集代表大会参加庆祝，并讨论全国事工之将来计划，谨特奉函敦请贵会选派中西代表各二人，届时赴粤，共申庆祝，倘因路途遥远，不克照章派遣代表四人者，希至少能派一人出席，并望早将代表姓名示知，以便招待。至于代表旅费，由各会自理，惟招待事宜，已函商广州筹备委员会，待有办法后，当再奉告。另附庆祝大会集会之程序，亦希察阅为荷。专此。即请

道安。

全国浸会联合会执行委员会 主席　刘湛恩

名誉总干事　鲍哲庆　同启

八月十五日①

8月16日，上海市教育局、寰球中国学生会、交通大学、暨南大学、光华大学、沪江大学、上海市商会、上海市地方协会、国际问题研究会、中华职业教育社、德奥瑞同学会、《申报》《新闻报》《中华日报》、上海新闻社、商务印书馆、中华书局、世界书局等23个团体，在上海市政府大礼堂联合举行欢送出洋学生大会，刘湛恩和王晓籁、穆藕初、杜月笙、蒋建白、杜佐周、朱少屏、胡端行、施养勇、徐新六、马崇淦、汪伯奇、胡叔异、黄警顽等计500余人出席，由市长吴铁城任主席，并致欢送词。

8月25日，下午四时，刘湛恩和交通大学校长黎照寰、复旦大学校长章益、大同大学校长曹惠群、光华大学校长张寿镛、同济大学校长翁之龙、大夏大学副校长欧元怀等出席于八仙桥上海青年会召开的上海各大学联合会执行委员会会议，会议由黎照寰任主席。会上议决了《国民代表选举在即，本会应如何联合进行案》。

8月27日，刘湛恩和蔡元培、黄炎培、王世杰、朱少屏、李登辉、何炳松、林语堂、韦悫、马寅初、陈光甫、张元济、庄俞、陆费逵、蔡元培、蒋梦麟、罗家伦等计96人，联名发表《高梦旦先生追悼会启事》：

长乐高梦旦先生，抱经世之学，躬行实践，其生平心力，尤尽瘁于教育文化事业。方清季丙申、丁酉间，海内名流与先生通生气者，争相引重，间亦发挥政见，不苟同，不立异，所有言论屡载于当日之《时务报》。嗣应浙江高等学堂总教习之聘，旋率浙江学生赴日本学习师范，即留为监督。中间尝因张南皮张丰润、岑西林诸公之聘，或主报务，或

---

① 《全国浸会联合会召集代表大会通告》，《真光杂志》第35卷第10号，1936年10月。

任幕职,又充上海复旦大学监督,均未久即辞去,独于商务印书馆编译所长一席,慨然乐就,至今教科用书之风行,与出版物之从事编纂,潮起云涌,使全国青年学子获先河之导者,先生与有力焉。

兹以高年得病,捐弃馆舍,老成凋谢,溘然同伤。谨定于九月十三日下午二时,假上海西藏路宁波同乡会开追悼大会,凡与先生生前知好,仁盼贲临。如有哀挽文字,敬祈先期惠寄上海河南路商务印书馆庶务股代收,是所至荷。谨此布闻,至希公鉴。

发起人:丁 榕 李伯嘉 林子忱 唐 钺 庄 俞 蔡公椿 王世杰 李直士 林洞省 马寅初 郭 燊 蒋梦麟 王造时 李宣龚 林振彬 黄仲明 盛 俊 蒋维乔 王康生 李登辉 林语堂 黄炎培 陶孟和 欧元怀 王云五 李圣五 林鼎章 黄秋岳 梁和钧 刘崇佑 孙士谔 李择一 周由廑 黄葆戊 梁鸿志 刘湛恩 方叔远 汪有龄 周辛伯 高子鑅 陆费逵 刘聪强 史久芸 汪诒年 周越然 高凤池 温宗尧 郑贞文 伍光建 何炳松 周颂久 夏 鹏 汤尔和 郑葆湜 任心白 吴东初 周鲠生 夏敬观 傅东华 郑礼明 江伯训 杜就由 韦 慤 陈 介 傅运森 潘光迥 朱少屏 沈叔玉 韦傅卿 陈光甫 曾镕浦 钱智修 朱元善 沈钧儒 郁厚培 陈采六 叶景葵 鲍庆林 朱经农 沈颐敬 徐新六 陈敬第 杨端六 颜任光 朱颂盘 沈觐冕 徐寄顾 张元济 寿孝天 魏 怀 宋以忠 林子有 徐善祥 张世鎏 蔡元培 罗家伦[①]

9 月 3 日,中午,国际问题研究会在上海香港路银行俱乐部开第五十五次理事会,刘湛恩、郭秉文、邹秉文、戴志骞、何德奎、董显光、黎照寰、陈光甫等理事与会,由理事长郭秉文任主席。会议议决请各组委员会主席召集组员拟具 1936 年度工作计划。

---

① 《高梦旦先生追悼会启事》,《申报》1936 年 8 月 27 日,第 2 版。

9月上旬，刘湛恩和蔡元培、周佛海、朱经农、王志莘、贾观仁、潘文安、卢作孚、郑通和当选为中华职业教育社评议员。

按：中华职业教育社董事任期四年，每二年改选半数，由永久会员互举之；评议员任期二年，每年改选半数，由董事部提出候选人，经全体社员选举之。

9月18日，晚七时半，国际问题研究会在上海香港路银行俱乐部欢宴新任驻苏联大使蒋廷黻，刘湛恩、郭秉文、黎照寰、徐新六、金国宝、何德奎、邝耀坤等二十余人出席，由理事长郭秉文任主席。

9月19日，下午四时至晚六时，中苏文化协会上海分会及留美哥伦比亚大学同学会，由交通大学校长黎照寰代表，在上海新亚酒店举行茶会，欢送新任驻苏大使蒋廷黻，刘湛恩、吴铁城、何炳松、周谷城、朱懋澄、欧元怀、吴蕴初、翁之龙、颜福庆、韦慤、萧友梅、王志莘等七十余人出席。茶会上，刘湛恩代表哥伦比亚大学同学会致词。

9月19日，沪江大学校董会举行执行委员会会议，刘湛恩和董事长李耀邦、董事邬志坚、于寿椿、郝培德、罗威等出席，议定本月30日下午四时半举行思魏堂和大礼堂奠基礼。

9月27日，上午九时，中国经济学社第十二届年会在上海青年会开幕，刘湛恩和马寅初、王晓籁、黎照寰、穆藕初、钱新之、徐新六、李权时、王志莘、潘文安、李馥荪、徐永祚、朱博泉、徐寄庼、潘序伦、马崇淦等二百余人出席。

9月29日，为天原化工厂捐款沪江大学致函吴蕴初：

蕴初先生台鉴：

日前偕同作和兄专程拜访，获遂聆教，至为欣幸。猥荷阁下本热忱教育，眷爱敝校之素怀，惠允捐助大礼堂建筑费国币壹千元，深所钦感，敬函道谢，尚希亮察是荷。顺颂

筹安

刘湛恩谨启

二十五年九月二十九日①

9月30日，下午四时半，沪江大学举行大礼堂奠基礼，刘湛恩和李耀邦、朱博泉等参加，并作报告，对学校以往的惨淡经营及今后的努力方针，作了详尽演述。据《申报》：

上海沪江大学创立迄今，瞬已三十载，校务发展，与年俱进，各种设备颇具规模，本年夏间，该校为筹备庆祝立校三十周纪念及纪念魏前校长馥兰博士，十余年擘划校务，劳苦功高，兴建大礼堂与思魏堂，工费浩繁，甫于日昨下午四时半举行奠基礼，参加者为校董会、同学会、教职员与全体同学，由董事长李耀邦博士致词，同学会委员长朱博泉讲演，刘校长报告，对于该校已往之惨淡经营，及今后之努力方针，有极详尽之演述。②

9月，为崔晓岑所著的《钱币与银行论》一书作序：

崔君晓岑留学英京，研究银行币制之学有半，回国后服务中央银行，时以经验所得，笔之于简，曾有《中央银行论》等书问世，及兼我校城中区商学院教席，担任讲授"币制与银行"等课，采取中外名家学说，益以平日心得，融会贯通，编为讲义，积久成帙，举以付梓，名曰《币制与银行》。统览全书，于币制之功用与价值及本位，均反复言之，务求其详。而对于银行之种类组织，以及国际汇兑与金融市场等等，亦各专章论述。洞达无遗，学理充沛，实际并顾。不仅为讲室中之名贵教材，并为从事钱币与银行业者之需要参考，诚我国经济著作之生力军。爰缀数语，以志钦佩，且乐为介绍焉。

刘湛恩序于沪江大学

---

① 上海市档案馆编：《吴蕴初企业史料·天原化工厂卷》，档案出版社1989年版。
② 《沪大日昨举行大礼堂奠基礼》，《申报》1936年10月1日，第19版。

廿五年九月①

按:《钱币与银行论》1936 年 10 月 1 日由上海开明书店出版。

10 月 6 日,下午,上海市地方协会在爱多亚路中汇大楼会所召开秋季常会,即该会成立以来的第四十次大会,刘湛恩和会长杜月笙及陶百川、江恒源、王揆生、杨卫玉、朱学范、邵达人、穆藕初、黄炎培、李公朴、秦润卿、周邦俊、汪伯奇、钱新之、刘鸿生、潘文安、王志莘、徐寄庼、陆京士、陈光甫、王晓籁、颜福庆、冯炳南、陈霆锐、江一平等出席。作为协会总秘书的黄炎培在会上报告了秋季工作概况。

10 月 7 日,中午,国际问题研究会在上海香港路银行俱乐部举行第五十六次理事会,刘湛恩、戴志骞、曹云祥、黎照寰、郭秉文、何德奎等理事出席,由理事长郭秉文任主席。会议议决编纂“国际问题丛书”等。

10 月 9 日,因往华南讲演,刘湛恩赴广东,约于十天后返沪。

10 月 14 日,刘湛恩和林康侯、袁履登、欧元怀、韦悫、廖世承、章益、奚玉书、陈济成等被确定为上海公共租界工部局华人及西人私立学校特别审查委员会委员。

10 月 15 日,在岭南大学演讲《青年与国难》,强调在国难时期青年所负的异常重大责任,号召青年为复兴民族而努力。

10 月 24 日,下午三时半,中国防痨协会在八仙桥上海青年会举行年会,会议改选了理监事,刘湛恩和杜月笙、庞京周、丁福保、钱新之、姚慕莲、虞洽卿当选为监事。

10 月 26 日,晚七时,刘湛恩和程宽正、卢绍稷、陈鹤琴、盛朗西、欧元怀、郑通和、王裕凯、张仲寰、胡祖荫、陈选善、曾作忠、周尚等于上海青年会出席中国教育学会上海分会第二十五次会议,会议由郑通和任主席。会上,刘湛恩报告《南游感想》,包括“香港的形势、

---

① 崔晓岑:《钱币与银行论》,上海开明书店 1936 年版,“序”。

环境、民情、风俗及教育情形"，"澳门的民情、风俗及教育情形"，"广州的新气象、新建设及教育情形"；周尚和陈鹤琴分别报告了《卫生教育》和《边疆教育委员会接洽情形》。

10月28日，中国教育学会在八仙桥上海青年会欢迎周尚考察美国卫生教育归国，刘湛恩和陈鹤琴、欧元怀、陈选善、郑通和等数十人参加。

10月29日，晚，实业部技正侯朝海在八仙桥上海青年会宴请美国水产专家海莱，刘湛恩、潘公展、黄炎培、江恒源、杜月笙、钱新之、王晓籁、林康侯等数十人应邀出席。

本月，鉴于青海地处边远，交通阻塞，在沪求学者几乎无一人，刘湛恩和中国教育学会上海分会边疆教育委员会委员陈鹤琴、舒新城、何清儒等，与新青海社积极设法为青海青年谋实地求学，经努力，本月27日，11名青海学生来到上海求学。

11月17日，晚八时，国际问题研究会理事会在国际饭店设宴欢迎法国驻华大使那齐雅，柬请本市中外名人作陪，刘湛恩和吴铁城、王宠惠、杜月笙、徐新六、曹云祥、董显光、黎照寰、何德奎、钱新之、邹秉文、刘鸿生及法国驻沪总领事鲍达斯、领事步令华、中法工商银行经理巴尔、哈瓦斯通讯社总编辑谭诗谷等二十余人出席。

按：那齐雅上星期由南京抵沪，11月14日至南京，11月16日晚离开南京来沪，11月17日晨再抵沪。

11月19日，下午二时，上海市文化界在市立民众教育馆举行援助绥远剿匪将士筹备会议，会议讨论并议决通过组织成立文化界绥远剿匪后援会，刘湛恩和黎照寰、何炳松、张寿镛、翁之龙、蒋建白、潘公弼、吴南轩、王云五、章益、刘海粟、陆费逵、沈钧儒、陈济成、胡朴安、黄伯惠、胡政之、陶百川、马家振、殷以文、方焕如、张石川、吴南轩、王云五、章益等61人被推定为委员。

11月19日，晚，沪江大学举行建校三十周年纪念会，刘湛恩发表演讲，并发起"星期日运动"，将每星期日所有一切可省之钱，长期捐助前方，俾前线战士得能持久抗敌。

11 月 21 日，下午三时，沪江大学举行立校三十周年纪念典礼，刘湛恩和教育部部长王世杰、上海市市长吴铁城、前司法院院长王宠惠等各界来宾、同学、家长、历届毕业生校友等 2000 余人参加，由刘湛恩任主席。

11 月 21 日，《申报》特辟《沪江大学卅周纪念特刊》，除刊登国民政府主席林森题词"乐育群材"和教育部部长王世杰题词"教泽日闳"外，还刊有刘湛恩的《发刊词》、樊正康的《沪大三十周纪念辞》、朱荣泉的《三十年来之沪大》等文。

按：刘湛恩《发刊词》：

本校成立于民国纪元前六年，为美国南北浸礼会所创办，筚路蓝缕，惨淡经营，至于今日，沧桑屡易，兴革迭乘，教育权改由国人主持，垂及十年。开办时，规模简陋，学生仅有数十人，教员数人，校舍一所，经济设施，诸感艰辛。今得于歇浦江滨，购地四百余亩，黉舍连云，气象万千，学生数逾一千，教员百余人，毕业生之服务社会者，已达千人。附属有中学、小学、城中区商学院、沪东公社、乡村服务处，亦均迈往直前，逐年发展，斯皆我沪大师生三十年中精神合作，努力奋斗，故能有此表现；而各界之策助，尤为可感者也！

兹者本校为庆祝三十周纪念，举校师生，爰于今日，出版纪念册，《天籁》季刊，复假各报发行纪念特刊，宣示国人，以期抛砖引玉。余维已往缔造之艰辛，与将来应有之努力，夙夜以思，本校前途之亟待发展者，厥有数端：（一）发展各学院，改进课程，添聘教员，增购仪器图书，并视需要，增设学系。（二）扩充研究院，创办研究所，将原有研究学程，加以整理，并特别注重社会、经济、国际关系，与自然科学之研究。（三）改进附属各部，如中学、小学、城中区商学院、沪东公社、乡村服务处等，在人才与经济可能范围内，均将积极扩充，益宏效能。至推而言之，国际形势之复杂，社会环境之变迁，外侮日亟，国难严重，将如何指导青年；敌忾同仇，复兴民族，以图自力更生？尤为本校今后之重大使命。所冀校友同学一秉本校博爱牺牲之精神，恪守信义勤爱之校训；卧薪尝胆，警惕随时，庶于此危难震撼之秋，担负艰巨，牺牲小我，挽救大我，以达本校为国储材之目的。此则余于庆祝立校三十周纪念，欢欣鼓舞之余，敬述所怀，渴望国内贤达，继续指导！剀切提携！益增沪大光荣于无极稳健积极之步骤，应付环境，计划发展，于校务则与时俱进，无苛求，无浪费；于经济，则力崇节省，用归于当；于教学则注重基本学识，实事求是。世颇有以此为可取者，故数陈事实，以备社会人士欲知本校之成功，其关键所在云尔。①

11 月 23 日，应邀在暨南大学总理纪念周上演讲"关于青年的职业问题"。认为谋生至少有两个基本条件：发展个性和服务社会；青年应该具有自信的精神、积极的精神、建设的精神、团结的精神和牺牲的精神。

按：该演词刊于 11 月 30 日出版的《暨南校刊》第 190 号。

11 月 27 日，中午，上海各大学联合会在八仙桥上海青年会召开执行委员会议，刘湛恩、黎照寰、曹惠群、吴南轩、欧元怀等与会。会议讨论了关于援绥募捐事等。

11 月 27 日，下午五时，国际问题研究会在上海市香港路银行俱乐部举行茶会，欢迎新近出席第六届太平洋国际学会会议的中国代表张彭春、朱友渔等人，刘湛恩、郭秉文、黎照寰、伍连德、沈恩孚、朱少屏、林康侯及张彭春、朱友渔等出席，由郭秉文任主席。

11 月 27 日，晚七时，刘湛恩和张仲寰、郑通和、黄觉民、董任坚、王祖廉、韦愨、陈科美、欧元怀、孙亢曾、高芝生、邰爽秋、王裕凯等于上海青年会出席中国教育学会上海分会第二十六次会议，会议由

---

① 刘湛恩：《发刊词》，《申报》1936 年 11 月 21 日，第 15 版。

郐爽秋任主席。会议讨论了《举行教育辩论会案》《参加世界教育会议办法案》《招待国外教育专家参观办法案》《研究边疆教育案》等。刘湛恩在会上报告了边疆教育委员会进行情形，并希望各会员慷慨捐助。

11月，在《天籁》第25卷第2期上发表《沪大之回顾与前瞻》一文。文中，分编制、学生、教员、图书仪器、经济、校基等部分进行回顾，并对学校的未来发展作了详密规划。

按：《天籁》第25卷第2期为"立校卅周纪念专号"，该期还刊有林卓然《沪江大学文学院之一瞥》、郑章成《沪大理科的回顾与前瞻》、金武周《沪东公社之回顾与前瞻》、潘公弼《沪江大学与时事新报》、王儒雅《三十年后的沪江》等文。

12月2日，晚六时半，国际问题研究会、银行公会、钱业公会、上海市商会、上海青年会、上海市地方协会、寰球中国学生会、公共租界纳税华人会、太平洋国际学会、上海各大学教职员联合会、公教事业进行会、《申报》馆等团体，在八仙桥上海青年会公宴出席太平洋学会的代表胡适，刘湛恩和林康侯、杜月笙、王晓籁、陆伯鸿、翁之龙、欧元怀、李大超、朱少屏、张寿镛、黄炎培、曹云祥等数十人与会，在会上，胡适作了题为《归来的感想》的公开演讲。

12月14日，刘湛恩和翁之龙、张寿镛、裴复恒、欧元怀、王西神、周承恩、郭琦元、刘海粟、顾毓琦、胡文耀、陈梦渔、徐朗西、颜福庆、陈济成、曾梁厚、黎照寰、萧友梅、吴南轩、何炳松、褚辅成、吴经熊、王淑贞等致电国民政府"迅筹戡乱办法"，并致电张学良"即恢复蒋公自由"。

按1：《上中央电》：

（衔略）国家统一，方见端倪，抗敌救亡，正在开始，不谓张学良以失地罪魁，竟敢冒天下之大不韪，以武力劫持我主持全国军事之蒋委员长，犹复饰为种种大言，自欺欺人，噩耗传来，举世震惊，似此摇动国本、助长敌焰之举动，竟发生于国难严重之今日，同人等痛心之余，不胜愤慨。伏乞迅筹戡乱方法，以慰国人，同人等誓当竭诚拥护中央，共维大局。临电不胜迫切待命之至。上海各大学校长翁之龙、张寿镛、裴复恒、刘湛恩、欧元怀、王西神、周承恩、郭琦元、刘海粟、顾毓琦、胡文耀、陈梦渔、徐朗西、颜福庆、陈济成、曾梁厚、黎照寰、萧友梅、吴南轩、何炳松、褚辅成、吴经熊、王淑贞等同叩。寒印。①

按2：《致张学良电》：

西安张汉卿先生大鉴：国家统一，方见端倪，抗敌救亡，正在开始，蒋公勤劳国事，为全国人民所爱戴，今竟失其自由，霉耗传来，举世惊震，似此摇动国本、助长敌焰之举动，竟发生于国难严重之今日，同人等痛心之余，不胜愤慨。切望先生迅即恢复蒋公自由，以慰国人。事关重大，稍纵即逝，倘一意孤行，是自绝于国人，先生宜三思之。临电不胜迫切待命之至。上海各大学校长翁之龙、张寿镛、裴复恒、刘湛恩、欧元怀、王西神、周承恩、郭琦元、刘海粟、顾毓琦、胡文耀、陈梦渔、徐朗西、颜福庆、陈济成、曾梁厚、黎照寰、萧友梅、吴南轩、何炳松、褚辅成、吴经熊、王淑贞等同叩。寒印。②

12月15日，中午十二时，中国防痨协会理监事联席会议在上海五洲大药房举行，刘湛恩、吴铁城、陆伯鸿、潘公展、颜福庆、翁之龙、陈鹤琴、杜月笙、虞洽卿、庞京周、钱新之、姚慕莲等出席。会议讨论了改良吃饭运动、实施防痨口罩等问题。

12月15日，下午四时，上海市市长吴铁城招待全市各公私立大中学校长。刘湛恩、翁之龙、张寿镛、何炳松、吴南轩、廖世承、王西神等百余人与会，吴铁城、市教育局局长潘公展分别讲话，谈张学良在西安举兵捉蒋事。

12月15日，下午五时，上海市地方协会在会所召开冬季大会，刘湛恩和杜月笙、王晓籁、钱新之、黄炎培、江恒源、杨卫玉、徐寄顾、

---

① 《各大中学校长电请中央勘定陕变》，《申报》1936年12月15日，第14版。
② 《各大中学校长电请中央勘定陕变》，《申报》1936年12月15日，第14版。

陶百川、徐永祚、潘文安、林康侯、潘序伦、刘鸿生、秦润卿、陆京士、吴蕴斋、陈光甫、徐新六、汪伯奇、庞京周、颜福庆、穆藕初、任矜苹、郭秉文、杨志雄等出席。会上，总秘书黄炎培报告了会务。

12 月 19 日，来华游历的美国学术团体联合会干事格夫至沪江大学访问刘湛恩，并作讲演。

12 月中旬，刘湛恩和河南大学校长刘季洪、江苏省立教育学院院长高阳、大夏大学教育学院院长邰爽秋、江苏省立上海中学校长郑通和以及汪懋祖、张士一、赵迺抟、常道直等加入发起中国师范教育学会，并和马宗荣、雷震、顾树森、陈石珍、赵迺抟、吴贻芳、艾伟、汪懋祖、郑通和、邰爽秋等 11 人被推举为筹备委员，组织筹备会，筹备成立。

12 月 23 日，上海公共租界工部局教育委员会华人委员在上海香港路银行俱乐部设宴欢送即将回国的英籍侨沪牧师歇褒特，刘湛恩、林康侯、奚玉书等 50 余人出席。

按：歇褒特旅沪三十年，任上海公共租界工部局教育委员会主席六年，已届七十多岁，故告老回国。

12 月 28 日，上午，交通大学研究所举行创办十周年纪念活动在该校文治堂举行，刘湛恩和前铁道部部长叶恭绰、前财政部部长现任中央币制委员会主席陈锦涛、中央研究院院长蔡元培代表周仁、银行学会唐文恺以及外宾代表卜舫济、康德黎等数十人出席，该校校长兼所长黎照寰作了相关报告。

本年，《沪江附中民廿五年年刊》第一卷出版，刘湛恩特为之作"序"：

我校附属中学同学，本其研究国学之兴趣，近年课务余暇，颇勤述作，如《沪潮》《沪光》《沪中季刊》等，相继出版，互为观摩，殊有裨益于学业之促进。比者，诸同学又将梓行年刊，问序于余，余既嘉其勉遵师训，以友辅仁，将离母校，有此团体合作精神之表现。但尚愿贡一言，为诸同学告。

　　盖中学毕业，譬诸行远，犹属半途。以人之学业，努力终身不能尽。诸同学苟得升学机缘，固当积极于高深学问之研究，以期深造，即限于环境而辍学、就业以服务社会，尤应本其所学，随时策励，不忘进修，俾增长治事能力，以树处世立业之基。然此犹就诸同学一己之前途言也。至值此外侮日亟，困难未已，全民衽席之安，非崇朝可冀，此后救亡图存之重任，正待青年之承担，是则淬励同仇敌忾之精神，锻炼刻苦耐劳之体魄，困心衡虑，积极从事民众之下层救国工作，更愿诸同学一致步骤。念兹在兹，无时或释，庶今日编纂年刊之团结毅力，得扩而充之，谋未来之伟大发展。此尤余临别赠言，切期诸同学勉旃，以为母校光。

刘湛恩①

1937 年（民国二十六年　丁丑）　四十一岁

　　1 月 10 日，上海职业指导所升学就业职业指导运动周开始。

　　按：上海职业指导所定于 1 月 10 日至 16 日举行升学就业职业指导运动周。

　　1 月 21 日，中国教育学会致本会世界教育会议筹备委员会委员蒋梦麟、杨亮功、马宗荣、刘湛恩、汪懋祖，函曰：

　　梦麟、亮功、宗荣、湛恩、典存先生道鉴：敬启者，本会参加世界教育学会一案，经筹备委员会决议，推请先生为本会出席筹备会代表，定于一月廿七日（星期三）下午四点在教育部与各教育社团合开筹备委员会，商讨参加该会之一切手续。至希贲临出席，代表一切为荷。附

---

① 《沪江附中民廿五年年刊》第 1 卷，上海沪江附中民廿五年年刊社 1936 年版。

奉上次会议纪录一份，至希查照。此颂大安。

中国教育学会启

一，廿一①

1月23日，上午，中国社会学社第六届年会在八仙桥上海青年会开幕；下午，讨论今后社会学系课程内容，刘湛恩、吴泽霖等参与讨论。

1月25日，下午三时，国际问题研究会在银行公会举行座谈会，并邀请外交部情报司司长李迪俊演讲，刘湛恩、黄炎培、何炳松、林康侯、朱少屏、寿毅成等及该会会员共50余人与会。由刘湛恩任主席。会上，作为国际问题研究会理事的刘湛恩致开会词。

按：刘湛恩《开会词》：

本会系一二八后地方维持会交际委员会改组而成，盖鉴于国际问题之重要，不在国防经济等问题之下，引起人民非常注意。今日特邀请本市教育各界举行座谈会，互相探讨外交问题，现时最引起注目者，厥为中日问题、中苏问题，以及我国与列强与国联应采取何种外交方法。②

1月28日，中午，国际问题研究会在上海市香港路银行俱乐部设宴饯送新任驻墨西哥公使谭绍华，刘湛恩、钱新之、董显光、徐新六、曹云祥、黎照寰、戴志骞、何德奎等出席。

2月3日，中午，刘湛恩和李石曾、黄警顽、张耀曾等在上海功德林举行公宴，欢迎西南沿边土司夷族赴京请愿代表高玉柱女士。

2月4日，下午四时，上海市地方协会在中汇大楼会所举行盛大茶会，欢迎西南沿边土司夷族赴京请愿代表高玉柱女士，刘湛恩、黄炎培、杜月笙、潘公展、张寿镛、黎照寰、朱少屏、林康侯、吴蕴初、刘鸿生、陈济成、江恒源、潘文安、黄警顽、林克聪、胡西园、王揆生等

---

① 《中国教育学会会友通讯》1937年第10期，1937年3月31日。
② 《国际问题研究会昨日举行座谈会》，《申报》1937年1月26日，第13版。

一百余人出席。会上，杜月笙致欢迎词，高玉柱等报告了夷族及边疆情形，张寿镛、林康侯、黄炎培等先后致词。

2月13日，上午九时，中华职业教育社1937年春季评议员会暨第十一次专家会议在上海南市区陆家浜中华职业学校举行，会议主要讨论了职业补习教育问题。刘湛恩、顾树森、郑通和、程时煃、俞庆棠、欧元怀、黄炎培、魏元光、江恒源、杨卫玉、陶百川、何清儒、潘文安、翁之龙、何炳松、姚惠泉、杨崇皋、梁忠源、陆叔昂、薛明钊、贾观仁、熊子容、方液仙、杨拙夫、谢向之、沈九成等50余人出师，刘湛恩和程时煃、俞庆棠、魏元光、陶百川被公推为主席团成员。在上午，职教社正副办事部主任江恒源和杨卫玉报告了社务，刘湛恩对职业补习教育发表了自己的意见，并在下午讨论议案的会议上任大会主席。

2月14日，下午五时，上海市中外文化协会董事长褚民谊在亚尔培路寓所举行茶会，招待印度著名学者甘地，刘湛恩、王正廷、王晓籁、王一亭、杜月笙、张啸林、魏廷荣、樊光、李石曾、陶百川和该会董事张寿镛、翁之龙、王云五、吴凯声、童行白、褚辅成、王昆仑、陆高谊、舒新城、赵晋卿、该会名誉董事长孙科及多名外籍董事共数十人作陪。

2月16日，中午，国际问题研究会在上海市香港路银行俱乐部举行第六十次理事会，刘湛恩、董显光、郭秉文、戴志骞、黎照寰等出席，由郭秉文任主席。

2月中旬，上海市社会局第四科科长蒋建白奉市政府所派将赴欧美考察文化教育，鉴于蒋氏办理文化教育事业勋劳卓著，上海市各界名流吴铁城市长、教育局长潘公展以及刘湛恩、张寿镛、黎照寰、陶百川、童行白、郭秉文、何炳松、翁之龙、吴开先、裴复恒、刘海粟、王云五、黄炎培、汪伯奇、李大超、马荫良、舒新城、杨卫玉、章渊若、潘忠甲、陈鹤琴、朱学范等80余人筹备茶会欢送。

2月28日，下午四时，教育部和中国教育学会、中国社会教育社、中国教育电影协会、中国卫生教育社、中华健康教育研究会、中华职业教育社、中华儿童教育社等七团体代表刘湛恩、黄任坚、李清悚、胡叔异、孙家齐、李紫衡、钱用和、陈礼江（顾良杰代）、陈重寅、汪懋祖、马宗荣、杨亮功、马客谈、张崇德、黄建中、朱章赓、叶溯中、郭有守、雷沛鸿、蒋梦麟（陈剑翛代）、褚民谊（郭有守代）、程其保共24人，在教育部开会讨论筹备参加第七届世界教育会议事宜，由杨亮功任主席。在会上，刘湛恩报告了孟禄将于四月份来华及此次各国出席世界教育会议事宜。会议议决：（1）如果伪满洲国参加我国即不参加此次会议；（2）联合办事处分六组：考察组、总务组、外交组、提案组、论文组、编辑组，其中，外交组由刘湛恩、郑通和、董任坚、欧元怀担任，由刘湛恩召集。①

2月下旬，接到世界教育会议会长、美国教育家孟禄函，因筹备于今年夏间在东京举行的世界教育会议，将乘船于4月27日抵沪，函内并称华盛顿世界教育会总事务所此次柬邀各国出席，未请伪满洲国参加。

2月，作《沪大城中区商学院五周纪念号发刊词》：

民十九年，本校鉴于我国商业人才之缺乏，职业界青年于公余之暇，应有继续求学补充知能之机会也，于是力谋发展商学院，议设分校于上海中心区域，爰就圆明园路浸会书局新建大厦内勘定院舍，规划进行。初拟名为夜大学；嗣因主要目的，系在培植商业人才，藉以提倡工读，故遂称为商学院。筹备经时，感承商业金融界领袖：徐寄顾、张公权、胡孟嘉、胡筠庵、刘鸿生、吴瑞元、叶琢堂、陈光甫、李馥荪、王云五、王晓籁、林康侯、寿毅成诸先生，及银行公会、银行业联合会、钱业公会暨各公司行号等机关，殷勤督教，慷慨捐助，于二十一年春沪变扰攘时成立，先分四科（一）大学本科，内分：商业管理学系，会

① 《世界教育会议如伪国参加我国不出席》，《申报》1937年3月1日，第12版。

记学系，银行学系，国际贸易学系；（二）大学专修科；（三）新闻学科；（四）特科。继因巨大院舍，仅办夜校，日间空置，似觉可惜，乃添办日班。同时，并组织商学院顾问委员会，敦请：孔祥熙、王志莘、王晓籁、王云五、李馥荪、林康侯、周作民、林振彬、俞佐廷、胡筠庵、陈光甫、徐寄庼、陆费伯鸿、徐新六、秦润卿、唐宝书、曹云祥、张公权、张竹平、袁履登、郭秉文、虞洽卿、寿景伟、刘鸿生、钱新之诸先生为顾问，指导院务，以期促进。荏苒至今，倏已五载。学生自二百余名，增为六百余名；教员由二十余人，添聘至五十余位。现除与中国建筑学会合办建筑学科，与银行学会合办银行学系，与国际贸易协会合办国际贸易学系，借助他山，携手前迈。并添设：日班银行学会计学专修科，外国语科；及晨班外国语科。更积极努力，扩大院内重要设置。如：图书馆，内容日见充实；职业指导部，工商研究部，先后成立。出版刊物有：《新商业》季刊，材料丰富，足资学术研究。凡此种种，固皆我沪大城中区商学院师生精神合作之表现，用能于此短期间内有此成功。卒达本院提倡工读之目的，而各界之策励，尤为可感！

兹者，本院为庆祝立校五周纪念，梓行刊物，以期宣示于众，抛砖引玉。余维商院缔造之艰，与今后应有之努力，夤夜以思，厥有数端：（一）发展各科——添聘教员，改进教学，充实内容，并视需要增添学程。（二）添募奖学金——扩充补助学额，俾清寒同学得以减轻经济负担，获有求学机会，或藉以完成学业。（三）推广职业指导——务使同学失业者有业，有业者安业乐业。一方面谋个人生活改进；一方面促进社会事业发展。（四）提倡学术研究——希望同学于课本之外，互就志趣相近，从事各项学术研究；并以研究结果，发行刊物，以期就正于国内外学术界。（五）扩充院舍设备——以本院年来之进展，院舍设备，就财力所逮，固无日不在设法扩充之中。此后除仍继续努力，以策需要外，倘为事实所许，设法自建校舍，俾增添课堂，扩充办公室、图书馆等等。当前问题，均可迎刃而解。以上诸端，略涉院务。至若国难严重，外侮日亟，经济侵略，咄咄逼人；本院既以培养商业人才为目的，此后指导青年，自强不息，努力更生，将愈显其责任之重大。是则余于庆祝五周纪念欢欣鼓舞之余，日夕警惕深冀同工相共最勉，积极前迈；并切望爱护本院之各界领袖，继续提携，剀切指导者也。①

3月3日，致教育部长王世杰函，谈孟禄来华及关于中国代表出席世界教育会议所需经费问题。

3月6日，王世杰复刘湛恩函：

湛恩先生惠鉴：顷展三月三日来函，藉悉。一是将来孟禄来京，本部当乐为招待；至大会经费事，俟出席教育会议问题确定后，当请政府补助，一面并拟先行酌拨小款以资准备。

专泐布复，顺颂教祺。

王世杰敬复

二十六年三月六日②

3月8日，致函陈剑翛，谈关于此前致函教育部部长王世杰函，并将王世杰复函抄寄：

剑翛我兄大鉴：违教倏又垂旬，维兴居佳胜是颂。此次孟禄博士来华暨关于我国代表出席在东京举行之世界教育会议，所需经费等等，弟日前曾致函王雪艇部长，稍有建议。兹将王部长复书抄寄，尚希台阅是荷。专颂道祺。附件。

弟刘湛恩谨启

二十六年三月八日③

3月上旬，刘湛恩和何炳松、欧元怀、钟道赞、章益、唐英、邹秉

---

① 《新商业季刊》第2卷第2期（上），1937年3月。
② 《中国教育学会会友通讯》第10期，1937年3月31日。
③ 《中国教育学会会友通讯》第10期，1937年3月31日。

文、潘序伦、章之汶、胡端行、黄炎培、王志莘、庄泽宣、江恒源、杨卫玉、何清儒、潘文安被推定为中华职业教育社立社二十周年纪念大会、第十七届社员大会暨第十五届全国职业教育讨论会提案审查委员及大会会序委员。

按：中华职业教育社立社二十周年纪念大会、第十七届社员大会暨第十五届全国职业教育讨论会定于 5 月 6 日至 8 日在中华职业学校举行。

3 月 11 日，国际问题研究会在上海市香港路银行俱乐部开第六十一次理事会，刘湛恩、郭秉文、何德奎、董显光、戴志骞、黎照寰等理事出席，由郭秉文任主席。会议议决：美国教育家孟禄暨芝加哥大学副校长班登到时，由理事会招待，并交换文化合作之意见；定六月上旬举行年会，并于五月间举行国际交谊大会。

3 月 12 日，沪江大学举行孙中山逝世日纪念活动，晨七时半，举行升旗礼，九时四十分，在大礼堂开纪念会，全体教职员生参加，由刘湛恩任主席。会上，王治心教授讲演，他以孙中山先生的嘉言懿行勉励青年，奉为师法。

3 月 13 日，上海市社会局鉴于本市职业青年为数众多，职业补习教育倡导实施刻不容缓，为积极推进，聘请刘湛恩、江恒源、邰爽秋、王志莘、王晓籁、陆京士、钱承绪、吴骐、奚玉书、陆干臣、易礼容、王揆生暨该局第四科科长张秉辉等 15 人为委员，组织上海市职业补习教育设计委员会，辅助规划本市职业教育、职业补习教育各项设施事宜。

3 月 16 日，下午二时，中国文化建设协会在上海市政府会议室举行常务理事会议，刘湛恩、吴铁城、潘公展、黎照寰、欧元怀、张寿镛、裴复恒等出席。会议议决了《核议本会第一次会员代表大会筹备事宜如何进行案》等。

3 月 23 日，上午十时，上海市立民众教育馆举行的统一救国运动宣传周开幕，上海市社会局局长潘公展揭幕，刘湛恩莅临并作了《统一救国与公民训练》的演讲。刘湛恩在演讲中说，第一点，要想完成真正统一国家，不但要政治统一，军令统一，财政统一，而犹贵乎精神统一，其先决条件，应先从公民训练入手（刘湛恩并提出了公民训练的五项目标）；第二点，希望全国民众一致团结起来，效法日俄意各国，将全国民众不分士农工商，不论男女老幼，一齐组织起来，全国总动员，先从每个家庭作公民训练，然后推广至四万万五千万力量去努力救国。

按：《统一救国与公民训练》讲演稿见 1937 年 3 月 30 日出版的《上海民众月刊》第 5 期，该期为"统一救国运动特辑"。

3 月 26 日，下午四时，上海市社会局组织的职业补习教育设计委员会在八仙桥上海青年会举行首次会议，刘湛恩、张秉辉、江恒源、邰爽秋（徐公美代）、奚玉书、王志莘、吴骐、王揆生、陆干臣、钱承绪、林美衍等出席，由刘湛恩任主席。会议议决了多项关于发展和推行上海市职业补习教育的议案。

3 月 28 日，晚七时，因行政院副院长兼财政部部长孔祥熙被特派为参加英皇乔治六世加冕典礼特使，定于下月二日启行，国民党上海市党部、淞沪警备司令部等三十四个团体，在上海国际饭店设宴欢送，刘湛恩、黄炎培、孔祥熙、郭秉文、陈立廷、潘公展、杜月笙、王晓籁、徐佩璜、王一亭、朱庆澜、俞佐廷、林康侯、穆藕初、汪伯奇、黄伯樵、吴蕴初、张一麐、黎照寰、宋子良、张啸林、吴开先等各界代表三百余人出席。

3 月 30 日，国际问题研究会因该会理事长郭秉文赴英参加英皇乔治六世加冕典礼，特在上海香港路银行俱乐部设宴饯送，并举行理事会临时会议，刘湛恩、郭秉文、徐新六、邹秉文、何德奎、钱新之、董显光等出席。会上，刘湛恩致词。会议议决在郭秉文出国期间，理事长由黎照寰暂行代理。

3 月 31 日，下午四时至晚六时，上海市市长吴铁城因调任广东省政府主席，在市政府大礼堂举行茶会，与中外各界人士话别，刘湛恩、王晓籁、虞洽卿、徐佩璜、林康侯、潘公展、周作民、汪伯奇、朱少屏、陆伯鸿、朱庆澜、程砚秋、贝祖诒及捷克、丹麦、波兰各国公使等共六百余人出席。

按：本日，吴铁城将职务交卸，由市政府秘书长俞鸿钧代理市长职务。

4月2日，上午十时许，参加英皇乔治六世加冕典礼的特使孔祥熙、副使陈绍宽、秘书长翁文灏等，乘维多利亚号邮轮离开上海赴英，刘湛恩、王宠惠、何应钦、宋美龄、邵力子、王正廷、陈立夫、陈布雷、唐绍仪、吴铁城、杨虎、宋子文、周作民、钱新之、贝祖诒、宋子良、杜月笙、王晓籁、虞洽卿、黄伯樵等共二千余人莅埠欢送。

4月10日，参加全国基督教中学校校长第一次会议的校长百余人在午后会议闭幕后，全体赴沪江大学参观，刘湛恩特在大礼堂开欢迎会。

按：全国基督教中学校校长第一次会议4月8日在上海新亚酒店开始举行。

4月上旬，接到柏克赫斯特自美国来信，言及为考察远东教育文化，将于本月20日抵沪，稍作逗留，然后于22日赴杭州、南京、北平等地。

4月13日，中国教育学会举行第五次全体理事会，由张伯苓任主席。会议议决由于孟禄不久将来华，推刘湛恩、欧元怀、郑通和担任招待，并与孟禄洽商参加世界教育会议事宜。

4月15日，在《中国学运》第3卷第2、3期合刊上发表《为第一次全国大会祈祷》一文。

4月19日，下午五时，因新任驻美大使王正廷定于本月21日启行，国际问题研究会、上海市商会、上海青年会、寰球中国学生会、留美同学会等三十余团体，在上海国际饭店举行盛大欢送茶会，刘湛恩、钱新之、王晓籁、杜月笙、徐新六、王志莘、陈光甫、潘公展、朱少屏、褚辅成、郭顺、何炳松、李登辉、刘鸿生、穆藕初、黎照寰、邹秉文、熊希龄、贝祖诒、陆伯鸿、汪伯奇、王一亭、欧元怀、宋汉章、吴蕴斋等五百余人出席。

按：王正廷本定于4月21日启行，嗣因公私事务，改为5月4日成行。

4月中旬，接到柏克赫斯特来信，因受到日本各方面欢迎，不能如期来华，请刘湛恩转知上海市有关文化教育团体。

4月24日，刘湛恩和林康侯、奚玉书、袁履登被聘定为上海公共租界工部局教育委员会华人委员。

4月28日，上午八时半，世界教育学会会长孟禄抵沪，刘湛恩、郑通和、欧元怀、胡叔异前往欢迎。

4月28日，中午，刘湛恩等十余人在上海华安饭店公宴孟禄。

4月29日，晚八时，中国教育学会上海分会、中华职业教育社、中华儿童教育社、中国教育建设社、中国特种教育协会、中华卫生教育研究会在八仙桥上海青年会欢宴孟禄，刘湛恩、熊希龄、黄炎培、欧元怀、江恒源、王裕凯、郑通和、杨亮功、杜佐周、韦悫、章益、毛彦文等50余人出席，刘湛恩任主席并致欢迎词。孟禄作了演说，他说，华盛顿总会根本并未通知伪满参加这次世界教育会议，自己途经日本时，也未闻日本政府通知伪满参加，所以，伪满不可能参加这次世界教育会议，请中国一定派代表参加。

4月底，接柏克赫斯特电，搭乘加拿大皇后号轮船，将于5月2日抵沪。

4月，在《真光杂志》第36卷第4号上发表《我的宗教经验》一文。

5月2日，上午十时，上海市社会局、中国文化建设协会、中国民生教育会、上海各大学联合会、上海市教育会、上海各大学教职员联合会、中国教育电影协会、上海中等学校教职员联合会等八团体，在上海新亚酒店欢宴孟禄，刘湛恩、潘公展、张寿镛、邰爽秋、陈济成、欧元怀、曹惠群、任鸿隽、蒋建白、张秉辉、周斐成、马崇淦、胡叔异、黎照寰等数十人出席，由潘公展任主席并致欢迎词，孟禄作了演说。

5月2日，中午，叶楚伧、邵力子特为杜月笙五十寿辰之际，移其寿资在复旦大学新校址内兴建科学馆一事，自南京到上海，宴请上海各界领袖，刘湛恩和孙科、李石曾、虞洽卿、周作民、宋汉章、徐新六、杜月笙、钱新之、王一亭、钱新之、闻兰亭、胡西园、徐佩璜、吴蕴斋、陆京士、林康侯、郭顺、奚玉书、江一平、王延松、潘公弼、汪伯奇、朱少屏、李登辉、赵晋卿、张寿镛、吴南轩、章益、金通尹等参加。

按：杜月笙担任复旦大学校董有年，对校务发展赞助尤多，本年八月，适逢杜月笙五十寿辰，又值复旦大学筹划扩充校址，在无锡太湖边兴建新校舍之际，爰经该校校董会决议，由全体校董发起，筹备庆祝，向杜月笙建议，移寿仪之资，在新校址内建月笙科学馆一所，为杜氏永留纪念，建筑经费约十万元。

5月4日，晚七时，上海国际教育社、美国哥伦比亚大学同学会在八仙桥上海青年会欢宴孟禄及柏克赫斯特、刘湛恩、刘王立明、欧元怀、陈鹤琴、郑通和、王裕凯、邰爽秋、陈选善、邝富灼、韦悫等百余人出席，由刘湛恩任主席并致欢迎词。会上，孟禄作了演讲。

5月6日，上午九时，中华职业教育社立社二十周年纪念会、第十七届社员大会暨第十五届全国职业教育讨论会在上海浦东同乡会会所举行，刘湛恩、陈公博、顾树森、白绍轩、程其保、潘公展、王晓籁、朱少屏、陈鹤琴等共千余人出席。主席团由刘湛恩、蔡元培、钱新之、潘公展、顾树森、穆藕初、黄炎培、王云五、欧元怀等组成。下午二时，在中华职业教育社举行首次会议，由刘湛恩任主席。

5月7日，参加中华职业教育社第十七届社员大会，进行分组讨论。

5 月 8 日，中华职业教育社第十七届社员大会暨第十五届全国职业教育讨论会闭幕之际，刘湛恩与主席团其他成员钱新之、蔡元培、潘公展、顾树森、穆藕初、王云五、黄炎培、欧元怀暨全体会员计 503 人，联合呈电国民党中央党部、林森、蒋介石和王世杰：

南京中央党部，国民政府林主席，行政院蒋院长，教育部王部长钧鉴：敬肃者，本月六日中华职业教育社召集第十七届社员大会于上海，同时举行全国职业教育讨论会第十五届年会，荷蒙中央派陈部长致训，主席书赐训辞，院长远赐训电，部长既赐训电，复派顾司长代表到会致训，指示勖勉，恳挚周详，在会同人万分感纫。开幕之日，适为职教社立社二十周年纪念之辰，到会会员，追溯既往，策励将来，群情益形兴奋。报告讨论，历时三日，所有议案均于末次大会分别结束。兹值闭幕，谨撮录会员公意，披沥奉陈，敬乞钧鉴，并希酌予采择。

方今经济建设，各方正在积极进行，因此需要各级经济建设人才，亦复至殷且切。自今以往，所有职业学校教育，自应一依社会之需求，谋为合理之适应。深愿政府，再行切实申令，务使彻底实行建教合作办法，以期教人有道，任事有人，教育职业两方交利。此其一。职业教育，原不止职业学校一方，所有职工补习短期训练，均属异常重要，此不仅用以补职业学校教育之不逮也，而欲谋小学中学毕业青年有相当出路，实惟此是赖。且不仅用之以解除教育自身之困难也，而一般旧职业之改进新职业之创造，亦复恃此以为之助。在会同人，极端盼望凡合于社会需要之旧有职校，能充实设备，改善内容，同时并盼政府，再申明令，责成各职校兼任职业补习教育之推行，且兼任一切短期之职工训练工作。昔时学校，或因闭门施教，不与社会沟通，固失其道，近时建设机关训练人员，不关教育行政，亦非其宜，深愿各级政府能合全局之统筹，既须权界划清，更须协力合作，其最近理想之办法，则各省市各有公立规模较大、设科较多、设备较完、办理较善之职校数所，除经常培养正式中初级职业人才外，所有各种临时职工训练，则一依政府之支配，供建设之需求，随时遵办。若经费稍宽，并可特设专部，担任研究编辑，以助一省一市各种职业教育之发展。此虽难于一时办到，但不妨悬格以企。此其二。至若职业教育须与职业界联络，此自是真确不易之理，惟学校不免狃于旧习，或且以人员不敷，致未能与职业社会尽周旋之能事，而内地职业界，间有未尽明了教育之效，不肯采新法，不肯用新人，亦为事实。惟有切盼政府，明示职业学校以办理教育之方针，并示工商团体以重视教育之必要，俾观念之变迁，谋心理之建设，而真能执沟通学校社会之机枢，并负指导青年职业之重任，则更有职业指导之特置机关在。切盼地方政府能在最短期间，设立各地职业指导所。此项机关，辅助职业教育之推行，厥力实至伟大。此其三。职业学校教育、职业补习教育、职业指导事业，既应社会需要而日益发展，势必大量养成职业教育之教师导师，方足以供其任用。今者各方已感觉职业学校教员之缺乏矣，将来职业补教普遍推行，职业指导各处设所，则需要此项人才当益众。需才孔亟，储之宜豫，深愿政府早定计划从速养成。此事所关，实非细故。此其四。以上四项，似均为目前推广职业教育之要图。明知政府已经多方筹划，分别施行。但既为公共意见，仍愿一陈其愚。在会同人，誓愿在政府指导之下，遵照国家整个政策，努力将事，以期完成国民天职，稍尽救国大任，刍荛之见，是否有当，伏希鉴察。倘蒙采纳，曷胜大幸。

中华职业教育社第十七届社员大会、全国职业教育讨论会第十五届年会主席团：钱永铭、蔡元培、潘公展、顾树森、穆藕初、黄炎培、王云五、刘湛恩、欧元怀暨全体会员五百零三人敬叩，庚。①

5月9日，中午，中华妇女节制协会在上海香港路银行俱乐部举行家事教育会议，刘湛恩、杨卫玉、黄觉民、邰爽秋、刘王立明等三十余

---

① 《中华职业教育社第十七届社员大会、全国职业教育讨论会第十五届年会呈中央政府电》，《教育与职业》第186期，1937年6月1日。

人出席。会上，刘王立明报告了筹备家事教育会议的经过，杨卫玉演说《家事教育在职业教育中之地位》。

5月9日，下午三时，商务印书馆在上海西藏路宁波同乡会召开股东大会，通过修改公司章程，重新选举董事及监察人，刘湛恩和蔡元培、张元济、王云五、高凤池、陈光甫、李宣龚、夏鹏、鲍庆林、徐善祥、丁榕、徐寄庼、李伯嘉共十三人当选为董事；黄炎培和马寅初、杨端六三人当选为监察人。

5月11日，中午，国际问题研究会在上海香港路银行俱乐部举行第六十五次理事会议，刘湛恩、邹秉文、黎照寰、徐新六、何德奎、董显光等出席，由黎照寰任主席。会议议决编制《国际问题研究会五周纪念特刊》等。

5月22日，国际问题研究会在上海香港路银行俱乐部设宴招待来华考察文化事业的芝加哥大学副校长卡顿博士，刘湛恩、黎照寰、何炳松、朱少屏、欧元怀、韦慤、陈选善、黄觉民及卡顿等出席。席间，就交换教授讲座等问题进行了详尽讨论。

5月27日，上午九时，上海新民中学举行建校十周年纪念典礼，刘湛恩、蒋建白、吴南轩、郑通和、奚玉书、邬志坚以及来宾、学生家长二三千人参加。

6月初，上海青年会鉴于民族复兴问题，全国民众必先储备各个人之力量，乃发起储力运动，并推举林康侯、宋汉章、陈鹤琴、王晓籁、黄炎培、陶百川、郑通和、欧元怀、刘湛恩、杜月笙、赵晋卿、黎照寰、钱新之等组织筹备委员会，策励进行。

6月2日，中午，中国教育学术团体联合会办事处举行干事会，程其保、杨亮功、陈剑翛、顾树森、陈礼江等十余人参加，杨亮功任主席。会议推定刘湛恩、胡适、何炳松、庄泽宣、汪懋祖、周鲠生、廖世承、高君珊、刘吴卓生、雷沛鸿、程其保、魏学仁、董任坚、罗廷光、胡叔异等为出席世界教育会议中方代表。

6月7日，晚，上海各大学联合会在上海青年会举行年会，刘湛恩、黎照寰、颜福庆、欧元怀、张寿镛、朱公瑾、裴复恒、李权时、金通尹、盛振为、吴泽霖、胡朴安、朱应鹏、王裕凯、曹惠群等百余人与会，由黎照寰任主席并致辞。会议讨论了大学教学自由和大学课程目标等问题。

6月12日，国际问题研究会在上海香港路银行俱乐部设宴，为我国驻丹麦公使吴南如返任饯行，刘湛恩、吴南如、邹秉文、钱新之、徐新六、戴志骞、董显光、朱少屏等出席。会上，刘湛恩致欢迎词。

6月13日，下午一时，中国特种教育协会在上海贵州路湖社举行成立大会，四百余人出席。刘湛恩、黎照寰、章益、何炳松、欧元怀、吴南轩、翁之龙、陶百川等被推为主席团成员，刘湛恩任主席并致词。他说："中华民国现在已至非常的时期，在这非常时期，我们来组织这特种教育协会，实在是非常的会，教育界同人因感现在国难严重，除政治、军事、经济方面应行努力外，教育更需要努力，以求解除国难。"①会议通过了"大会宣言"和"会章"；选举潘公展为理事长，刘湛恩、周佛海、程其保、何炳松、欧元怀、陶百川、翁之龙、章益、孙寒冰、周尚、黄觉民、吴南轩、雷震、蒋建白等36人为理事；程时煃为监事长，朱经农、罗家伦、杨廉、褚辅成、胡庶华、童行白、舒新城、董任坚、马宗荣等30人为监事。

6月20日，晨，出席世界教育会议的代表在南京召开首次会议，刘湛恩、胡适、程其保、周鲠生（陈剑翛代）、黄建中、陈礼江等18人与会，由胡适任主席。会议决议，代表团定名"第七届世界教育会议中国代表团"，推胡适为团长，程其保为秘书长，刘湛恩为干事长；出发日期定于本月23日。会议并通过《私人组织赴日教育团案》，推刘湛恩、董任坚、胡叔异在沪负责组织。

---

① 《中国特种教育协会昨日举行成立大会》，《申报》1937年6月14日，第12版。

6月22日，中午，国际问题研究会举行第六十六次理事会议，刘湛恩、邹秉文、黎照寰、董显光、钱新之、戴志骞等出席，由黎照寰任主席。

6月25日，下午四时，中国特种教育协会在八仙桥上海青年会举行第一次全体理事会议，刘湛恩、雷震、翁之龙、何炳松、吴南轩、欧元怀、陶百川、章益、蒋建白、潘公展等出席。会议推定刘湛恩、雷震、何炳松、吴南轩、欧元怀、陶百川、章益、蒋建白、马崇淦等15人为常务理事。

6月26日，下午四时半，沪江大学暨附属中学、城中区商学院、沪东公社在杨树浦校内新大礼堂举行毕业典礼，并庆祝新大礼堂落成，各界人士、家长、同学及校友千余人参加。期间，刘湛恩报告了本年度工作经过，并感谢各方捐助新大礼堂的落成。

6月28日，上海市临时参议会举行常会，刘湛恩、徐永祚、李馥荪、秦润卿、王晓籁、陆京士、徐新六、吴蕴斋、王一亭等10余人出席，由议长王晓籁任主席。

7月3日，刘湛恩谈参加世界教育会议意见：我国此次出席世界教育会议，在沪代表，业经非正式讨论，如果电讯属实，日允伪满代表参加，同人意见拟中止此行；但若东北教育界以个人资格出席，同为国人，自不反对；现已致电团长胡适和秘书长程其保，探询究竟，俾决行止。

按：6月30日，全国教育学术团体联合办事处接世界教育会第七次会议事务局事务总长大岛正德函，已决定伪满代表参加此次世界教育会议；而在3月7日，大岛正德曾致函中方，声明不邀请伪满参加。

7月4日，上午九时，上海市中学师范教员暑期讲习班在交通大学举行开学典礼，刘湛恩、蒋建白和光华大学校长张寿镛、大同大学校长曹惠群、交通大学校长黎照寰代表李谦若，以及全体学员百余人与会，由李熙谋任主席。刘湛恩在会上致词。

按：上海市中学师范教员暑期讲习班最初首届由上海市教育局会同交通大学、光华大学、沪江大学和大同大学合办，第二、三届则由合办改为分别举办。本年是第四届，又改为分区举办。

7月8日，晚七时，中国文化建设协会在上海市新亚酒店举行第三次全体理事会，刘湛恩、吴铁城、丁超五、潘公展、潘公弼、朱应鹏、杨公达、欧元怀、胡朴安、蒋建白、张寿镛、吴大钧、童行白、陶百川、王毓祥、黎照寰、吴开先等30人与会，由吴铁城任主席。会议通过了《大会纪念特刊之编辑大纲》《大会论文集之编辑纲要》等提案；决定代表大会于7月10日上午十时开幕。

7月10日，上午十时，中国文化建设协会第一次会员代表大会暨成立三周年纪念会在上海市政府大礼堂举行，到会会员90余人，刘湛恩、丁超五、叶秀峰、杨公达、潘公展、胡庶华、吴大钧、黎照寰、陶百川、欧元怀、翁之龙、潘公弼、蒋建白、胡健中、李登辉、何思源等董事与会，理事长陈立夫致开会词。

7月11日，上午十一时，刘湛恩和王云五、林康侯、徐新六、张素民、董任坚等乘坐三北公司龙兴轮经九江转赴庐山出席汪精卫、蒋介石邀集的谈话会。

7月11日，上午，中国文化建设协会第一次会员代表大会继续举行，讨论各组提案；下午三时，推选理事，刘湛恩和陈立夫、吴铁城、朱家骅、陈布雷、张伯苓、张道藩、周佛海、程天放、余井塘、丁超五、何思源、朱经农、吴国桢、罗家伦、黎照寰、吴南轩、吴贻芳、邰爽秋、潘公展、王云五、胡庶华等131人被推选为理事。

7月14日，在庐山饭店与张伯苓、傅斯年、邵力子、王云五、吴贻芳、谭熙鸿、曹惠群等在一起。①

7月15日，上午九时，刘湛恩和张君劢、张志让、竺可桢、曾琦、

---

① 梁吉生撰著：《张伯苓年谱长编》中卷，人民教育出版社1999年版，第463页。

张寿镛、王云五、江恒源等160余人参加蒋介石在庐山举行的有著名社会人士和部分大学教授参加的第一次谈话会。①

7月15日，下午四时，民族复兴协会（前称民族救亡协会）举行第二次筹备会议。会议通过章程草案，并加推刘湛恩、王晓籁、杜月笙、林康侯、钱新之、黄炎培、黎照寰、舒新城、陆京士、刘王立明、严谔声等为筹备委员。

7月16日，上午九时，蒋介石召集的庐山谈话会在牯岭图书馆举行，刘湛恩和王星拱、王云五、任鸿隽、胡适、左舜生、江恒源、朱庆澜、朱经农、杜重远、邵鹤亭、竺可桢、邱椿、何炳松、马寅初、马君武、庄泽宣、蒋梦麟、欧元怀、卫挺生、郑通和、甘乃光、潘公展、邵力子、顾毓琇、凌冰、陈大齐、秦汾、廖世承、范寿康、陈布雷、周鲠生、傅斯年、张君劢、钱昌照、贾士毅、陆费逵、张志让、陈立夫、段锡朋、经亨颐等计158人与会。②

7月16日，中午十二时半，刘湛恩和竺可桢、陈源、周鲠生、皮宗石、徐诵明、章之汶、何炳松、江一平、陆费逵、吴贻芳等应蒋介石之召，就餐；下午四点，和张君劢、陈之迈、张忠绂、欧元怀、吴贻芳、蒋梦麟、周鲠生、梅贻琦、罗家伦等参加汪精卫召集的谈话会，讨论外交问题。③

7月17日，上午，刘湛恩参加庐山谈话会第二次共同谈话。

7月20日，晨，刘湛恩和胡适、江恒源、朱经农、欧元怀、高君珊在牯岭参加庐山谈话会之教育组谈话会，并和江恒源等18人提出改进教育书面意见：国防教育应制定纲领，指示方针，俾教育界同人徒事

---

① 竺可桢：《竺可桢日记》（第6卷），上海科技教育出版社2005年版，第335页。
② 《庐山谈话会昨晨开幕》，《中央日报》1937年7月17日，第1张第4版。
③ 竺可桢：《竺可桢日记》（第6卷），上海科技教育出版社2005年版，第336页。

于后方工作；实行教育行政当局，对青年训练，应统一事权；请教育行政当局，特设教育咨询委员。此外，刘湛恩、胡适、朱经农等还发言强调：不论平时或非常时期，教育为一非常重要的事业，当以全力注意；国防教育为永远的平常教育，并非国难时期的特殊教育；国家高于一切，为教育的中心目标；为鼓励天才教育计，大学应收同等学力的大学生；教育经费的统制，如中法中比庚款用于教育者，不应随主持者的爱好，任意支配于不必要之教育事业，等等。

7月22日，下午四时，上海各大学联合会在八仙桥上海青年会召集会员临时会议，刘湛恩、褚辅成、杜佐周、严思忻、方子伯、姚舜钦等30余人与会，公推褚辅成任主席。会上，刘湛恩报告了在庐山蒋介石讲话详细情形。

7月26日，中午，国际问题研究会因华北局势日趋严重，特在上海香港路银行俱乐部举行座谈会，刘湛恩、董显光、何德奎、黎照寰、戴志骞、徐新六、邹秉文、程其保等出席。会议对华北问题等作了讨论。

7月28日，晚七时，上海文化界救亡协会举行成立大会，文化界500余人与会，刘湛恩和蔡元培、潘公展、陶百川、张元济、黎照寰、何炳松、舒新城、胡愈之、萨空了、王芸生、王云五、洪深等人当选为理事。会议发表了"宣言"。

按：上海文化界救亡协会是中共上海地下党组织根据周恩来关于"要充分开展抗日民族统一战线工作，以文化界为基础，搞好上层进步人士的统战工作"的指示精神，将原有的救国会及其所属的文化界团体，扩大改组而成。

7月30日，国际问题研究会在上海香港路银行俱乐部设宴欢迎来华考察中国政治状况的国际宣传研究专家、芝加哥大学政治学教授莱斯惠尔，刘湛恩、董显光、黎照寰、戴志骞、何德奎、程其保、梁士纯、陈荣捷等出席。席间对中日关系、华北问题、日本经济状况等进行了详尽讨论。

7月，刘湛恩和朱少屏、林语堂创办英文刊物《ECHO（回声）》，揭露日寇侵略罪行。

8月4日，就7月30日南开大学遭到日军轰炸，全部校舍毁于炮火，向《申报》记者发表谈话：

> 南开大学为华北著名之文化教育机关，张伯苓先生积四十年之努力，一旦为强暴所摧残，我人除痛惜外，当念及国难严重，捍御外侮，前线之抗敌，固属坚要，而后防教育，尤为救国建国亟应努力之工作。现在南大张校长已表示当仍本创校一贯之精神，重为南开树立新生命，深信于短期内当能实现，但风雨同舟，端赖各方赞助。鄙人已向上海各大学联合会建议，尽力之所能，乃襄助南大复兴。一方面并切望各界发起复兴南大募捐运动，先予以物质上之充分协助，至入此非常时期，维持学校安全，继续学生学业，更当未雨绸缪，妥筹办理，如昔欧洲大战时，法比战区，中学生每日在地窖中上课，此种精神，吾人亟应取法。①

8月13日，上海国际救济会成立，总办事处设在八仙桥上海青年会。刘湛恩和柏韵士、钟思（J. R. Jones）、饶家驹、傅立德（J. Fredet）、马瑞山（Brigadier Berie Morris）、王一亭、宋汉章、陆干臣等18人为常委。奥尔（J. R. J. N. Aall）、屈映光为会长。②

8月25日，上海市教育界救亡协会成立，刘湛恩任主席。

8月28日，下午三时，和童行白、章益、朱少屏、樊仲云、黄香谷出席上海各界抗敌后援会国际宣传部第一次部务会议。③

8月31日，和陈文渊、李登辉、梁小初等发布《为中日战争告普世基督徒书》：

---

① 《沪大刘校长建议襄助复兴南大》，《申报》1937年8月5日，第12版。
② 伍建树主编：《现代上海大事记》，上海辞书出版社1996年版，第674页。
③ 上海市档案馆编：《上海抗敌后援会》，档案出版社1990年版，第221页。

诸位同道大鉴：日本武力主义者又在不宣而战之方式下，大举侵略中国，我人今日又已在飞机大炮机枪的怒吼下，苟延其残喘。溯自七月中旬以来，日军侵入河北，用强占领平津，日军复逞暴炸毁南开大学，及其他文化机关。八月十三日始，日军在沪以海军陆战队、兵舰、飞机，及大队增援之陆军，以公共租界为其根据地，大规模的重演一九三二年的流血惨剧。此外，日机并至首都南京及内地各城市肆行轰炸，以是无辜民众，及教会、医院、学校等惨遭毁损者，不可胜计。即以上海一埠而论，两周来因日军军事行动之结果，人民之惨遭屠戮及伤害者，何止万千？而流离失所、衣食无着者，又何止数十百万人？凡此种种，战争的恐怖，以及各种不人道之惨况，皆在"地方事件"之面具下，时时演进；然中日两国民众犹视为尚未宣战也。凡此种种，皆为构成破坏国际公约及责任之事实，而我基督徒对之，能不痛心！今日人类最大之挑战，厥为如何维护国际公法，及何人能起而负此维护之责任？

今日中日问题之症结何在？在于日本一贯的广大的侵略举动，而中国即为其第一个侵略之标的。中国苟一跃而为统一之强国，即为日方之所不耐，"分割而统治之"，乃其唯一之政策。中国自光复以来，即竭力挣扎，艰辛缔造以成为有良好政府、现代化之国家。日方对此，不特不容中国实现内求国家统一，外求国际平等之理想，反从而多方阻挠之，破坏之，且欲征服之也。迨一九三一年九一八之夕，日方果明目张胆以发难，侵占东三省及热河，今日复移其侵略之目标于华北五省。

日本国内对华方进行此"不宣而战"的军事行动，恒归罪于中国的"抗日"及"无诚意"。但究其实，中国人民对日方之疑忌与怨恨，又何莫非日本黩武主义者所一手造成者？盖日方既已不断地侵略，孤意暴行，此为其必然之结果。且中国同胞为一爱好和平之民族，对于国际正义及合作，素极努力。不特此也，中国政府且曾竭力采取与日方和平协调之政策。然而欲中国屈服于暴力之下，而致丧失土地或主权者，自非中国人民所能诚意接受者也。

我人深信，今日之世界，政治、社会、经济，关系至为错综复维，和平既不保，战事亦决不能使之地方化。今日上海之战，安知不会酿成第二次世界大战于将来？无论个人或团体，皆不应视为漠不相关。我同道之对于国际问题，往往漫不经意，或处于被动之地位。在既往，基督教会对于战争虽加反对，但对于特殊化之国际争论，而足以引起战争之问题，类多缄默不言。但有力的宗教，不能脱离人道。教会对于如今日远东之严重的国际争论，殊应有轰轰烈烈的反响，不然，教会即无力量，其将来即等于宣告死刑。同时，我基督徒对此种之响应，必须以现实的动作彰显之。今日中日问题之争论，适足为举世信徒之道德的力量。我人殊应忏悔既往之错误，而于此艰难期间坚定其信仰。然后归向于上帝足前，祈求目前在患难中之出路。

我人深深感觉现局之严重，而于罪恶之传播，加以清楚之认识。此反上帝旨意之野蛮的斗杀，正在威胁人道。我人最大的希求，即是今日之中日争论，不应视之为地方的及遥远的中日斗争而已，或同时只视为传统的、出乎宗教领域以外的政治问题。我人谨向普世基督徒及日本信徒，在此危险期间共同分任危轭，共负艰巨之责任，而于可能范围内，尽量以基督教会的认识与立场，而思有以挽救此危局。凡足以维护国际（间）真正之和平正义者，中国基督徒无不愿以最大之牺牲以赴之，盖非如此，殊不足以证明普世基督教会之力量也。

同人等谨愿以信、望、爱三者，振奋我同道间之团契。

陈文渊　夏晋麟　李耀邦　李登辉　梁小初　刘湛恩　黎照寰
朱立德　涂羽卿　江文汉　施葆真　许芹夫人　江长川　缪秋笙
蔡　葵　陆干臣　颜福庆　李女士　孙夫人　俞恩嗣　同　启

一九三七，八，三一①

---

① 刘湛恩等：《为中日战争告普世基督徒书》，《同工》第 165 期，1937 年 11 月 15 日。

9月4日，下午四时，上海市教育界救亡协会举行第三次全体常务理事会议，刘湛恩、潘公展等出席，由刘湛恩任主席。会议主要议决：（1）通告全市各级学校及全体教育界同志，努力捐募救国公债，并竭力提倡献金救国运动；（2）组织流动宣传队，分往内地宣传救国运动；（3）征集伤兵慰劳品；（4）分函各大书局，请尽量编订中小学战时常识读物；（5）办理战区失学儿童补习班；（6）通过战事常识师资训练班简章，组织委员会，并推陈济成为主席委员。①

9月5日，沪江大学城中区商学院召集同学举行战时服务团成立大会，通过章程并选举干事，刘湛恩莅临指导。

9月7日，下午五时，刘湛恩和章益、朱少屏、吴家齐、姚启胤、吴泽霖、周邦俊、张素民、袁文彰、周文彬等出席上海各界抗敌后援会国际宣传部第二次部务会议。

9月11日，下午，刘湛恩和童行白、朱少屏、樊仲云出席上海各界抗敌后援会国际宣传部第三次部务会议。

9月11日，致函马尼拉 E. 斯坦利·琼斯博士：

琼斯博士：

读到您致日本人民的公开信，实在感到非常高兴。博国顿先生还让我看了您的第二封信。

您关怀我们的幸福，并努力促进国际和平与国际正义事业，我们都深为感佩。愿天父继续祝福于您以及您所从事的伟大工作。

我们全心全意地支持在经济上抵制日本的国际运动。我们深信，您正在尽一切努力，在全世界各地推进这项运动。如果有什么事情是我们可以在中国做的，请告诉我们。

我们大学的校舍遭到狂轰滥炸，损失如何尚未查明。我的同事们和我决心要继续将沪江办下去，尽管不得不缩小规模。

---

① 《教界救亡协会常务理事会议》，《申报》1937 年 9 月 5 日，"临时夕刊"第 2 版。

顺致最热烈的问候!

校长 刘湛恩敬启

1937 年 9 月 11 日①

9 月 14 日，下午四时，刘湛恩和童行白、朱少屏、樊仲云、章益、陈丕士出席上海各界抗敌后援会国际宣传部第四次部务会议。

9 月 14 日，由国际问题研究会名誉理事颜惠庆领衔，全体理事黎照寰、刘湛恩、钱新之、徐新六、董显光、徐淑希、何德奎、戴志骞等联名，致电国联大会，揭发日军暴行。电文如下：

中国自有其文化以来，即抱有世界和平之理想，日本于一九三一年侵占满洲等地后，中国与各邻国和平相处之愿望，仍未动摇，在既往六年中，中国力图与日本获得和平解决纠纷、与根本调整两国之关系，但日本军阀仍毫无顾忌，谋遂行其侵占中国土地之计划，兹将华北一大部分，包括平津在内，已为日本武力所占据矣。而日本复将其武力之侵略，扩展至于上海及其附近区域，使中国在国家立场上之生存，遭受严重之威胁。中国朝野，为保卫其领土完整及政治独立起见，除不惜巨大牺牲，起而御侮外，别无他途可循。日本之军事行动，不特危害东亚之安定，即全世界其他各国，亦莫不受其影响。因此余等向与会各会员国申请，立即遵照国联盟约，采用最有效之措置，阻止日本之侵略，俾使远东集体安全制度得以保存，而世界和平亦得保持于不坠焉。②

9 月 24 日，晚八时，上海中华基督教徒联合会在八仙桥上海青年会招待在沪外籍教士，刘湛恩、赵晋卿等出席。会上，外籍教士表示对中国遭受日本侵略深感同情，将在中国继续服务，不离开中国。

9 月 30 日，通过美国哥伦比亚广播公司向美国公众发表演讲，以

---

① 《刘湛恩遇难前致外国友人函件选》，《档案与史学》1995 年第 5 期。

② 《中国国际问题研究会昨电国联，揭发日军暴行》，《申报》1937 年 9 月 15 日，"临时夕刊"第 2 版。

自己的亲身经历控诉日寇的暴行，呼吁美国人民支持并援助中国抗战。

10 月 1 日，刘湛恩和童行白、朱少屏、樊仲云、范任、邝耀坤、周文彬、袁文彰、章益等，出席于上海联欢社举行的上海各界抗敌后援会宣传委员会编审组各负责人第一次谈话会。

10 月 6 日，中午十二时，由刘湛恩、徐新六、邹秉文、朱少屏、刘鸿生、李馥荪等联合在沪外籍人士鲍惠尔等发起组织的国际友谊社，在上海静安寺路国际饭店举行成立大会，中外各界人士一百余人与会。会上，刘湛恩致开会词，并报告筹备经过。会议推定刘湛恩、徐新六、朱少屏等九人为董事。

10 月 9 日，上午十时，由上海市各界抗敌后援会发起召开的上海市国民对日经济绝交委员会成立大会举行，各团体代表一百余人与会。会议通过了组织大纲和宣言，并推定褚辅成、王晓籁、杜月笙、陶百川、徐寄庼、林康侯、朱学范、蒋建白、潘公弼、刘湛恩、陈济成、邹韬奋等 27 人为执行委员。

10 月 10 日，下午，上海市文化界救亡协会举行第三次理事会议，由潘公展任主席。会议议决常务理事名额增至二十五人，加推刘湛恩、陈克成、蒋廷白、冯有真、樊仲云、凌宪文为常务理事。

10 月 14 日，刘湛恩和朱少屏、王安娜、范任、徐瑷、冯执中、戴葆鎏等，出席于上海联欢社举行的上海各界抗敌后援会宣传委员会编审组各负责人第二次谈话会。

10 月 19 日，身为国际问题研究会理事的刘湛恩和该会名誉理事颜惠庆及理事黎照寰、董显光、陈光甫、钱新之、何德奎、戴志骞等联名致电九国公约各签字国，陈述我国对中日争端之意见，以及我国国民在九国公约会议开会前之期望。电文如下：

华府九国公约即将在比利时京城开会，敝会职责所在，爰发表下列声明，俾将日本侵入我国所涉及之重要法律上及政治上问题，予以说明焉。目前之冲突，实质上为一九三一年日本侵入满洲之延续，日本自囊括满洲及热河在该处树立伪政府后，复开始种种活动，运用阴谋与武力，使华北脱离中国统治而独立，日本在平津毫无合法理由增加其驻军，较一九零一年辛丑条约许可之数量，竟多出四倍之多。过去吾人尚可忆及自中国政府迁都南京以及各国驻中国使节驻在地之迁移后，外国驻军保卫自北平至海岸铁路线之重要性，业已减少，日本军阀竟悍然不顾，在华北集结重军，并在辛丑条约条款所绝不允许之地点，时时举行演习，因此遂有七月八日与我卢沟桥驻军冲突之事件发生，中国政府曾竭尽全力，谋获得和平解决，甚至撤退我国军队，惟日本则仍按照其预定计划，将其军事行动，扩展至晋察绥冀鲁五省，其面积达七十万方哩，并进而武力占据平津及海河，且为彻底遂行其武力克服中国之政策，及与华北战事取得联络起见，复在我财政及经济中心之上海，掀起战事，图一举而击破我国抵抗之力量，于是遂藉口虹桥事件（该事件系日本武装水兵，图于八月九日闯入我国飞机场所引起），于四十八小时内，在上海集中巨大舰队，并有大批军队登陆，即向公共租界外之闸北大举进攻。日本在中国广袤土地内从事军事行动，已逾三月之久，决不能谓为自卫，且应视日本违反九国公约及非战公约下所负之义务，前者约束各签字国，须尊重中国之土地及行政完整，后者谴斥以战争为国策之工具。至于上海事件所涉及之法理问题，乃一九三二年之淞沪停战协定也，惟在沪战发生前，日本在沿公共租界边境，建筑巨大炮垒，在八字桥驻扎军队，事实上该协定早已为日方所破坏。中国政府因鉴于日本侵入华北及其作战之阴谋，为履行保卫本国领土之主要责任起见，乃被迫下令军队之必要动员，此种举动，绝未违反淞沪停战协定，何况该协定从未有永远限制中国军队在中国领土内行动之规定，职是之故，上海所发生如日军侵入华北同类之未宣而战之战事，其责任必须由日方负之也。再则自战事发生以来，日本军阀用尽种种方法，蹂躏我国海港，宣布非法封锁我国全部海岸，运用现代战争之种种机械化武器，恣意轰炸我国城市，我全国都市几全遭日机之肆虐，大批无辜平民，包括难民妇孺，均惨遭屠杀，学校医院等文化机关多遭毁坏，凡此种种，已引起全世界人士之震骇与痛恨，殊无赘述之必要。日本在理论上，现尚与中国保持和平，惟即使正式宣战，日本之行动，亦已违反海牙和平会议决议案第廿五条，即禁止轰炸不设防之城市等等，以及一致公认之战时国际公法内分别非战斗员与战斗员之原则。再则日本航空人员，轰炸红十字会救护队，更属可耻，盖违反一九二九年日内瓦协定也。综观上述种种情势，吾人不得不下一结论，即日本现正继续其一九三一年在满洲开始之大陆侵略计划，中国既为日本以最残暴方式侵略之牺牲者，除竭尽全力抵抗外，别无他途可循。吾人深信远东和平，影响全世界和平条约之尊严，必予恢复，而国家之安全必须属集体性质，是故吾人仅向参加行将开会之九国公约会议各国，作将伯之呼吁，不使此日本对中国之侵略，树立危险之先例，而断然采取一致行动，包含有效之制裁措置，以对付侵略国。①

10 月 25 日，下午四时，赵晋卿、朱少屏为征集上海市各界人士对于九国公约会议之意见，在中社召集盛大茶会，刘湛恩和颜惠庆、俞鸿钧、黄炎培、曾虚白、陈鹤琴、徐善祥等 40 余人出席，大家就九国公约会议发表了意见，一致主张须做到"尊重中国之主权领土及行政上之完整与独立"。②

10 月 26 日，下午四时，刘湛恩和颜惠庆、施肇基、潘公展、周雍能、余铭、陶百川、朱少屏、李圣五、胡愈之、许性初、吴凯声、樊仲云于上海国际饭店出席上海市各界抗敌后援会宣传委员会九国公约会议座谈会，由童行白任主席。在会上，刘湛恩发言说："我们对于九国公约会议，最重要的一点，是要求制裁，但是九国公约并无制裁的条文，

---

① 《国际问题研究会电九国公约签字国》，《申报》1937 年 10 月 20 日，"临时夕刊"第 2 版。
② 《九国公约会议期近，市民赵晋卿等会商应付方针》，《申报》1937 年 10 月 26 日，第 5 版。

将来关于制裁的希望恐怕很少。不过各国政府的制裁办不到，而各国人民的制裁不但可以办到，而且已经实行了。我们应有什么方法，来促进加强他们这种运动，这是应该讨论的。如果各国人民实施经济制裁，那么各国代表鉴于本国民意如此，对我的外交或许也有帮助。"①

11月1日，上午九时，上海市各界抗敌后援会推派访问各国驻沪领事并递书代表杜月笙、虞洽卿、王晓籁、钱新之、童行白、刘湛恩、徐新六、颜福庆、朱少屏九人，携带印就的函件及宣言，赴各国领事署，访晤各国在沪大使及领事，代表中国民众，表示对九国公约之严正主张，并请各国公使和领事代为转达各该国政府。

11月4日，上海国际救济会举行全体委员会会议，并欢迎新会员颜惠庆、刘湛恩、赵晋卿、熊希龄、陆伯鸿、宋汉章、黎照寰、张寿镛、汪伯奇等。

11月5日，刘湛恩和中央研究院院长蔡元培、南开大学校长张伯苓、北京大学教授胡适、北平研究院院长李石曾、同济大学校长翁之龙、中山大学校长邹鲁、北京大学校长蒋梦麟、中央大学校长罗家伦、清华大学校长梅贻琦等文化教育界人士102人，联合发表长篇英文声明，历叙日本破坏中国教育机关的经过，并给予严厉谴责。"声明"首段为序论，次段叙述日方破坏我国教育机关的广泛，略称"北自北平，南迄广州，东起上海，西迄江西，我国教育机关被日方毁坏者，大学专门学校有二十三处，中学小学则不可胜数，谨以大学而论，其物质上之损失，按照一九三五年之估计，在六千七百万元以上，至文化上之损失，则无法计算，诚所谓中国三十年建设之不足，而日本一日毁之有余也。"接着文章叙述道，"日方此种举动，系有计划、有系统，故如中央大学即为日本空军所圈定之轰炸目标，嗣果陆续惨被轰炸四次；又如南开大学则轰炸不足，继以焚烧，全成焦土，日方此种举动，每以军事

---

① 《上海市各界抗敌后援会宣传委员会九国公约会议座谈会纪录》，《大时代周刊》第1卷第1期，1937年11月4日。

必要为藉口，殊不知此种教育机关分布各地，往往距军事区域非常辽远，且绝与军事无关，日人之蓄意破坏，殆即以其为教育机关而毁坏之，且毁坏之使其不能复兴，此外皆属遁辞耳。最后，郑重向世界人士呼吁，日本此种举动，实为对于文明之大威胁，应请世界开明人士，协同我国，一致谴责。如果此种威胁不能制止，则世界将无进步与和平之可言，且以为迟疑不决，即不啻与侵略者以鼓励，惟有举世决心，实施有效制裁，始为保障文明最简便最迅速之惟一方法。"①

11月7日，下午四时，国际问题研究会理事长颜惠庆以沪上各公私立团体研究当前外交问题众多，为谋集思广益起见，特在上海国际饭店邀集各重要团体代表暨外交界名人、专家举行研究会，刘湛恩、张耀曾、陈锦涛、潘公展、黎照寰、胡愈之、朱少屏等出席，由颜惠庆任主席。

11月8日，致函沪江大学朋友：

沪江大学的朋友们：

敬祝圣诞节愉快！新年愉快！

我十分欢欣地通告，尽管出现了空前的紧急局势，但沪江大学所有的主要院系仍然在公共租界内继续上课，尽管课程不得不有所削减。我们非常感谢天父为沪江大学赐福。

日本军队于8月13日午后5时在沪江大学校园的后墙开始了行动，当时还有一百多名教职员工留在校园内，以保护学校财产。足有4小时我们不得不在理学院礼堂地下室内隐蔽起来。然后我们冲出去，顺利地逃过了日军战线，安全到达位于公共租界的市内商学院大楼。

开始时，报纸报道沪江大学已经被日本人全部炸毁。我们没有办法去确认消息是否属实。但我们马上声明：沪江大学将继续上课。后来，我们十分欣喜地获悉，尽管日本人进行了可怕的轰炸，大学的大楼仍然

① 《日本破坏我教育机关经过》，《申报》1937年11月6日，第4版。

昂然屹立。损失的程度尚未查明，但我们知道，打击不是毁灭性的。

我们最初的打算是在 9 月 20 日开始秋季学期。经过仔细研究之后，我们最后决定于 10 月 1 日开学。因为经济上的缘故，我们利用市内商学院大楼作校本部。大学部注册学生 364 名，中学部注册学生 219 名，市内商学院注册学生 160 名，社会中心学校注册学生约 300 名。中学班级上午上课，大学班级下午上课，市内商学院班级晚间上课，社会中心学校的班级在慕尔堂教堂租赁房舍上课。虽然日本军队每天在附近进行轰炸——有时候楼房感到震撼，但上课仍正常进行，无论教师还是学生都表现了杰出的精神。

除了上大学课程之外，我们还通过宗教仪式、团契活动和家庭访问，加强了宗教工作，并作出特别努力来强化本大学的基督教性质。我们真诚地相信，在这样一个危急时刻，像我们这样的基督教教会和基督教大学有特别的责任来实行我们所宣讲的教义。我们不但不应该撤退，而且我们还应该前进，推进基督教运动。

大学的经济状况十分拮据。由于出现了紧急局势，在明年 1 月为止的学期内，大学将出现 33435.02 元赤字。大学要恢复还需大笔资金。

很多中国的朋友和沪江大学的朋友们一想到他们只能袖手旁观，一无作为，就感到痛苦。中国需要一所像我们大学那样的基督教大学，此事给他们提供了一个行动的机会，以积极而又建设性的方式进行行动的机会。我深信，一旦事实清楚地摆在他们面前，我们在中国和美国的朋友们就会抓住这个机会，给他们以必要的援助。

很难预言，未来还会发生些什么事情，但不管发生了什么情况，我们的这所基督教大学一定会继续办下去。我们的心为恐怖的战争和可怕的受难及毁灭在流血。我们相信，中国的基督教会不会在这空前的危急时刻停止活动，沪江大学仍将作为基督教信仰的灯塔作出贡献。

远东局势十分黯淡。日本军国主义者志在灭亡中国。我们处于飞机声、大炮声、机关枪扫射声震耳欲聋的吼叫之中。日本军国主义战争狂人无情地屠杀平民，任意毁坏财物，不仅上海、华北是如此，华中、华南亦是如此。我们的人民所受痛苦罄竹难书，但我们决心断不向武力屈服！

我们吁请美国的朋友们在这危难时刻和我们一起分担一种责任，并在你们的能力范围之内采取一切措施发动你们人民共有的道德心。我们还要向你们呼吁，继续对传教事业进行慷慨的支援，不要提出撤退你们传教士的要求。我们比以往任何时候都更需要他们的忠告和基督徒的友谊。

顺致最热烈的问候！

校长　刘湛恩敬启

1937 年 11 月 8 日 [①]

11 月 11 日，致函美国布兰奇·怀特小姐：

布兰奇·怀特小姐：

收到您 10 月 6 日来信，实在非常高兴。我的同事们和我深深感谢您的同情和祷告。我们听到您的这种说法，特别感到鼓舞："当这场可怕的灾难结束的时候，我们准备站在你们一边，共同建设一座更伟大的沪江大学。"当我国国难空前的时刻，得到您和其他好友这样的保证，实在是令人非常感谢。

随信附上我最近写的致沪江大学朋友们的一封信。发出这封信之后，从昨日起上海战事又进入一个新阶段，双方交战地带转移到大上海市的南部。我们校园的主要部分是在东区，我们上课的教室所在的出版协会（Publication Society）是在中区，因此从某种意义上说，我们相对地较以前为安全些。

我非常愉快地通知您，尽管日本人在那里进行了可怕的轰炸，我们

---

① 《刘湛恩遇难前致外国友人函件选》，《档案与史学》1995 年第 5 期。

校园的大楼仍然屹立。我听说我们校园有二、三幢大楼上有几个弹洞。损坏的程度仍未查明，但我们业已获悉，打击不是毁灭性的。

我们感谢我们的天父，他不但保护了我们的财产，还保护了教职员工的生命，迄今为止，我们所有人都是安全的，只有两名小工除外，他们于8月14日在校园内为日本兵士所杀害。

由于上帝的指导，由于您的鼓励，我们决心继续办下去。在战争期间，在这场灾难之后，中国比以往任何时候更加需要基督和基督教教育。这一点让我想起了纪念汤玛斯基督教服务中心（Thomas Memorial Christian Service Center），我决心尽快地执行这个计划。当我们返回校园时，由于战争的缘故，沪江大学附近地区的各种需要将是紧急的，惊人的。我们深信，您将会把圣诞节给我们的礼物作为后备基金，以便我们在明年春天或夏天执行我们的全面性计划。

校长 刘湛恩敬启

1937年11月11日①

11月16日，致函香港九龙玛丽·C.亚历山大小姐：

亚历山大小姐：

收到您10月11日来信，实在非常高兴，感谢您来信予以鼓励。

上海的战争已进入另一阶段，上海市区目前为日本军队所包围，日本军队在军事上控制了公共租界和法租界的周围地区，人的生命和财产遭到可怕的毁灭。我国人民精神上的痛苦十分强烈，但社会上的领袖人物仍然是乐观的。我们承认，这次灾难仅是这场生死斗争的开端。我们愿意为国际主义和永久和平付出代价。

有谣传说，日本当局开了一份"黑名单"，列出200多名中国的领袖人物，其中包括各大学的校长，他们很可能对这些支持中国事业的人

---

① 《刘湛恩遇难前致外国友人函件选》，《档案与史学》1995年第5期。

们采取行动。我的很多朋友关心我的安全。我的太太和我毫不感到不安。我们决心继续"照常工作"。作为一名基督教徒和一个中国公民，我永远不会"屈服"，尽管我们不得不承认"目前上海必须把自己视为一名被拘留者"。我相信上帝，服从他的意志，当我想到我主在十字架上的时候，我对任何情况都作好了准备。

尽管市中心区的气氛紧张而骚动，我们的教师和学生士气仍十分高涨，班级照常上课。除了大学的各种活动之外，我们还通过对难民和伤兵进行服务，加强了宗教工作和品德培养计划。我作为全国基督徒理事会（National Christian Council）的战时救济委员会（War Relief Committee）的主席、作为上海基督徒联合会（Shanghai Christian Federation）负责救济工作的一名理事，作为上海国际救济委员会（Shanghai International Relief Committee）的一名理事，也做了一点儿工作。

迄今为止，日本当局尚未允许我校人员去看一看学校校园，损失程度至今尚未查明。我的一些朋友路经我们学校，他们告诉我说，他们看不到任何严重的损坏。等到一有可能，泰勒博士和 M. T. 兰金博士将会进行安排，对我们学校的财产加以保护。

顺致最热烈的问候！

校长　刘湛恩敬启

1937 年 11 月 16 日

请代我向 R. K. 汪校长以及在华南的我们共同的朋友们问好！①

12 月 1 日，中午，国际友谊社在上海国际饭店设宴款待本市中外名流，颜惠庆、颜福庆等出席，由刘湛恩任主席。

12 月 6 日，中国红十字会国际委员会委员刘湛恩、朱少屏、陈鹤琴等，参观救世军所办的交通大学难民收容所和上海青年会所办的难民

---

① 《刘湛恩遇难前致外国友人函件选》，《档案与史学》1995 年第 5 期。

收容所。

12 月 6 日，在交通大学和陈鹤琴出席上海国际救济会第五难民收容所难童识字学校开学典礼活动。

本年，为沪江大学附中"1937 年年刊"题词："敬业乐群。"

1938 年（民国二十七年　戊寅）　四十二岁

1 月 22 日，和蔡元培、宋庆龄、马相伯、毛泽东等共 244 人暨国联同志会、中国文化协会、全国抗敌救亡总会、东北救亡总会、汉口市间会等联合发布《国际反侵略大会中国分会启事》：

敬启者：国际反侵略运动大会（原译为国际和平运动大会）中国分会业由发起人等筹备就绪，兹定于一月二十三日下午二时假汉口市总间会开中国分会成立大会，谨希各界人士准时惠临参加为荷。①

2 月 24 日，上海基督教青年会举行第三十七届征求会队长会议，刘湛恩、张嘉甫及各队队长等共 70 余人出席。会上，刘湛恩作了演说。

3 月 6 日，下午三时，中华基督教全国联合会成立大会在汉口格菲教堂开幕，孔祥熙、冯玉祥、邵力子、王宠惠暨中外各牧师与教徒千余人与会，由冯玉祥任主席。大会通过了"简章"和"成立宣言"，选举冯玉祥为会长，刘湛恩和钟可讬、沈文卿、诚静怡、张伯苓、沈子高、谭沃心、张凌高、吴贻芳当选为副会长。

按：《中华基督教全国联合会成立宣言》：

本会服膺基督博爱牺牲之圣训，当此国难严重时期，不揣棉薄，志愿实行战时服务，准备战事善后工作，并联络全世界基督徒，合力建立国际间真正永久之和平，于民国二十七年三月六日在汉口宣布成立，工作纲要暂分为精神动员、经济合作、青年训练、伤兵服务、难民移殖、

① 《大公报》1938 年 1 月 22 日。

国际宣传六种，惟事体重大，深望在政府领导之下，与全世界基督教各机关及国内外各战时服务团体通力合作，以底于成，民族复兴与帝麻永赖。谨此宣言。①

3月18日，致函美国布兰奇·怀特小姐：

怀特小姐：

我十分愉快地向您报告，沪江大学春季学期正常开学，全面上课。虽然时局非常黑暗，但我的同事们都表现出很好的精神。我在实行基督教哲学："虽然在各方面受到逼迫，但决不是走入了绝路；虽然感到茫然失措，但决不陷于绝望；虽然受到追捕，但决不是众所遗弃；虽然被打倒在地，但决不是被击溃。"

虽然局势发生变化，但大学的宗教工作仍然继续进行，您听到这消息，也许会感到兴趣的。这学期有更多的学生注册宗教学课程。团契小组和圣经班已经普及。最近，我们的社会活动中心接管了有600名难民的难民营管理工作。这个难民营现在是一个模范营，被学校用作社会学实验室。无论教师还是学生都对这个事业表示了浓厚的兴趣，慷慨地支持这个计划。

我们的财务状况令我们十分担忧。据估计，春季学期，我们可能将赤字减至5941.70元，秋季学期的赤字是4616.46元，因此予计全年（包括七、八两月）的赤字总数将达10000.00元。我们削减预算，不但已经伤筋动骨，而且已深入骨髓。我们大幅度地削减教职员工的薪金。昨日，我的一个办事人员声泪俱下地向我诉说他的经济困难状况，要求我把他送到难民营去。除非我们获得特别援助，否则即使目前这种最小规模，我们也难于维持。

随信附上沪江大学董事会执行委员会上次会议的会议纪录副本。

顺致最热烈的问候。

---

① 《基督教全国联合昨正是成立》，《申报》（汉口）1938年3月7日，第2版。

校长 刘湛恩敬启

1938 年 3 月 18 日①

春，日伪酝酿在南京组织傀儡政权，汉奸温宗尧企图拉刘湛恩下水，担任伪"教育部长"，被刘湛恩严词拒绝。

4 月 7 日，晨，刘湛恩偕其妹刘明珍、子刘光华出门，去沪江大学办公。8 时半，在静安寺路大华路口（今南京西路南汇路口）公共汽车站候车去圆明园路学校时，突遭日伪收买的暴徒狙击，当即牺牲。凶手曾寿庚就擒，赵松涛、岳培斐逃匿。沪江大学教职员工当即组成治丧委员会。下午，刘湛恩遗体在国际礼拜堂按宗教仪式入殓，各团体同赠挽联："为国牺牲"，三千余市民执绋送殡；旅港沪江大学同学会开会集议，议决发表宣言，申明刘湛恩生前人格，并致唁刘王立明，致慰问之忱；同时，将召集全体同学，在港举行一盛大的追悼会。宣言和唁电分别如下：

"宣言"：我母校校长刘湛恩博士，致力教育事业，夙著勋，盖不特为上海教育界之领袖，抑亦为全国文化界之哲人，今忽传来噩耗遽厄于汉奸之毒手，党国丧此栋梁，社会失一导师，无任震悼。而尤可痛心者，则汉奸既施其凶残之暴行，竟反以汉奸厚诬刘校长之为人，刘氏在沪十年，其治校之功绩，及其爱国之热忱，实为全国人士所共见闻，彼汉奸之阴谋，当不能掩饰其万一。今则刘校长之死，实无殊于烈士之殉国，盖大上海沦陷前后，刘氏致力于国际宣传，致力于国难教育，已为 XX 所深嫉，遂不惜假手于汉奸，杀刘氏有为之生，而复欲陷刘氏于不义之死，此种阴谋，天下人无不知之，则刘氏虽死，而刘氏之令名，实将亘万古以不朽，非任何人所能抹煞。同人等久秉训诲，夙致钦仰，用不能已于一言，以告帮人。刘校长死矣，刘校长之精神将永生，同人等誓以全力，继刘校长未竟之志，为不懈之奋斗。

---

① 《刘湛恩遇难前致外国友人函件选》，《档案与史学》1995 年第 5 期。

"唁电"：上海沪江大学转刘校长夫人尊鉴，电传湛恩博士噩耗，国家失一栋梁，生等失一领导，无任震悼。特电唁慰。旅港沪大同学会叩。[①]

4月7日至4月9日，沪江大学停课三日，为刘湛恩校长致哀。

---

① 《旅港沪大同学会电刘校长夫人致唁》，《申报》（香港）1938年4月8日，第4版。

谱　后

1938 年（民国二十七年　戊寅）

4月8日，《申报》（汉口）刊登《沪江大学校长刘湛恩被刺》消息三则：①

〔香港七日电〕沪讯：沪江大学校长刘湛恩，七日上午在静安寺路小沙渡路转角处公共汽车站时，突有人向其开枪，弹中刘氏头部，伤势颇重，当即送往医院救治。凶手鸣枪后逃逸，岗捕立即开枪追捕，亦有二人受伤，一轻一重。查在三周前，曾有人向刘送水果一筐，并附一函，署名者系刘之友人，但已死二年矣，刘氏疑之，遂将水果送付化验，内果含有毒质。

〔上海七日中央社路透电〕沪江大学校长刘湛恩今晨被人开枪狙击，送医院后，即因伤逝世。

〔上海七日中央社合众电〕刘湛恩遇刺案，凶手共有三人，其一已为巡捕击毙，其一被捕，另一则逃逸无踪。当时受伤者，有行路者二人，英捕维德亦受轻伤。刘之尸体将于九日大殓，沪江大学自今起，停课三日致哀。据目睹者谈，当刘携其幼子在公共汽车站候车时，凶手持枪立于刘后，枪口距刘之脑部仅三寸左右，故第一枪即击中。刘倒地

---

① 《沪江大学校长刘湛恩被刺》，《申报》（汉口）1938 年 4 月 8 日，第 2 版。

后，凶手伏视，又开一枪，其后即将枪放入袋中，从容走入一街内，同时有另一凶手前行开道，巡捕追入街内时，双方即开枪射击，结果，一人被击毙，一人被捕。闻数日前伪组织聘刘为伪教育部长被拒绝，故下此毒手。

4月8日，《申报》（香港）刊登《沪江大学校长刘湛恩被刺殒命》消息一则：

〔上海七日电〕美国浸礼堂创办之上海沪江大学校长刘湛恩氏，今晨在公共租界内被人暗杀殒命，该杀人凶徒等继与警务人员搏斗，英捕头魏特踝部受伤，凶徒一人当场被格杀，三行路华人，被流弹所伤，一嫌疑犯被捕。按刘氏在事前站立静安寺路与小沙渡路口，等候公共汽车，凶徒共有数人，开枪中刘氏头部后即分散而逃，英捕头魏特向其间一凶徒尾追，该凶即拔枪开放，中魏裸部，乘机逸去，同时，其他巡警赶至，与凶犯相斗，三路人被波及，其间一人伤势颇重，一华捕捕获一华人，闻曾供认：被人雇用，暗杀刘氏，因刘为"汉奸"云云。查刘氏向被各方公认为一热心爱国份子，故该供词，华人方面，皆加以诽笑。①

4月9日，下午二时，刘湛恩灵柩在贝当路51号美国礼拜堂内依照基督教仪式举行殡葬礼，颜惠庆、李登辉、张寿镛及刘王立明等3000余人执绋，在虹桥公墓安葬。

4月9日，《申报》（汉口）"刺刘湛恩犯解法院审讯"：沪当局捕获暗杀刘湛恩之同谋犯一人，今日提解特区一院审讯，该人名丛真庚（译音），廿五岁，川籍，审问时丛称：刘有即任伪江苏省长之意，自上海失陷后，即改变其政治立场，而与亲日者相交往，故彼乃与同伴二人将刘暗杀，至谋暗杀刘者均居住于刘宅附近，彼与同犯者各由浦东首领处领得手枪一枝，子弹八颗，于四月六日乘船渡江，至公共租界，与同谋者萧某（音译）处居住二晚，彼本人与萧均反对杀刘，惟另一同

---

① 《沪江大学校长刘湛恩被刺殒命》，《申报》（香港）1938年4月8日，第2版。

犯（即开枪者）则意志极坚。丛萧二人所领得者为自动手枪，其同犯之凶器则为毛瑟枪。刘之亲友均否认犯人之供词，谓刘氏生前绝无卖国之行为。①

4月9日，教育部部长陈立夫向刘王立明致唁电，评价刘湛恩"秉救世救国之愿，建立己立人之功，举国共仰，中外同钦"。②

4月9日，《申报》（香港）载"沪江大学刘湛恩遇害经过"：

沪江大学校长刘湛恩，七日晨率其幼子在静安寺路小沙渡路转角之公共汽车站候车时，突被人开枪狙击，头部中一弹，当即倒地，于送医院后，因伤重逝世。凶手计三人，中一人持枪，立于刘后，枪口距刘脑仅三寸左右，故一击即中。刘倒地后，凶手伏视，又开一枪，即将枪纳入衣袋，从容走去。另一凶手前行开道，巡捕闻声赶至，凶手已逃入街内，当即开枪射击，凶手亦还击，结果毙凶手一，其一被捕，一被逃逸，英捕维德受轻伤，并伤行路者二人，按刘系爱国志士，志行纯洁，南京伪组织一度挽其为魏伪教育部长，被刘严拒，其后即曾接到恐吓信甚多，并于两周前收到水果篓，附有其已死某友人之名片，旋经化验，证明该水果中均含毒质，刘对此均不置意。今晨偕其幼子外出，致罹此难，一般推测，必为敌方嗾使伪组织所为。现刘遗体定星期大殓，沪江大学自七日起，停课三日，为刘致哀。③

4月12日，国民政府行政院举行第358次会议时，主席孔祥熙提议"沪江大学校长刘湛恩，生平尽瘁教育，功在国家，此次不幸在沪被狙击殒命，震悼良深，应如何褒恤，以彰忠义之处，请公决案"，会议决议："（甲）公葬，（乙）明令褒扬，并在沪江大学内勒碑纪念，（丙）查明遗族议恤。"④

---

① 《刺刘湛恩犯解法院审讯》，《申报》（汉口）1938年4月9日，第1版。
② 《教育部长陈立夫电唁刘夫人》，《申报》（汉口）1938年4月15日，第2版。
③ 《沪江大学校长刘湛恩遇害经过》，《申报》（香港）1938年4月9日，第2版。
④ 《昨行政院决议公葬刘湛恩》，《申报》（汉口）1938年4月13日，第1版。

4 月 13 日，中国妇女慰劳抗战将士总会、国联同志会、中国国民外交协会、中华基督教全国联合会、汉口青年会、沪江大学同学会等 24 个团体，开筹备会，发起追悼刘湛恩，决定本月 20 日下午三时在汉口青年会举行追悼大会。

4 月 15 日，在商务印书馆董事会第 432 次会议上，张元济报告了本公司董事刘湛恩遇难情况，言曰："在社会失一导师，在本会失一良友，至深痛惜。"①

4 月 20 日，下午三时，由中国妇女慰劳抗战将士总会、国联同志会、中国国民外交协会、中华基督教全国联合会、汉口青年会、沪江大学同学会等 24 个团体发起，在汉口青年会开会追悼刘湛恩，张群、张嘉璈等五百余人出席。会场上悬有蒋介石书挽："精神不死。"追悼会上，主席桂质廷报告了刘湛恩生前从事的教育工作和抗战活动。

4 月 20 日，国民政府主席林森、行政院院长孔祥熙和教育部部长陈立夫代表国民政府联合发布褒扬刘湛恩并予公葬令：

> 沪江大学校长刘湛恩，尽瘁教育，历有岁年，为国储材，成效甚著，近闻在沪惨遭暴徒狙击殒命，殊堪悯惜，应即特令褒扬，予以公葬，于沪江大学内勒碑纪念，其遗族并由教育部查明议恤，著行政院分别转饬遵照办理。此令。

中华民国二十七年四月二十日②

4 月 21 日，下午十二时半，香港中华基督教青年会、香港中华基督教女青年会、香港浸信会、沪江大学同学会香港分会，为追悼刘湛恩遇难，发起组织追悼刘湛恩校长筹备会，特召开第一次会议，赵甘霖、

---

① 张人凤、柳和城编著：《张元济年谱长编》，上海交通大学出版社 2011 年版，第 1089 – 1090 页。
② 《公葬刘湛恩，国府并明令褒扬》，《申报》（汉口）1938 年 4 月 21 日，第 1 版。

郑德超、黄玉梅、赵勉等出席，公推赵甘霖为主席。会议议决：《关于追悼刘校长案》（议决通过举行）；《关于开追悼会日期案》（议决五月七日下午三时半举行）；关于追悼会地点（议决在坚道浸信会会堂）；《关于秩序案》（议决用宗教仪式）。

4月，《同工》第170期刊登《悼刘湛恩博士》一文。

5月4日，刘湛恩被刺案经上海第一特区地方法院作出判决，凶手曾寿庚被判死刑，暂由上海公共租界工部局拘押。

按：之后，曾寿庚上诉，经最高法院审议后，11月7日，"上诉驳回"，维持原判。翌年4月，曾寿庚病死于狱中。

5月4日，《申报》（香港）刊登《刘湛恩先生追悼会通告》：

启者：上海沪江大学校长刘湛恩先生从事教育文化等事业凡二十余年，功在国家社会，不幸于四月七日在沪惨遭非命。噩耗传来，不胜悲愤。兹同人等为追念先生功绩起见，定于五月十四日下午三时在坚道五十号浸信会礼堂举行各界联合追悼会，凡各机关团体及个人等有愿参加者，请即向干诺道皇帝行一百十一号星报编辑部报名接洽。再挽联等件，亦请迳送该处为荷。

香港中华基督教青年会　香港浸信会
香港中华基督教女青年会　沪江同学会香港分会同启①

按：此后，5月5日，5月7日、5月12日和5月13日，又先后四次在该报第一版刊登该通告。

5月12日，沪江大学同学会香港分会在《申报》（香港）刊登启事：

沪江大学同学钧鉴：兹定于五月十四日（本星期六）下午三时，在坚道五十号浸信会礼堂（三路公共汽车直达）举行刘故校长湛恩博

---

① 《刘湛恩先生追悼会通告》，《申报》（香港）1938年5月4日，第1版。

士追悼会，溯博士长我母校十有余年，功绩不殁，浩气长存，凡我香港同学务希届时踊跃参加，以志哀思为荷。

沪江大学同学会香港分会启①

5月14日，下午三时，香港中华基督教青年会、香港中华基督教女青年会、香港浸信会暨沪江大学同学会香港分会，在香港坚道浸信会会堂举行各界联会追悼刘湛恩大会，宋子良、王云五等数百人出席。

1939 年（民国二十八年　己卯）

3月，《同工》第179期刊登署名"本会同人"的《刘湛恩博士逝世一周纪念悼词》，其中有中华基督教青年会全国协会为永久纪念刘湛恩所议定的决议案："刘湛恩博士于民国十一年加入本协会，主持公民教育，辛勤擘划，努力提倡，经营数年，效绩丕著；又屡主干事暑期学校，出席数种国际大会，皆有特殊之贡献。十七年受任沪江大学校长，致力于基督化人格之熏陶；同时对于道德、文化、国内建设、国际和平等事业，无不积极参加，而于青年会运动，亦仍继续赞助，现任上海青年会干事。乃因时局阽危，遇阻殒命，长材摧折，遐迩震悼。同人等追念刘君已往对于青年会之贡献，悼惜更深，敬志数语，永彰功烈。"②

4月7日，上午十时，沪江大学校友会、沪江大学全体师生暨各宗教团体、上海国际救济会、慈联救济会等在上海虞洽卿路慕尔堂举行刘湛恩逝世一周年追思大会，沪江大学师生及刘湛恩生前好友千余人到场。

4月7日，下午五时一刻，沪江大学同学会香港分会、华南妇女节制会、香港中华基督教青年会、成志会等在坚道浸信会隆重举行刘湛恩

---

① 《申报》（香港）1938 年 5 月 12 日，第 1 版。
② 本会同人：《刘湛恩博士逝世一周纪念悼词》，《同工》第 179 期，1939 年 3 月。

殉国一周年纪念会，王正廷、杜月笙、何明华、许地山等出席。纪念会上，王正廷作了演讲，他说："刘博士没有死，他的灵魂仍然存在"，他的死重于泰山。①

4月7日，《中华教会公报》出版纪念专刊，其中刊有中华基督教青年会全国协会同人的《刘湛恩博士逝世一周年纪念悼词》。

4月7日，刘王立明为纪念刘湛恩殉难一周年，作诗："你的精神不死，忠勇的战士！蠢，虽杀害了你的身躯，却忘记了你的妻儿、学生、同志，必为你复仇！"②

4月7日，《刘公湛恩逝世周年纪念》一书出版，内收有四篇文章：《刘湛恩先生逝世一周年追思辞》（林康候），《刘公湛恩先生之生平》（刘王立明），《纪念刘湛恩博士》（中华基督教青年会全国协会同人），《刘校长与沪江大学》（沪江大学同人）。

4月7日，刘王立明著《先夫刘湛恩先生的死》在刘湛恩逝世一周年之际由中英文同时出版，其中中文版由中国妇女节制协会、上海商务印书馆出版，英文版由飞鸾印书局出版。该书前面没有序言，以刘王立明于本日写的一首白话诗代序。诗曰：

民族解放的热情，燃烧着你的心灵，使你不顾虑危险，与暴敌不断地斗争；维护正义，振救难民，动员民众是你震天的口号，谁曾想到，在这"圣战"长征的途中，你竟要付那最高的代价——流你的宝血，牺牲你的生命？

富贵不能淫，威武不能屈，你的精神不死，忠勇的战士！蠢敌虽杀害了你的身躯，却忘记了你的妻儿、学生，同志，必为你复仇——在这东亚的大陆上，复兴一个伟大的民族；永远地团结、自由、平等，正如旭日的东升，洪潮的汹涌，岂惟造福自己，还要光照、冲醒那岛国的百姓；他们将群起革命，粉碎那班残暴军阀的迷梦，更不为他们驱使，作

---

① 《刘湛恩博士逝世周年纪念》，《大公报》（香港）1939年4月8日，第6版。
② 《刘湛恩博士逝世周年纪念》，《大公报》（香港）1939年4月8日，第6版。

自由、自主的人民。

安眠吧，亲爱的，在那虹桥的公墓里，那儿有基督的十字架指示你的所在；那儿有玫瑰、青松环绕你的遗骸；百灵雀每晨飞天空为你歌舞；在天涯的另一角落里，还流着你妻儿的热泪，他们虔诚地祷着："万能的造物者，愿你接纳你的使者到你的慈怀，并赐人类以永久的和平与友爱！"[①]

4月7日，《申报》（香港）和《大公报》（香港）同时刊登《刘湛恩博士殉国周年纪念会启事》：

今日为刘湛恩博士殉国一周年，教会等为追念贤劳，特定于本日下午五时一刻假座坚道五十号浸信会礼堂举行周年纪念，凡刘博士生前亲友均一律欢迎参加。 谨此。

沪江大学同学会香港分会 全国基督教浸会联合会 华南妇女节制会 成志社 亚细亚学社 中国诗词学会 香港中华基督教青年会 九龙中华基督教青年会 中国图案设计社 扶轮社 欧美同学社 太平洋类编社 仝启

中华民国廿八年四月七日[②]

11月23日，支持判处杀害刘湛恩凶手死刑的法学家郁华在上海自家门口被汪伪特务狙击而死。

1940年（民国二十九年 庚辰）

4月5日，黄炎培在《国讯》第231期上发表《殉国刘湛恩博士纪

---

① 刘王立明：《先夫刘湛恩先生的死》，中国妇女节制协会、上海商务印书馆1939年版，第5-8页。
② 《申报》（香港）1939年4月7日，第1版；《大公报》（香港）1939年4月7日，第1版。

念词——殉国第二周年纪念》一文。

　　4月7日，下午三时，旅渝沪江大学学生及刘湛恩生前友好在重庆嘉陵新村刘庄举行刘湛恩殉国两周年纪念会，由张一麐任主席。纪念会上，张一麐报告了刘湛恩的生平及被汉奸暗杀始末暨纪念意义；孔祥熙、张伯苓先后讲演，他们的讲演"词极悲壮，并特别指出日军摧毁我国文化教育之毒剂"。①

1941 年（民国三十年　辛巳）

　　4月7日，下午三时半，由全国基督教浸会联合会、华南妇女节制会、伯特利圣经学院、华南难民自助社发起，在香港伯特利礼拜堂举行刘湛恩殉国三周年纪念会。

1942 年（民国三十一年　壬午）

　　4月7日，沪江大学同学浸礼会、中华妇女节制协会举行刘湛恩殉国四周年纪念活动。

1943 年（民国三十二年　癸未）

　　4月7日，沪江大学同学会及刘王立明主持的教育慈善机关等举行刘湛恩殉国五周年纪念活动。

---

① 《刘湛恩博士殉国两周年：行都举行纪念会》，《大公报》（香港）1940 年 4 月 9
　日，第 1 张第 3 版。

1947 年（民国三十六年　丁亥）

1 月，刘王立明所作《先夫刘湛恩先生》一文在《中华教育界》（复刊）第 1 卷第 1 期上发表。文末附有刘王立明写的《先夫刘湛恩先生生平事略》。

4 月 7 日，上午，刘湛恩亲友学生在上海虹桥公墓扫墓；下午，举行刘湛恩殉难九周年纪念会，请刘王立明演说。

1948 年（民国三十七年　戊子）

4 月 7 日，上午十一时，沪江大学在校大礼堂举行刘湛恩殉国十周年纪念大会。下午三时半，在上海虹桥公墓刘湛恩墓地前，举行追思礼拜。

7 月 3 日，"湛恩纪念图书馆"举行奠基礼。

1949 年（民国三十八年　己丑）

3 月 26 日，"湛恩纪念图书馆"举行开幕典礼。沪江大学凌宪扬校长报告了图书馆扩建耗资和各界的募捐情况，吴任沧夫人代替刘湛恩夫人刘王立明（时不在上海）行开门仪式。

1985 年（乙丑）

4 月 3 日，中华人民共和国民政部向刘湛恩家属颁发追认刘湛恩为"革命烈士"的证明书，"证明书"上内容是："刘湛恩同志因爱国抗日被日伪特务暗杀壮烈牺牲，经批准为革命烈士，特发此证，以资褒扬。"

后 记

刘湛恩是中国近代著名的教育家和社会活动家，然而，由于种种原因，对他的研究还相当薄弱。

我对刘湛恩的关注，还是在 1997 年。记得当时在撰写博士论文有关"留美学生与大学教育的改革和发展"内容，谈到留美的大学校长的影响和贡献时，曾专门举出三位"大家较为陌生的留美大学校长"，第一位即刘湛恩。不过，应该说，在当时，因学界对刘湛恩的研究极为"贫瘠"，自己对刘湛恩的了解，也仅限于他与沪江大学的关系上。

2008 年间，因撰写《中国职业教育史》，我发现，刘湛恩是一位绕不开的人物，因为他不仅担任过中华职业教育社职业指导委员会主任及该社上海职业指导所主任等重要职务，而且，还给后人留下了大量有关职业教育和职业指导的著述，因此，在相继撰写并发表了《刘湛恩与近代职业指导运动》《刘湛恩的职业指导思想》等论文后，对刘湛恩这位著名的教育家开始有了更多认识，进而，由识起敬，由敬起情，促使自己决定撰著他的年谱，希冀从这一最基础也是最根本的工作做起，还原刘湛恩，让更多的人了解他，认识他，学习他。时光荏苒，至今，整整十年，期间，虽因曾专注于"黄炎培研究"，这部《刘湛恩年谱》自然不能称之是"十年磨一剑"，但期间，也是甘苦备尝，酸甜尽知。如今将要付梓，可谓既感慨，更欣慰。

虽然刘湛恩生平短暂，但足以光辉！所以，撰著他的年谱，并不轻松。年谱主要依据原始资料，查证、校勘多有不易，所以，其中舛误之处定所难免。但愿《刘湛恩年谱》的出版，能够引起并促进学界对刘湛恩的重视，推动刘湛恩研究取得更大进展；更望学界同仁和广大读者不吝指出，以为日后补正。

谢长法　于西南大学教育学部

2019 年 11 月 18 日